叢書・ウニベルシタス　1140

民主主義が
科学を必要とする理由

ハリー・コリンズ＋ロバート・エヴァンズ
鈴木俊洋 訳

法政大学出版局

民主主義が科学を必要とする理由　目次

凡例

一、本書は、Harry Collins and Robert Evans, *Why Democracies Need Science*, Polity Press, 2017 の全訳である。

二、原文でイタリックとなっている強調箇所は傍点で強調する。書名の場合は『 』とする。

三、原文の" "は「 」とし、[ ]は〔 〕とする。〔 〕は訳者が読者の便宜を考慮して補った部分である。ただし、参考文献表に基づく文献情報などは（ ）で補う場合がある。また訳者が追加して、原注や訳注で参考文献表に基づき著者名と発行年を補う場合もある。

四、原注は番号を（ ）で囲み、本文の傍注とする。

五、訳注は本文中に割注で記すか、番号に〔訳注〕を付けて本文の傍注とする。

六、引用で、既訳があるものはそれを参照しつつ、原著者の引用の文脈を考慮するなどして訳者があらためて訳し直したり、表記をあらためたものがある。参照した既訳の書誌は参考文献に記し、頁数は漢数字で記す。

七、文献情報に関して、原書の明らかな誤記は訳者の判断で特に断りなく修正した。

序文

我々の議論は四つの部分からなる。第Ⅰ部では、問題が導入される。そこで、我々の考えている主要な論点が提示され、論戦に臨む際の土台となる学術的基盤について説明がなされる。第Ⅱ部は、ほとんどが、新しいアイデアの提示である。そこでは、我々が「選択的モダニズム」と呼ぶものがどのような原理に導かれているかが示され、その原理に従った場合、政策立案においてどのような形で科学的助言が求められるべきで、使用されるべきかが説明される。我々が主張するのは、科学は道徳的企図の一つとして捉えられるべきだということと、科学という営みを導いている諸々の価値は称賛されるべきだということである。これは、我々の知る限りでは、新しいアイデアで、本書の議論においては、科学の功利主義的正当化よりも上位に位置づけられる。もちろん、功利主義的議論がうまくいっている場合には、その議論に付加されるアイデアとして、道徳的議論を使えばよい。しかし、重要な点は、はっきりとした功利性を持たないような科学にも、道徳的議論は通用するということであり、その意味で、道徳的議論は、功利主義的議論よりも上位に位置づけられるのである。同時に、我々は、技術が関わる意思決定において民主主義の制度が優越することに賛同し、そこに新しい種類の制度――「フクロウ委員会」――を提案する。その委員会の責務は、当該の技術的判断に関係すると思われるすべての専門的助言の内容と確実性の度合いとを忠実に提示することである。第Ⅲ部では、第Ⅱ部でなされるべきとされたことを我々は実際にしているということを示す。そこで、指摘されるのは、科学の特徴をなす価値の一つは、「連続性」であるということ、つまり、非常に革命的な科学的アイデアであっても、それまで真理として認められてきたことのかなりの部分を維持し、それらと両立してもいるということである。我々のアイデアが意図せざる革命的思考を含んでいることは、それに対する、他の人々の反応から分かってきたのであるが、第Ⅲ部では、それが、科学と民主主義に関連する既存の膨大な研究とどのような関連性を持っているかが示される。第Ⅳ部で、我々の議論は、科学の未来に対する一つのマニフェストとしてまとめられる。そこで、本書の読者であるあなた自身に対して、これ以上にないくらいに直接的かつ喫緊な仕方で、重要な選択が提示される。先に述べたことからも分かるように、このマニフェストでは、科学の伝統や価値を維持するように行為すべしという、科学者たちの道徳的責任が強調される。科学者たちがこの責務を遂行しなければ、我々も、科学者たちの責務の遂行を支援することはできない。そうなったら、民主主義社会を持続させている、決定的に重要な要素が失われることになってしまうだろう。

二人の共著者は、双方が、本書全体の内容に責任を持つが、第Ⅱ部は主にコリンズが、第Ⅲ部は主にエヴァンズが執筆した。我々二人は、多くの人に謝意を表さねばならない。マーティン・ワイネルは、タボ・ムベキの抗レトロウイルス薬の事例についての素晴らしい分析によって本書の政治的な部分に貢献してくれた。事情が少し違っていれば、彼は共著者の一人に名を連ねていてもよかったくらいである。何よりも、これまで、選択的モダニズムについての我々の講演を厭わずに聴いてくれた様々な聴講者の皆さんに感謝したい。選択的モダニズムという言葉は、これまでも多少は出回っていたが、多分、コリンズによって最初に提示されたのは、二〇〇八年十月八日の、「カーディフ知識・専門知・科学研究センター」での定例研究会においてであり、それ以来、多くのイギリス国内外の学会で提示され、それに伴って偶発的に、いくつかの公刊文献で言及されてもいる。様々な出来事が間に挟まってしまったため、しっかりした形でこのアイデアを提示することは、我々が当初思っていたよりも、大幅に遅れてしまったのである。

第Ⅰ部　導入

第一章　道徳的選択としての科学

我々はどのような社会で暮らしたいと思っているだろうか。西洋社会には数多くの間違いがある。ますます広がり続ける巨大な不平等、不安定で堕落した金融システム、遠くの国家の甚大な被害よりも自国の利益を優先する論理をもった政治システム、お金で動く政治家。さらに悪いことに、西洋社会では、人々はもう、自分たちの持つ基本的価値に対して自信を持っていない。道徳的優越性の感覚は、ほとんどの場合、植民地化された人々からの搾取を偽装する道具に過ぎなかったことが分かり、さらに、地球の自然資源の搾取が我々の集団的未来を危険にさらすのではないかという恐怖もあり、我々は、自分たちが伝統的に進歩と思ってきたことに対して疑問を持つようになっている。ひょっとしたら、搾取されてきた人々の方がうまくやっていたのかもしれない。より多く、より遠くに、より速くという際限なき欲求に比べたら、たとえ技術的製品が不足していたり、欠けていたりしたとしても、自然と協調しながら穏やかに生きることのほうがよいのかもしれない。

本書の扱う問いは、こうした問いの一ランク下のレベルの問いである。つまり、本書は、我々の生活と我々の遠い祖先の生活との間の質の違いについて、それが進歩と呼んでよいものであることは認める。それは、出産時の母子死亡率の高さから解放されたという点で、そして、食べ物や温かい場所を得るための闘いから解放されたという点で、物質的進歩であったのだし、それほど顕著でないとはいえ、弱い者が強い者に怯えながら生きなくてもよくなったという点で、道徳的進歩でもあったのである。本書で我々が問題とするのは、可能的なものであれ現実的なものであれ、我々のライフスタイルの崩壊であり、同時に、かつては称賛されていた様々な価値の崩壊である。我々が取り組むのは、この問題の中の一つ、すなわち、社会における科学の役割という問題である。

これまでの著作――後に「科学論の三つの波」という標題のもとで論じられることになる――において我々が論じてきたように、一九七〇年代以来、科学の本質についての批判的な知見が大きく進展しているとしても、専門知の価値を認めることは重要なことだし、知的に不可能なことではない。それほど深くない基盤に基づいて大きな主張がなされることもある。専門知についての我々のアイデアは、文字通り、自分の言っていることを分かっている人の意見を重視したほうがよいという常識的見解に基づいている。しかし、自分の言っていることを分かっている専門家には、たくさんの種類がある。占星術師や天文学者、化学者や錬金術師、占い師や計量経済学者など。これまでの我々の議論では、他の分野の専門知に対する、科学の専門知の正当性については、ごく簡単にしか論じてこなかった。本書で、我々は、一九六〇年代に登場した、科学に対する社会構成主義的批判――第二の波――のほとんどすべてを受け入れるという、これ以上にない厳しい制約を課しながら、特別に科学の専門知を正当化するという第三の波プロジェクトの次なる一歩を完成する。かつて、科学技術についての学問的議論は、最高度に両極化するに至ったが、本書の見解はどちらの極にも属さない。一九七〇年代の認知革命とともに登場した、古い科学像についての豊富な知見や批判を、本書は支持するが、同時に、科学を社会の中の特別な位置に保つことを目指すのである。

科学的な諸価値のための道徳的事例

我々が興味を持つ問題は、特定の社会集団内で共有された価値や実践という言葉で表すことができる。特定の実践が何回も繰り返され、さらに広範囲で共有されるようになると、その実践によって現実化されている価値は強化され再生産されることになる。そのことを、我々は、「制度化される」という。場合によっては、こうした制度化が形式的な姿を、文章化された規則やプロトコルといった形で、持つこともあり、手続きが正しく遂行されていることを確実にするために特別な役割が創出されることもある。国家の主要な制度――議会、裁判所、警察など――や特定の専門職などは、このような形成的特質を持っている。しかし、それ以外の他の制度については、おそらくほとんどは、そうではない。科学がよい例である。科学者は自身の専門領域での実質的な内容について教育を受けているが、「よい科学者になるための方法」を正式に教えられてはいない。その代わりに、科学者の卵たちは、幼い子供が「よい子に」している術を学ぶように、自分たちの役割に固有の道徳的価値観を、同僚から吸収することによって、つまり、社会化の中で、獲得する。[1] 我々が思うに、こうした価値は、他の多くの専門職を導いている価値と共に、脅威にさらされていて、専門職そのものの価値も同様に脅威にさらされている。

科学というのは、様々なところから攻撃を受ける。外部からは、真理を見ないで「記述」だけを見るポストモダニズム的分析に悩まされ、科学を生態学的災厄の道具とみなしている環境保護主義者の批判にも悩まされる。さらに、経済的観点だけで価値を考える政治体制にも悩まされ、アメリカでは、不本意にも宗教と対比され政争の具になったりもする。我々の分野——科学の社会的研究 social studies of science——においても、ある議論や立場について、それが「科学的」だという理由で擁護されるなどということは聞かなくなった。そのような考え方は素朴なものとして退けられてしまうのであるが、それは、今では、社会から切り離された科学などというものは存在しないと信じられているからである。さらに内部からも科学は攻撃を受ける。税金を減らそうとする政治家に対し、自分たちの勢力範囲を守りたい科学者たちは、自分たちが社会に対して物質的財産や文化的財産を供給できるという考えに乗じようとする——科学は資本主義の味方で、新興企業の発生を促進し、科学がもたらすインパクトの強い結果は、生産性や効率を増大させ、さらに天国の本質について驚くべき啓示をして人々を楽しませたりもする。しかし、悪魔と食事するときには長いスプーンを使わねばならない。やがて、科学が物質的価値や娯楽的価値のみで評価されるようになってしまっては危険である。科学者たちの意図は善なるものであるのかもしれないが、あまりに多くの科学者が自分の専門性を、間違った市場で売ろうとしているのである。

専門職、プロフェッショナリズム、道徳的リーダーシップ

社会は様々な制度によって成立している。移動システム、教育システム、健康管理サービス、住居の供給者、食品生産者、警察、弁護士、軍人、スポーツ選手、エンターテイナー、教会、政治団体、企業、銀行等々。社会の道徳的生活というのは、ある意味、こうした制度の道徳的内容の集積によってできている。宗教のような制度では、その道徳的役割は明示的である。しかし、宗教というのは、ある制度の道徳的リーダーシップが堕落する場合もあるということを示す、最も分かりやすい具体例でもある。イギリスでは、国教会——英国国教会——が、今でも、正しい物事とは何かを説いているが、ほとんど誰もそれに耳を傾けない。アメリカでは事情は違っていて、宗教組織はいまだ強い力を持つが、多くの考え方が競合し、その中に自由市場資本主義の支配に立ち向かおうとするものはほとんどない。おそらく、二〇世紀後半の民主主義社会の生活をもっとも蝕んでいる影響力は、自由市場資本主義の影響力である。なぜなら、それが特に、プロフェッショナリズムの概念を崩壊させ腐敗させているからである。

専門職の本質についての初期の研究においては（例えば、デュルケームや後期パーソンズなどでは）[2]、

（1）ここで述べていることは、トマス・クーンのパラダイムという概念と共鳴する部分がある。パラダイム概念が、「専門図式 disciplinary matrix」と定義されるときには（Kuhn, 1970）、そこには価値も含まれている。クーンの出す特別な事例は、我々が「内的価値」と呼びうるもの、例えば、正確さ、単純さ、整合性などといった価値に関係している。クーンの主張によれば、こうした価値は、「様々な［科学的］コミュニティの間で広く共有されていて……自然科学者全体というコミュニティに意味を与えることに大きく貢献している」（p. 184〔二一〇〕）。

（2）例えば、デュルケームの『社会学講義——習俗と法の物理学』（Durkheim, 1958）によれば、専門職は、個人と国家を結びつける直接的な制度として決定的な役割を果たしている。パーソンズ（Parsons, 1991）も、専門職の役割を強調しており、専門職というものは、個人主義的価値や経済的価値によって影響を受けない社会的行為がありうること（そしてそれが重要であること）

法律や医療の専門職は、明確に、弁護士や医者として求められる道徳の質に、そして、その道徳が社会の全体にもたらす安定化の効果に関連付けて論じられていた。それに対し、現代のプロフェッショナリズムという考え方には、管理的意味や観念的意味が強く、そこでは、自律性や個人の責任といった概念は、市場支配力を維持するために使われたり、組織内で、義務、責任、注意といった規範的要請を作り出すことによって、従業員を教育するために使われたりしている。これは専門職の市場化と言えるもので、この考え方のもとで、プロフェッショナリズムは、「商業的側面を理解し、予算的側面に目を配った、経営者的発想や企業家的発想等々に沿ったものとなり」、道徳的規準の貯蔵庫としての専門職という考え方は失われてしまう。(3)

職業実践におけるこうした変化は、ほとんどの職種の仕事において、はっきりと見て取れる。プロフェッショナリズムなるものが、すべての職種における職業人の価値として広く喧伝され、この新しい判定基準を維持するために、新しい専門職団体がひっきりなしに作られる。多くの人にとってみれば、現代におけるプロフェッショナリズムの要請とは、組織内の上下関係の中で、上位に居る者が下位に居る者に責任を委譲しようとする試みのことであるが、本当の意味で自律的な者にとっては、古い道徳規律がすでに通用しなくなっていることは間違いない。本書の著者の一人がまだ若かったころ、銀行は、高潔さの実践練習の場とみなされていた。「シティ」——ロンドンの「中心街」——の成功は、握手による約束が破られないことを皆が分かっているという事実に基づいていると言われた。コリンズが母親から聞いた友人の話であるが、その友人は、ある銀行で働いていたとき、一晩中かかって、帳簿の総計が半ペニー違っていたことの原因を探していたことがあったという。しかし、レーガンの自由市場至上主義に後押しされたサッチャー主義――「貪欲は善である」と「社会などというものは存在しない」という思想――が、エンロン事件〔アメリカのエネルギー取引会社エンロンEnronが粉飾決算が明るみに出て破綻した事件〕を引き起こし、破産に次ぐ破産と連鎖倒産のスキャンダルへとつながった。昨今では、銀行が何かの見本になるとしても、それは、抑制のきかない私利私欲の見本にしかならないだろう。

イギリスでは、市民が信頼することができる制度などは、もうどこにも存在しないのではないかと思われることすらある。政治家が出費をごまかしていたり、芸能人が性犯罪者だと判明したり、新聞社が市民の私的な留守番電話の伝言をハッキングして情報の出所をつきとめていたり、電力会社が消費者に賢明な選択をさせないために料金体系を複雑にしていたり、スポーツ行政が堕落し、競技成績が組織ぐるみのドーピングによって強化されていたり、食品の品質表示が正確でなくなっていたり、等々、毎週のように新しい事実が発覚している。皮肉なことに、そうしたことが起こらないように調査を繰り返すために使われる時間は、経済的観点から見ると、途方もなく無駄な時間である。発展途上国のいくつかの地域では日常的に不正が行われていて、それによって、そこでの生活は途方もなく無駄になっていると市場理論家は罵倒するが、それとまったく同じである。市場という宗教が推奨している私利私欲という価値は、かつて社会を前進させる駆動力であったが、今では、それと同じくらいに、社会を後退させ

の具体例となっていると主張している。

（3）ハンロン（Hanlon, 1999:121）からの引用である。ハンロンは、法律の専門職の変化について書いているが、「プロフェッショナリズム」が、組織の変化を促進したり正統性を持たせたりするための戦略として使われていれば、同じことが他の状況にも一般化できる。

る駆動力でもあるのだ。

注意しておきたいが、本書の関心は、現代の社会科学のほとんどにとって調子はずれのものである。我々は、不平等の問題や世代間正義の問題を解決しようとは考えていない。そうした問題が重要なものであることには同意するが、そうした問題には既に多大な労力が割かれていて、社会学的な単一文化を創り出してしまう危険すらある。それに対し、我々が関心を持つのは、民主主義の規範や価値における繊細な部分の保護であり、それは、世界中の多くの国において、日常的な暴力や不正、政府の出資による力の粗雑な行使などによって浸食されていて、そして、無制限の自由市場イデオロギーに駆動されてますます高まる我々「西洋」社会の腐敗によっても、浸食されているのである。現代の科学技術論の主要な動機は、科学と政治との間の権力の分割をやめて、科学技術を社会的に責任あるものにすることである。それに対し、我々の関心は、権力の分割を維持して、科学技術が社会から独立に行為できるようにすることである。ほとんどの社会分析家は、民主主義は科学技術の専門家たちから守られるべきだと考えている。我々は、科学技術の専門家たちこそが、民主主義を守れるのだと主張する。

この違いは、社会をどのように捉えているかの違いに由来する。もしあなたが、既存の社会を好ましいものだと思っているなら、その社会の要望に科学技術が応えるべきだとするのが賢明であるが、もしあなたが、社会がどんどん不正にまみれ、悪しきものになっていると思うのなら、科学技術が独立性を維持することを望むだろう。本書を読んでいる学者で、自身の思想の独立性は、大学におけるテニュア〔終身在職権〕のようなもので守られているべきだと主張する人たちなら、この原理をよく知っているはずだ。実際に、印象的なことであるが、大学の学者たちは、自身の終身在職権の正当性を強硬に主張するのに対し、その内の多くは科学に対しては社会の要請に従うように望んでいるのである。我々の議論の基盤は科学の規範に関係している。そして、この規範についての先行する議論で最も有名なものが、ファシズムの勃興と関係したものであったことは驚くに足りない――この先、社会が好ましいものになっていかないことが突如として現実味を帯びてきたときに、科学者や学者一般の独立性は、どうしても守らねばならないものになったのだった。だから我々は、科学から社会を守るというよりは、科学は社会に道徳的リーダーシップを提供しうる制度だと考える。

道徳的指針を示すことができる制度は科学だけではない。イギリスでは、国民保険サービス（NHS）が、少なくとも部分的には、そうなりうる制度である。本書の著者二人はともに、誓って証言できるが、長い診察待ちの後に順番がきたとき、あるいは、不運にも危篤状態に陥ってしまったとき、NHSは、顧問医師から便器清掃員に至るまで、すべてのレベルで素晴らしい仕事をする。もちろん、顧問医師は高い給料をもらっているだろうが、中堅の看護師や助手などはそれほどでもないだろう。それにも関わらず、我々の知る限りでは、彼らの治療は、実践的でかつ気持ちのこもったもので、それを見ると人は、まだ社会というものは存在するのだと、そして、高潔さと共に生きる人と出会うのは、どんな富にも勝ることだと感じる。もちろん、問題は、ほとんどの人にとって、NHSは、長い診察待ちリストと新聞種のスキャンダルで有名である点だ。NHSが道徳的リーダーシップを提供していると思うのは、重病にかかっている人だけであり、そういう人の意見は、ことさらに声高に聴こえてはこない――特に金持ちや権力者が、どんどんNHSの治療の範囲から締め出され、私費治療へと向かっているためになおさらそうである。

西洋社会において、他に、道徳的リーダーシップを提供している制度はあるだろうか。明らかにそうだといえるものを見つけるのはかなり難しい。確かなのは、我々は、そういう制度を心から求めているということである。本書で我々が主張したいのは、科学がそうした制度の一つに――つまり、道徳的リーダーシップを提供できるような制度に――なれるのではないかということである。何故ならば、善なる行為は、科学の存在理由の中に組み込まれているからである。もちろん、科学を攻撃することは今や流行となっていて、実際に、科学が市場化の波に浸食されるのを我々は見てきた。誠実な科学者が説得されて自分の専門能力を金で売るというだけではない。捏造は後を絶たず、「科学者」の中には、自ら進んで、提供される値段に応じて自分の実験結果を調整するものもいる。それでも、科学にも無傷な部分はまだある。科学が、他のものと一緒に、自由市場という津波に飲み込まれてしまう前に、我々は、科学がどう特別なのかをはっきりさせ、科学が何の見本となるのかを社会に示さねばならない(4)。本書は、世俗的な知恵が載っている本ではないし、スマートで洗練された本でもない。本書は、素朴さの最後の痕跡を必死でつかまえようという試みなのである。

科学論の三つの波

本書の学術的基盤は科学の社会的研究であるが、本書の立場は、その主潮流とは違っている。科学の社会的研究を理解するためには、それを三つの波に分けて考えるのが便利である。もちろん、便利な解釈図式がすべてそうであるように、この分類も完全ではないし、我々自身が実演してみせるように、各々の波の間には連続性や重なり部分もある。それを差し引いても、三つの波という図式を使えば、鍵となる論点やそれが論点となる理由などを、素早く、分かりやすく提示できるのである。

まず、出発点である第一の波というのは、科学は卓越した知識生産の形式であることが疑問の余地なしに信じられていた時代のことである。第一の波は、遅くとも、二〇世紀初頭には始まっていたが、そこまで遡らなくてもよければ、一九五〇年代から一九六〇年代の初頭にかけて最も影響力を持っていた。当時、アメリカ核エネルギー委員会の委員長だったルイス・シュトラウスは、未来を予見して、「我々の子供たちの時代には、家庭で使う電力は、その使用量を測定する必要もないくらいに安価になるだろう」と述べた(5)。その時代の社会科学においては、ロバート・マートンが、科学の規範を育むための民主主義社会の重要性を語り(第二章を参照)、科学についての社会的分析では、科学的真理ではなく、科学における過誤を説明することに焦点が当てられていた。第一の波においては、科学的研究の正しさに対しては、説明は不用であり——それは真理であるのでそれ以上の説明はいらないのである——、説明が必要とされるのは、一般的に、先入観やバイアスや特別な利害関係などのような社会的メカニズムによって、いかにして誤った信念が間違って正しいとされてしまうのかという点であった。今や社会科学

(4) そうすることで、ヘレン・ゾルグナーが、これまでの我々の議論について、「まったく民主主義制度を改善するための役にたたない」(Sorgner, 2016:5) と評価したことに対する建設的な反論をすることができる。ちなみに、この指摘は、我々の仕事に対する全般的に好意的な評価の文脈の中で出たものであることは述べておかねばならない。

(5) この発言は、一九五四年の米国科学著述者協会での講演でなされた。

において、このような科学観はほとんど支持されなくなっているが、実践的な科学者の間では、いまだにこれが常識的見解である。また、第一の波の科学観は、例えば、警察のする科学捜査という手法において、技術的分析によって厳然たる事実が明らかにされるというような、科学についての大衆的理解を導いているものでもある。

第二の波は、その後、今では基本文献とみなされている諸々の著作――特に、トマス・クーンの『科学革命の構造』――と共に、一九六〇年代になって登場した。クーンら初期の論者のすべてが、「真なる」信念も「偽なる」信念も同じ方法で説明されねばならないという、科学的知識の社会構成主義的分析を支持していたとか、少なくとも関与はしていたなどと言えば間違いになるだろう。むしろ、クーンの著作も含めた、この時代の主要著作のいくつかは、著者以外の人に取り上げられるなかで、科学的真理はせいぜいのところ社会集団の中の交渉や合意形成の産物であると示すための分析の基盤として使用されたのである。[6] 一九七〇年代、八〇年代、九〇年代を通じて、第二の波の社会科学者は、広範囲にわたるケーススタディを生み出し、科学的手法はかつて喧伝されていたようなものではありえないこと、そして、科学的結果は、かつて信じられていたよりはずっと強く、それが置かれた社会的文脈に影響されることが示された。そのことは、社会における科学の役割、特に政策決定における科学的助言の使用に関して、重要なことを示唆していた。簡単に述べれば、第二の波は、専門家の助言が社会的前提に依存していると示すことによって、テクノクラシーに強硬に反対する議論を提供したのである。さらに、それは、科学の民主化のための議論へと、一般的に言えば、専門知の民主化のための議論へとつながり、どうせ利害関係や優先事項が専門家の助言に影響を与えることが避けられないなら、その利害関係や優先事項は、より広範囲の社会の関心を反映したものであった方がよいとされた。コリンズは、第二の波の創設の主要人物の一人で、今でもその仕事を続けている（例えば、重力波物理学についてのコリンズの研究がある(7)）。

本書の立場である第三の波は、第二の波が科学研究の本質について述べたことをすべて認めながら、第二の波の結論には賛成しない。第三の波は第二の波と違って、規範的姿勢をとる。第二の波には、「初期設定」として、より民主的にという指針があったが、第三の波は、その指針を、科学の本性と高潔さに焦点をあてて別の場所へと向けかえようとする。科学論の第三の波の目的は、専門知をスペシャリスト的知識とする考え方を維持することであり、専門家の権威と民主主義的説明責任《アカウンタビリティ》との間のトレードオフをより適切な仕方で分析し管理することである。続く節で、簡単に第二の波と第三の波とのアプローチの違いが説明される。その後、本書で初めて登場する諸々の概念やアイデアが提示され、それらが本書をどのように導いているのかが説明される。

第三の波の構成要素

第三の波は、科学論の主要誌『ソーシャル・スタディーズ・オブ・サイエンス』に掲載された我々の

（6）例えば、トマス・クーンは、我々が科学論の第二の波と呼んでいるものの中で自らの業績が取り上げられたことに対して決して賛同しなかった。ピーター・ウィンチも同じである。ウィンチによる後期ヴィトゲンシュタイン哲学の解釈は、我々の仕事のほとんどすべてに着想と基盤を与えるものである。

（7）Collins (1975, 1985, 2004a, 2013a, 2017) など。

論文（Collins and Evans, 2002）によって始まった。その論文は、技術的要素と政治的要素からなり、技術的要素は、さしあたりは専門知の分類として提示され、政治的要素は、科学技術論（ＳＴＳ）の学者に対し、専門知を扱う専門知を使って公共の論争に介入するように要求することとして提示された。特に、ＳＴＳによる、知識生産の実践についての研究は、他に比類のない素晴らしいものであり、ＳＴＳはその知見を使って、ある集団や個人が正統な専門知を持っているか否かの判定に対して助言をするべきだというのが我々の主張であった。

この論文は多く（二〇一六年の六月時点で一七〇〇回以上）引用され、公表直後の数か月間で、四編のリプライ論文――一つが肯定的で三つが批判的なものだった――が公表され、リプライ論文への我々の反応を公表する機会も与えられた[8]。批判的な方のリプライ論文は、それぞれが異なったやり方で議論を展開していたが、それらすべてにおいて「第三の波」の政治に関する議論は、前進するものというよりも後退するものだという感覚は共通していた。第三の波は、第二の波と共存できず、むしろ第二の波とは矛盾すると指摘され、第三の波の予示するのは、科学の専門家に不当な権力を与えることによって起こるテクノクラシーの復興だとされた。そうした主張が間違っていることを、我々は丁寧に説明してきた――例えば、我々は何度も、民主主義に勝るものなど何もないと述べてきたし、我々が求めているのは、民主主義が専門家の主張を間違って解釈しないようにしてほしいということだけだと述べてきた――が、第三の波の政治的含意に関連した、我々の立場に対する誤解は、今でもなくなってはいない（本書第四章を参照せよ）。それとは対照的に、技術的要素に対しては、政治的要素に対するような厳しい批判はなく、特に大きな問題にはならなかった[9]。

最初の公表の後、我々の論文は、第三の波のプログラムの技術的部分を集中して扱い、専門知の分類も、最初の提案と比べるとずっと詳しいものになり、対話的専門知というアイデアに関する多くの研究を出し、研究手法としてのイミテーション・ゲームというものも開発した。(10) こうした努力の結果、第三の波のプログラムの政治的側面の議論は、比較的軽視されることになってしまい、フランク・フィッシャーの著作『民主主義と専門知』(Fischer, 2009) では、(我々の見る限り) ずさんで誤った記述がなされることになってしまった。この著作を発端として、雑誌『クリティカル・ポリシー・スタディーズ』での論文の応酬があり、その中の「第三の波の政治と政策」という論文で、我々は、第三の波の論文が当初引き起こした反応に由来する誤解を解消しようとした。しかし、その論文への数々のリプライから推し量るに、我々の試みはたいして成功はしなかったようだった。むしろ、それらのリプライに対して我々は、さらなる誤解を正さねばならなかった。本書は、その主要な目的に加えて、我々の考えが、批判者の言っているような危険な方向へと向かうものではないことについて、批判者を納得させるために、我々の立場について完全な形での――そして、望むらくは人の目を引くような形での――記述を提供す

(8) 唯一の肯定的なリプライは、Gorman (2002) で、否定的なリプライが、Jasanoff (2003), Rip (2003), Winne (2003) の三つである。これらのリプライに対する我々の反応は、Collins and Evans (2003) で読むことができる。

(9) 例えば、対話的専門知という考え方は、広く受け入れられたようである。

(10) 専門知のより詳細な分類については、我々の著作『専門知を再考する』(Collins and Evans, 2007) に出ている。対話的専門知という考え方は、次のいくつかの論文で展開されている：Collins (2004b, 2011, 2013b); Collins and Evans (2015a). 対話的専門知の本質や内実や射程を調べるために使われる、イミテーション・ゲームという方法論については、次で説明されている：Collins et al. (2006, 2015); Evans and Collins (2010); Evans and Crocker (2013); Collins and Evans (2014); Wehrens (2014).

るためのものでもある。(11)

正統性の問題と拡大の問題

第二の波と第三の波との相違を理解するためには、公共領域での技術に関わる意思決定について、それぞれが、異なる問題を扱っていることを理解するのが有効である。第二の波が目指すのは、少なくとも政治的みせかけとしては、「正統性の問題」の解決である。つまり、どのような場合に、専門家の持つ権威によって、それ以外の関係者の関与を無視することが許されるのかという問題である。この問題に対して第二の波が提供した診断と解決は次のようなものだった。(a)技術的専門家によって提供される助言は、一見中立的で客観的に思われるが、それが要求しているような認識論的権威を即座に持つようなものではない。(b)よりしっかりした解決のためには、広い範囲の視点や経験を意思決定の過程に組み入れねばならない。ポイントを説明するために、アラン・アーウィンの『市民科学』から単純で分かりやすい例を挙げよう。一九七〇年代から一九八〇年代初頭にかけて、イギリスの農場作業員の間で、2,4,5,Tと呼ばれる有機リン系除草剤の安全性が問題となった。農場作業員たちは、その除草剤が、流産や先天的異常などの多くの健康問題の原因となっていると考えたが、農薬諮問委員会(ACP)から公式に派遣された政府への助言者は、当該の化学物質は、正しく使用されている限りは安全であると主張した。その決定に至る過程で、ACPは、第一に、個々の農場作業員の経験的確証は、疫学的な調査や実験室での研究よりも価値が低いという認識的判定をしており、第二に、当該の化学物質を安全に使うために必要な設備や実習は農場作業員に日常的に提供されているはずだという社会的判定をしている。このことは非常に重要である。なぜなら、合理的に考えてみれば、ACPの科学者たちよりも、農場作業員たちの方が、実際に2,4,5,Tが使われている現場の状況については、よく知っているはずだからである。アーウィンの事例研究が示唆することは――それは確かに間違ってはいない――、もし、ACPが、農場作業員が経験を有する領域に関しては農場作業員の意見に従っていたとしたら、そして、その農薬の通常の使用状況では推奨される条件が満たされない場合もあるということを認めていたとしたら、その判断はより確実なものに――そして、より正統なものに――なっていただろうということだ。[12]

それに対して、第三の波は、これと関連はしているが違う問題、すなわち、拡大の問題を扱う。[13] 拡大の問題が起こるのは、第二の波の議論において、意思決定への参加の制限について明確な基準がないからである。第二の波は、新しいタイプの専門家たちに対して政策立案に参加するための扉を開くのだが、そこには、誰が参加すべきで、誰が参加すべきでないかを決めるメカニズムが用意されていない。しかし、2,4,5,Tの事例からも分かるように、付加されるべき必要な知識を持っているのは、特定のスペシャリスト、つまり、科学者の資格を持っていないのに、たまたま特殊なタイプの経験に基づく専門知を持っているようなスペシャリストに限られている。民主主義推進の提唱者たちが、事例中の農場作業員

(11)『民主主義と専門知』(Fischer, 2009)。『クリティカル・ポリシー・スタディーズ』における論文の応酬は、次のようにまとめることができる：発端となる論文は、Collins, Weinel and Evans (2010)、リプライは、Epstein (2011), Fischer (2011), Forsyth (2011), Jennings (2011), Owens (2011)、リプライに対する反応はCollins, Weinel and Evans (2011).
(12) この事例についての詳細は、Irwin (1995) を参照せよ。
(13) 正統性の問題と拡大の問題についてはCollins and Evans (2002) で紹介されている。

のような専門家を「素人専門家」と呼んだために、大きな誤解が生まれてしまった。「素人専門家」という言葉を見ると、誰でも専門家になれるような気がしてしまうからである。つまり、拡大の問題とは、民主主義に寄与する専門家フォーラムに、第二の波のアプローチで重要な専門知と認められたものは含まれるようにして、重要でない非専門的な貢献は排除されるようにするために、専門家フォーラムへの「より多様な分野からの参加」をどのように調整したらよいのか、という問題である。うまくいけば、正統性の問題の解決は、そのまま拡大の問題の解決にもなる。そのときには、技術的な論争に参加しているのは、すべて「適切な」人のみとなり、関連するスペシャリスト専門知を持っていない人は、専門家のふりをしたり、専門家として紹介されたりしないで、一市民として、既存の民主主義の制度を通じて決定に参加することになる。(14)

専門知の類型学

「重要なスペシャリスト専門知」は何かという問題に答えるために、第三の波は、まず、専門知を「実在的な」ものとして——つまり、人間や集団が所持している何かとして——とらえ、専門知の様々なタイプやレベルや種類を区別するための専門知論を展開する。(15) これは、第三の波のプログラムの技術的要素である。専門知の分類については、『専門知を再考する』において詳細が説明されているので、そこから表1・1を引用する。〔訳注1〕 この表は、専門知とは、ある社会グループへの社会化がうまくいったときの結果として人が所持するようになるものである、という社会学的前提に基づいて作られている。つまり、ある個人が所持するスキルや専門知は、その個人が参加している社会グループの財産であり、社

会化がないところには専門知はないということである。(16)

表の構造は、社会グループへの参加の仕方としてありうる様々なあり方に基づいている。一番上から説明すると、上の二段が示しているのは、社会化を可能にしているもの、つまり、社会に広く普及したユビキタス専門知と傾向性（個人的性質）である。この二つを基盤として、より特殊に発展したものがスペシャリスト専門知で、より包括的に発展したものがメタ専門知である。スペシャリスト専門知の様々なタイプは、常識の理解に対応している。つまり、最初の三つのカテゴリー〔ビールマット知、大衆的理解、一次資料知〕は、大衆誌や書物や学術誌やグーグルやユーチューブ動画などを使って得られるような理解を示している。そうした媒体では、問題となっているコミュニティとの直接的な対話はできないので、そこで学習者は、その分野の専門知に固有の暗黙知を獲得することはできない。学習者がそこで持っているのは、日常生活のために必要なユビキタス暗黙知のみであり、せいぜいのところ、それが、スペシャリスト情報のようなものによって少し肉付けされたものである。それに対して、最後の二つのタイプのスペシャリスト

（14）我々は民主主義のプロセスをかなり拡大的に解釈しており、路上での抗議活動やデモも民主主義への参加の手段の一つと考える。

（15）そうではない専門知の捉え方は、第二の波のアプローチで使われることが多いのだが、専門知を、関係的性質あるいはネットワークの性質として捉え、そこでは、専門家の地位がどのように付与されるかが問題となる。このような専門知の捉え方の概要は、Carr (2010) で見ることでき、Eyal (2013) にはこの分野の最近の事例がある。

〔訳注1〕専門知の類型学に関しては、ここで参照されている『専門知を再考する』（Collins and Evans 2007）とともに、邦訳のあるものとして『我々みんなが科学の専門家なのか？』（Collins 2014a）の第二章にも、詳しい記述があるので参照されたい。専門知の各類型の訳語について本訳書では、（本書の前編にあたる）『我々みんなが科学の専門家なのか？』の訳語に合わせた。

（16）貢献的専門知についての、最新のまとめは、Collins and Evans (2015a) で見ることができる。

ユビキタス専門知					
傾向性				対話能力	反省能力
スペシャリスト専門知	**ユビキタス暗黙知**			**スペシャリスト暗黙知**	
	ビールマット知	大衆的理解	一次資料知	対話的専門知	貢献的専門知
				多相的	模倣相的
メタ専門知	**外的**		**内的**		
	ユビキタスな差別化	ローカルな差別化	技術的鑑識眼	下向きの差別化	参照的専門知
メタ基準	資格		経験	業績	

表1・1　専門知の周期表（出典：Collins adn Evans, 2007）

専門知——対話的専門知と貢献的専門知と——は、当該のコミュニティに入っていかないと得られないもので、コミュニティへ入っていくことで学習者は、実践の領域で使われるスペシャリスト暗黙知を使えるようになっていく。つまり、先の例を使うと、農場作業員は、有機リン系除草剤を屋外環境で使用する実践については、貢献的専門知を持っていたのだと言うことができるし、そのことを根拠にして、当該の化学物質の規制や使用の議論において、農場作業員は正統な参加権を持つと言えるだろう。

メタ専門知の行は、貢献的専門家になるために必要な長期にわたる社会化を節約するための選択肢を示していて、自分自身は専門家でない人が、専門家の主張について判断できる幾つかの場合を示している。ここでも、問題となっている専門領域の知識を必要としない方法——ユビキタスな差別化やローカルな差別化——があり、それによって、誰が信頼できるかという純粋に社会的な判断が、世界の状態や本性についての信念へと「変成」されることになる。他にも様々な能力——技術的鑑識眼、下向きの差別化、参照的専門知といったもの——が挙げられており、それぞれは、判断されるものにどれくらい近いところにいるかによって違っている。

技術的局面と政治的局面

第三の波論文で主張された、もう一つの要素は、より政治的なものだった。そこで、我々は、STSは、公共領域での技術に関わる意思決定に貢献できると主張し、それをするためには、二つの種類の活動を区別すべきだと主張した。二つの種類の活動には、「技術的局面」の活動と「政治的局面」の活動という名前が付けられた。その意図は、技術に関わる意思決定が二つの異なる制度的実践の結合であることに注意を喚起して、この二つの種類の活動を区別することの重要性を主張するためである。科学は、今や「別の手段をもってする政治」と捉えられることもあるが、それでも、人脈や駆け引きや予算ばら撒きといった、公共領域において明らかに政治的要素と見なされるものに取り込まれてはいけないのである。第三の波についての論争のほとんどは、この区別をめぐるもので、批判者は、技術的なものと政治的なものとを区別するためには、第二の波がやっとのことで破壊してくれた、第一の波の事実－価値の区別を復活させねばならないと主張する。本書の全体が、そうした批判に対する否定と反論になっているため、ここでは、この問題について詳しく論じる代わりに、この区別が最初に提案されたときの姿の概要を示し、その後に起こった比較的軽微な修正について述べるだけに止めておきたい。

　政策判断は最適な専門家の助言によって導かれるべきであるが、このアイデアは、技術的局面と政治的局面を区別することによって、二つの構成要素――「判断」と「助言」という構成要素――に分解されることになり、我々は、それぞれについて、それぞれのアプローチがあり、それぞれの基準による責任の負い方があると主張できるようになる。技術的局面というのは、専門的な助言を求めることを指しており、そこには二つの特徴がある。第一に、これは第二の波と関連することだが、助言する専門家には、問題に関連している限りにおいて、科学の外部の、経験に基づく専門家が含まれなければならない。正統性の問題に関連して述べれば、専門家には様々な種類の専門家がいるということであり、拡大の問題に関連して述べれば、専門家の領域を代表するのは、常に、対話的専門家と貢献的専門家に限られるべきだということである。「技術的局面」の第二の特徴は、それが「科学的」規範によって規定されるということであり、すなわち、そこでの政治性は「外在的」なものであってはならず「内在的」なものに限られるということである——別の言い方をすると、規範的要請として、技術的助言は政治的バイアスや政治的影響を極力排して行われるべきだということである。つまり、技術的助言者は、政治的判断に影響を与えるために、自分たちの仕事の正確さや意義について大袈裟に述べてはならず、意思決定者は、技術者や科学者が確固とした結論を出せないときに、それを出すように要求してはならない。もちろん、我々は、第二の波が示してくれたように、事実と価値との完全な分離は実践においては不可能であることを知っている。それでも、我々は、分離を主張するのであるが、それは、完璧な正義や完全な民主主義のような達成不可能な目標を目指すことと同様に、そこに至ることが難しいからといって、その目標の価値が低くなるわけではないからである。

政治的局面とは、専門家の助言を使い、それを考慮した上で、一つの政策決定へと到達するための社会的制度や社会的プロセスのことである。ここで規範的に要求されるのは、政治的局面は、民主主義の原理によって運営されるべきであり、そこではすべての市民が、専門知の多寡にかかわらず、同等に問題に関わっているということである。ここで重要なのは、政治的局面は常に技術的局面より上位に位置づけられるので、テクノクラシーが問題とはならないという点だ。また、民主主義の制度は形態や手続きにおいて様々に異なるので、たとえ専門家の助言が同じだったとしても、決定は違ったものになりうる。この点は、これまで述べてきたこととは矛盾しない。

二〇〇二年の論文以降、原則の適用の仕方に関する主張の詳細について、軽微な修正はあったが、基盤にある、二つの局面の分離という点は、本質的には変わっていない。本書執筆までの、そして本書執筆中にあった、小さな修正は以下のようにまとめることができる。

1. 意味ある参加のために必要な専門知と、民主主義的な市民参加の諸形態との間の関係性についての形式的分析によって、全般的な選好として、民主主義はより熟議型になっていくべきだとされるようになった。[17]

2. 技術的局面と政治的局面との関係性を、より明確にする宣言――「最小限の基本姿勢」と呼ばれる――が作成された。それによれば、政治的意思決定者は、技術的助言を少し変えて解釈することで、政治的選択を技術的必然であるかのように提示してはならない。[18]

3. 技術的局面への貢献の仕方として可能な様々な方法について、より詳しく分析がなされ、提示された。[19]

4. 民主主義と政治とを分けて考えることの重要性を認識した。民主主義とは、特定の政治的原理や政治的制度の組み合わせのことであり、我々は民主主義を大いに支持するし、民主主義は科学とまったく矛盾しない。それに対し、政治とは、何かことをなすために必要な権力を蓄えたり、同盟関係を結んだりといった、どちらかといえば、より本能的な営みのことである。

啓示と証明

第二の波は、科学を、政治のような科学外的な関心と非常に密接に関係している場所に据えるという点で、我々の知に一つの革命を起こした。つまり、科学は特別なものではなかったのである。第二の波の科学論の知見によって、科学を、その真理性や功利性に基づいて擁護することは難しくなったと我々は考える。その代わりに、我々は、科学が善なる価値の源泉であるという理由で、あるいは、そうなる可能性を持つという理由で、民主主義にとって科学が必要であると主張する。科学のもたらす知見には、常に異論が絶えないが、科学に備わる価値は不変である。つまり、科学のもたらす結果の価値をどのように捉えようとも——そして、ほとんどの人はいまだに科学を正当化するためには真理性や功利性を引き合いに出すのだろうが——、科学そのものに備わる価値に基づいた科学の正当化の主張は、——その議論が機能している限りは——成立する。自由市場資本主義の力に蹂躙されている民主主義は、価値の源泉となるものを切実に必要としている。我々は、科学にはそうなれる可能性があると主張する。しかし、どのようにしたら、我々は、ある価値の選択を正当化できるのだろうか。

想像してみよう。見知らぬ人があなたに話している。彼は、自分は複数の児童を虐待しようと思っているとあなたに言う。彼はまったく何の理由もなく、それをする——つまり、彼は何の代償も得ずに児

(17) Evans (2011) では、様々な種類の意思決定制度が機能するために、どのような種類の専門知が必要となるかが検討されている。Evans and Plows (2007) は、熟議型フォーラムにおける素人市民（つまり、スペシャリスト専門知を持たない市民）の役割に特化して、より詳細に検討している。

(18) この項目が初めて述べられたのは、Weinel (2008) であるが、Collins, Weinel and Evans (2010) でも論じられている。

(19) このアイデアについては、Collins (2014a) で、可能な限り紹介されている。Collins, Evans and Weinel (2016) では、より形式的に扱われている。

童を虐待するのである。彼の説明によれば、自分は道徳哲学を研究した結果、何の代償も得ない児童虐待が悪いことであるという決定的証明を得られなかった。そもそも、彼は、あらゆる行為について、それが善であるか悪であるかについての決定的証明を見つけられない。そのため今後彼は、一般的に道徳的規則として決められていることとは無関係に、気まぐれに行為することにしている。しかしながら、もしあなたが、無償の児童虐待が悪事であるという決定的な証明を提示できるなら、彼は児童を虐待しないつもりである。

さて、実際のところ、道徳哲学というのは、一般的に我々が忌まわしいと思うような行為について、それが本当に悪いことであるという決定的な証明を提示できていない。それでは、右のような人と会ったとき、彼に児童虐待をやめさせるためには、道徳哲学における果てしなく大きな不足部分を埋めていくことが適切なやり方だろうか。断じて違う。第一に、それが実現される望みはないだろう。そして、第二に、誰でも分かっているだろうが、道徳的選択を決定的証明によって行おうと考えている人間は、何かが間違っているのである。道徳的行為というのは、決定的な正当化を見つけなくても選択ができるようなものなのである。哲学者にとってどうであるかは知らないが、哲学的正当化は道徳的判断の源泉ではない。もし、ある人が、何の代償も得ない悪事をしようと思っていて、その理由が、その人が、決定的証明こそが重要なのだと考えているからだとしたら、それに対する適切な対処法は、何であれ、哲学的議論を続けることでは決してない。

同じように、我々が「選択的モダニズム」と呼ぶものは、科学を、道徳的選択の対象と考える。「選択的」という語は、選ぶことを意味しており、「モダニズム」という語は、科学と関係している。(20) 我々は、物理学的世界、生物学的世界、心理学的世界、社会的世界——つまりは、我々にとって観察可能な世界——を理解するためのアプローチとして、科学を選ぶべきなのである。誰しも分かっているように、観察可能な世界に関しては、体系的にその世界を観察した者の方が、そうでない者よりも、よりよい意見を提出できる。「よりよい」という言葉に注意してほしいが、これは「より正しい」と同じ意味ではない。つまり、正しさというよりも、善良さという意味で、よりよいのである。我々は、自身の観察のために観察した人々を評価する。観察したということは、観察しないよりはよいことである。我々は、そのような人について、経験を持っているとか、専門知を持っていると言う。専門知を高く評価することは、科学自体において中心的であるのと同様に、選択的モダニズムにおいても中心的なことであるが、後に述べるように、科学や選択的モダニズムが高く評価するものは他にもたくさんある。倫理的選択として、我々は、専門知がないことよりも専門知があることを選ぶべきであり、そして、科学の提示する価値に導かれた専門知を選ぶべきである。もし、その選択を根本的な仕方で正当化することができないと思っていても、そうすべきなのである。繰り返すが、そのような根本的正当化に到達できないということは、先の文章で強調した「よりよい」という言葉が、「より効果的な」を意味することはできないということである——もし、それが可能であったならば、我々は根本的正当化に至っているはずだからである。ここでのよりよいは、何らかの点においてよりよいという意味ではなく、単に、より善良であ

(20) もちろん、「モダニズム」という語が、これよりずっと複雑な意味を持ちうるということを我々は知っているし、単に科学と関係しているということよりも、ずっと多くのことを意味していることも、我々には分かっている。

るという意味なのである。

数えきれないくらいの書物で、科学哲学者は、科学が最高のものだと証明しようとしてきたが、——道徳哲学者が目的を達成できていないのと同じように——目的を達成できていない。本書がすることは、正しい選択は、その選択が当然であるというくらいの説得力は持つだろうという希望を持って、科学という選択肢とそれ以外の選択肢の本質について、なるべく明確にすることである。道徳的議論がいつもそうであるように、科学を道徳的理由から擁護する議論のほとんどの部分は、我々が普段どのように行為し思考しているかを我々自身に気付かせることである。その意味で、ここでなされるのは、本質的には、論証というよりは、啓示に近いものである。場合によっては、ここで我々がなそうとしていることは、提案と言い表すのが最も適切なのかもしれない。その提案の魅力は、代替案を提示することによって補強される——そこで、代替案が忌避すべきものだと証明されることはないのかも知れないが、もし直接的に忌避すべきものだと思えなくとも、なんとなく間違っていると思ってもらえればそれでよい。無償で児童を虐待する人は、なんとなく間違っているのと同じである。もし、あなたが、何が間違っていることなのかが分からないのだとしたら、本書を読んでも意味はないだろう。

事実ではなく手続き

ここまでで二つのことを述べてきた。

1. 観察可能な世界を理解することに関して言えば、科学を、道徳的意味で「善なる」ものだと啓示することはできる。

2．詳細に検討すれば、哲学的擁護や功利主義的擁護などといった、科学の正当化や擁護のための他の手段は、だいたい失敗する。

最も重要なのは第一の文章である。本書の両著者は第二の文章についても確信しているが、読者は、第一の文章を受け入れるために、第二の文書を信じなければならないわけではない。読者諸氏に、お願いしておきたい。仮に、あなたが、科学は「合理的な」仕方で正当化できると確信しているとしても、それだけで、本書を読むのをやめないでほしい。以下に書かれていることをあなたが信じなくても、本書を読み通すことはできる。

これまで、五十年以上にわたって、科学哲学者や科学社会学者や科学史家たちの仕事が、科学を、より深く、より詳細に理解するきっかけとなってきた。彼らが示したところでは、科学における日々の実践は、明確な論理に導かれてはいない――さらに言えば、そんなことはあり得ない。また、彼らによれば、科学が成功しているという理由で科学を擁護することもできない。繰り返すが、これが、科学論の第二の波と我々が読んでいるものである。第一の波の中では、科学哲学者も科学社会学者も、自分たちの仕事は、――特権的な知識形態であることは自明とされていた――科学がどのように機能しているのか、そして、社会はそれを育むためにどのようになっていればよいのかを説明することだと考えていた。第二の波は、科学を、他の知識形態と同じように、知識社会学の分析へと開放した。それによって、科学は、結局のところそれほど特別なものではないということが示され、認識の世界の凸凹は平坦にならされた。第二の波は、より広範なポストモダン運動の中に巻き込まれていく中で、科学の価値を蔑ろにするようになっていった。

すでに述べたように、本書が宣言する第三の波は、このような科学理解に関する大きな変化を受け入れ、第二の波のもたらした素晴らしい知見を認めながら、それでも、専門知を高く評価し、科学を高く評価する道があることを示そうとする。第三の波の主張では、認識の世界の凸凹は、もう元にもどらないほどに平坦にならされてはいない。第三の波は、第二の波の分析を間違っているとはしないが、第二の波から引き出される規範的結論は、間違っているとする。本書の両著者を含めた、第二の波の中で仕事をしてきた者たち、あるいは、第二の波の結論を受け入れている者たちにとって、科学を道徳的に擁護することは急務である。ポストモダニズム陣営の手持ちの弾は、一撃分——懐疑的一撃——だけでそれ以上はない。それでも、その一撃は強力で、地勢的にも完璧だった科学という強固な城を、その背後にある街の乱雑さを暴露することによって、打ち崩した。しかし、懐疑主義の上に建物を建てることはできない。懐疑主義は物を壊しはするが、それを建て直しはしない。(21) もし、我々が前に進みたいなら、我々にはポスト・ポストモダニズムが必要なのである。選択的モダニズムは、その一つの候補である。それは、乱雑ではあるが活気に満ちた街を破壊せず、かつてあった古い防御壁の建て直しもせずに、物事を前に進めることができる。選択的モダニズムは、過去五十年間で培われた科学に対する新しい知見を放棄しないままで、科学という街に住めるチャンスを我々に与えてくれる。

繰り返しのお願いになるが、もし、あなたが第二の波の仕事に納得していないのだとしても——つまり、すでに壁も壊れて、道も歪んでいるのに、それを認めないで、科学という街に住み続けている人だったとしても――、科学を道徳的選択の一つとして擁護する試みには興味を持つべきである。なぜなら、道徳的擁護がうまくいけば、あなたの弓には二本の弦がつけられることになるからである。もし、一本目の「真理性と功利性という弦」が思ったより緩く張られている可能性に直面したとしても、まだあなたは、道徳性の弦を使うことができるのである。選択的モダニズムは、科学的であるとはいかなることかという点に立脚しており、科学の出す結果や事実には目を向けない。我々の文化にとって中心的なのは、科学的事実や科学の出す結果ではなく、科学に備わる価値なのである。ひょっとしたら善なる科学が重要な結果を出すこともあるだろうが、それはおまけとしてついてくるものである。繰り返すが、もし、重要な結果こそが科学を正当化するものだとあなたが考えているなら、本書の議論は、正当化の弓に二本目の弦をつけることになる。もちろん、科学の結果を信じていない人は、我々の生活において科学が中心を占めていることを正当化するための矢を放つために、本書の提供する弦を使えばよいのである。

さらに、述べておきたいが、強い信念を持った合理的な科学擁護者にしても、科学を擁護するためには、科学の出す結果に依拠しているよりも、科学に備わる価値に依拠していたほうがより安全である。なぜなら、科学的事実に依拠するということは、運に身を任せているようなものだからである――科学的結果を信じる人もいれば信じない人もいるし、今信じられていることも未来には信じられなくなっているかもしれない。もう一つの理由は、第二次世界大戦中になされた暴虐への反省の中で出てくる、科

(21) このことの要点は、Collins (2009) で論じられている。

学が道徳的価値を計算で置き換えてしまうこと——強いテクノクラシー——への懸念である。科学の有効性を尊重しすぎると、視野が狭くなって、そんなことが起こりかねないのである。科学に備わる価値を尊重することには、このような危険は伴わない。なぜなら、そのプログラムは、科学的知識の社会学Sociology of scientific knowledge（ＳＳＫ）などによって暴露された、尊敬に値しない、不正確で、雑な科学の姿——城壁の向こうの乱雑な街の姿——に基づいているからである。こうした不正確で雑な科学の姿を熟知していれば、誰もそれを、大量殺戮の正当化のために使おうなどとは思わないだろう——たとえ、大量殺人者本人でもそのような使い方はしないだろう。(22)

本書の構造

本書のテーマは道徳的制度としての科学である。すでに説明したように、本書には、我々が属している学者コミュニティでは普通でないようなことがいくつもある。例えば、本書の最も重要な部分において、学者ならば普通はそこで説かれたことがどのように正当化されるのかを探すことになるのだろうが、本書にはそれがない。本書の依拠しているのは、専門知についての常識的な議論よりも弱いものである。本書は、ある種の道徳的信念や道徳的行為が自明的に善であるということに依拠している。我々は自分たちの立場を正当化することを忘れたわけではなく、議論が出尽くしてしまい、残っているのがこれしかないのである。つまり、無償の児童虐待が間違っていることは、あなたには分かっているだろうが、それと同じように、観察のような科学的な価値から我々は始めるのである。

観察可能な世界を理解するための方法として科学を選択することが、選択的モダニズムの定義となる要素であり、そのことは第二章で詳しく論じられる。我々の知る限り、ここでの科学の扱い方は、まったく前例がないか、ほとんど前例がないものである。[23] 第三章では、科学の外部の領域における本書の主

(22) 同様に、科学を大量失業の正当化にも使いはしないだろう。元化学者であるマーガレット・サッチャーは、経済学という科学に魅せられすぎていたようだ。西側民主主義の国家首脳部に、科学者がほとんどいないことはよく知られていて、もっと多く科学者がいる必要があるだろう。しかし、科学が国家の難題を解決できるなどと信じる科学者が、決して国家首脳にならないように希望したい。もし、判断を下さねばならない立場に科学者を置かねばならないなら、その科学者は、「フクロウ委員会」——第三章を参照——から選ばれるべきである。

(23) 我々の知る限りでこの考え方に最も近いのは、哲学者たちの「徳認識論」というアイデアである。しかし、徳認識論は、集団的信念や集団的な徳への意志に基づくというよりも、個人の徳に基づいているようである (http://plato.stanford.edu/entries/epistemology-virtue)。本書の主張に最も近いのは、デュプレ (Dupré, 1995) で、ヴィトゲンシュタインを持ち出して、科学は、家族的類似性という語を使って記述するのが一番適しているとしている (同書第一章以降を見よ)。デュプレは言う。「純粋記述主義と科学主義的護教論を合わせて一つにしたような認識論に代えて、徳認識論のようなものにしてみたらどうかと私は提案したい。そのような徳として、多くのものが、存在しうるし実際に存在する。経験的事実に敏感であること、背景の前提がもっともらしいものであること、皆が知っている他のことと矛盾しないこと、最大限に広範で多様な資料による批判に、そして、もちろん他者による批判にさらされていること……、そうした用語を使って、一人のダーウィンが、繊細な議論をしたり、経験的事実を苦労して並べ替えたりして、偉大なる信頼性を獲得していき、その後に、百年を超える経験的探究や理論的批判が続いていくさまを記述するのは、それほど難しくはないだろう。少なくとも、しばしば不明かつ疑わしい由来を持つ古代の書物の曖昧な解釈によって歴史的事実を根拠づけようとすることよりは簡単だろう」(p. 243)。ちなみに、本書の両著者は、最近まで徳認識論について知らなかったので、選択的モダニズムの説明において徳認識論は使われていない。当然、科学が前に進んでいくためには、その支持者に徳がなければならないことは、科学的事実の伝達が、実験をする人や結果報告をする人の信頼性に依存してい

張の射程について論じられ、結論として、選択的モダニズムは、民主主義が問題になっている場合を除けばごく狭い射程しか持たないとされる。選択的モダニズムは、善き社会に影響を及ぼす。専門家や科学者が社会の中で適切に位置付けられるためには、社会は、それなりの仕方で組織化されていなければならない。加えて、科学を束ねている価値は、民主主義社会を束ねている価値と、重なる部分を多く持っている。第三章では、ある種の政治的寓話を用いて、科学を選ぶという選択が民主主義社会においてどのような効果を持つかが示され、本書のアイデアにそって、専門家の助言についての新しいアプローチが提案される。第四章と第五章では、同じ寓話が、学術的な文脈へと適用され、第六章で、我々の主張をまとめたマニフェストが提示される。

第二章で論じられる選択に説得力を持たせたいのであれば、あまりにも簡単にその選択が出てくることのないようにしないといけない。科学が成功しているとき――惑星の動きを予言したり原子より小さい素粒子の質量を予言したり、一つの病気を撲滅したり、生物学的遺伝の秘密を発見したりといったようなとき――には、科学を擁護するのは簡単である。しかし、選択的モダニズムの提案が、それが求められている説得力を持つためには、科学は、それが認識論的に弱体化したときでも、そして、実践的に弱体化したときでも、高く評価されるべきだと示すことが必要である。もし、科学が、説得力ある道徳的選択肢であるならば、たとえ科学が理論的に弱くても、たとえ科学に実践的な有効性がなくても、科学は愛され尊重されるはずである。間違った天気予報をしても、病気の治療に何度も失敗していても、経済の予測に関してまったく無能であることが分かっても、一般的に、複雑さに直面したらお手上げになってしまうことが分かっていても――つまり、科学は役に立たないのだとしても――、科学は擁護されねばならないのである。[24] もし、右で挙げたような厳しい事例において、科学を擁護できるとしたら、簡単な事例において科学を擁護するのは簡単である。第二章の最後で、計量経済学の経済予測が、厳しい事例の一つとして挙げられる。我々は、国家の経済生産高を予測するために計量経済学のモデリングを使い続けることを、たとえ、その予測が、これまで一度も当たったことがなく、これからも当たらないと思われ、また、たとえ、その予測結果を我々は決して使いはしないとしても、支持する。

計量経済学に対する我々の扱い方は、少し矛盾している。ある時の擁護の際には、計量経済学のモデリングは、機会があれば改善されるだろうが、もし、機会が与えられなければ、改善もなされないままだろうと述べられている。この議論は、道徳的価値というよりは功利性に依拠しているのだが、先述においては、功利性に依拠した議論は足場が弱く危険だと主張されていたはずである。これはどうなっているのか。

第一に、将来的に可能な功利性に基づく議論は、単なる副次的な議論の一つに過ぎず、中心項目は道徳的価値である。しかし、より深いポイントは、そもそも専門知という概念には功利性の概念が含まれているという点である。もし、これまで効能を持つ専門知が一つもなかったとしたなら、「専門知」という語の意味は違ったものになっていて、多分、「意見」くらいの意味しか持っていなかっただろう。

ることからも、かなり昔からすでに周知のことではある。シェイピン (Shapin, 1994) は、信頼の根拠を科学者の人間的高潔さに基づけている。しかし、もちろん、それにしても、有効性を前提とした議論であり、科学に備わる価値そのものの絶対的な善性から議論が始まっているわけではない。

(24) この立場の先駆となるのが、Collins (2001) である。

そうだとしたら、専門知を擁護する議論の中心は道徳的で常識的なものであるべきだという大きな主張があっても、我々は、専門知が有効性を持つことを、そして、専門家であるということのなかには有用であろうとすることも含まれることを望まずにはいられない。ここで言っているのは、専門家は、うまくやろうと企図していなければならないということのみであり、うまくできていなければならないということではない。それでも、成功しようという目標が専門知を持つということにおいて不可欠であるということは、合理主義者たちにとって慰めにはなるだろう。[25]

(25) 例えば、Collins (1985/1992) は、科学的方法において再現性はかつて考えられていたように綺麗で明確なテストとして機能してはいないのだが、それでも、再現性を科学的方法の中心にあるものとして擁護している。後に我々の主張するところでは、科学的専門知に特徴的な徳の一つは、その専門知によって分かることと同様に、分からないことにも目配りをしなければならないということである。

第II部　選択的モダニズム

第二章　科学を選ぶ

科学的価値と技術的局面

公共領域での技術に関わる意思決定には、専門知と民主主義とが混在している。技術的局面と政治的局面とを区別することによって、我々は、この二つの局面をできるだけ分離し、それぞれの局面の独自の特徴が損なわれないようにすることができる——実際には、そうするように導かれる——ようになる。技術的局面と政治的局面との違いは、我々の二〇〇二年の論文で、表2・1のようにまとめられている。

表2・1の下の三行は、比較的分かりやすい。二行目から始めると、判断への参加が能力主義的原則に基づくという考え方は、技術的局面が専門的知識に関係するということから直接的に出てくる。問題が、非専門家の公益通報者や他のステークホルダーによって提起されたものだったとしても、彼らの指

		局面	
		政治的	技術的
性質	政治性	外在的	内在的
	参加権	ステークホルダーとして	能力に応じて
	参加方法	意見調査による	行為による
	委任	代理人による	不可能

表2・1　技術的局面と政治的局面

摘の意義や影響に関して評価するためには、当該領域の専門家が必要となる。[26] 次の二つの行は、そのような能力主義的な要請と密接に関係している。第一に、専門家は、技術的論争においては自分自身の代理人でなければならない。専門知は、予言不可能に変化する状況にリアルタイムで対応し、暗黙的な知識に基づく場合が多い。だから、その任務に、非専門家を指名することはできない。それに対し、政治的局面は、民主的であることが前提であるため、利害関係にあるもの、あるいはその代理人は、誰でも参加することができ、民主主義の理論に関して膨大な文献があることからも分かるように、そうした参加を実現するための多様な多数のメカニズムが存在する。

一番上の行は、少し複雑で、本章のほとんどの部分は、ここで書いた「内在的」政治性が何を意味しているかを論じている。(主に記述的な)第二の波と(主に規範的な)第三の波との違いを理解するためには、記述的な「事実〔どうあるか〕」と、規範的な「当為〔どうすべきか〕」を区別することが肝要である。STS文献における有名な例——十九世紀のエディンバラにおける骨相学を巡る論争についてのシェイピンの研究[27]——が分かりやすい。シェイピンが示したところでは、骨相学が結果的に論争に負けて、守旧派が学術界における影響力や権威のある立場を維持したという結果は、

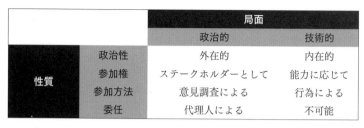

守旧派がエディンバラ社会の文化的生活や政治的生活の広範な領域において、利害関係のつながりや影響力を持っていたことと深く関係しているし、場合によって、それが原因だとすらいえる。これは、事実が「どうあるか」だ。問題は、この記述に何が続くかということである。科学論争において、もし、社会的要因や政治的要因が直接的に中心舞台に引き出されていたとしたら、もっと短時間ではっきりと結論が出ていただろう、と主張する人もいる。しかし、我々は、それは、科学という概念に矛盾すると主張する。我々の主張では、骨相学についての技術的論争において、地域の政治的要因による影響を避けることはできないが、指針としては、そうした政治的影響は、なるべく排除するべきなのである。第二の波から短絡的に結論を出すとしたら次のようになるだろう。科学は政治に影響を受けるのだから、我々は科学と政治という区別を忘れるべきである――科学的に行為するとは、科学の中で政治的に行為することである。このような考え方が間違っていることをシェイピンの事例は教えてくれる。はたして我々は、可能性を持つ科学知識の領域であった骨相学の命運を、エディンバラの地域政治の決定に委ねてよかったのだろうか。答えは、明らかに、「ノー」である。

(26) 例えば、「クライメイトゲート」メール流出事件においては、ある科学的研究グループのメンバー間のメールが流出し公開され、科学的な欺瞞や不正が申し立てられることになったのだが、当該の科学領域についての詳細な理解がある者でなければ、そのメールや、メールから分かる彼らのしていたことが、不適切だったかどうかは分からないはずである。〔訳注：クライメイトゲート事件に関しては、『我々みんなが科学の専門家なのか?』で詳しく扱われているので、そちらも参照されたい（Collins 2014a, 一四頁以降）。〕

(27) Shapin (1979) を参照せよ。この事例は、第三の波の論文でも同じポイントを示すために使われている。Collins and Evans (2002) を参照せよ。

境界設定の問題

それでは、「科学的に」行為するとはいかなることなのだろうか。この問いが、古典的な哲学の問題――「境界設定の問題」――であるということからも分かるように、科学を他の営みから切り離すこと、少なくとも、その性質について必要条件と十分条件とを出すことは、非常に難しいのである。もし、あるものが何であるのか言えないのなら、それを選択することは難しい。実は、第二の波の力の源は、まさにこの点にある。科学と他の活動とがかなり似ていることが示されれば、科学と他の社会的活動との間の境界線があいまいになり、「科学的」に行為するということが何を意味するかを示すことはさらに難しくなる。

しかし幸運なことに、科学は、定義できないように見えているだけである。定義できないように見えるのは、科学のようなものを定義するということがいかなることかという点について誤解があるからである。ヴィトゲンシュタインが指摘しているように、「ゲーム」という語や概念を、我々はいつも、混乱することもなく使っているが、我々は「ゲーム」を定義することはできない。

たとえば、「ゲーム」と呼ばれるプロセスを観察してみよう。ボードゲーム、カードゲーム、ボールゲーム、ラグビーなどのことだ。これらすべてに共通するものはなんだろう……よく見てみると、すべてに共通するようなものは見えないけれど、類似点や親戚関係が見えてくるだろう。……

こういう類似性の特徴を言いあらわすには、「家族的類似」と言うのが一番だ。というのも、体型、顔つき、眼の色、歩き方、気質などなど等々、家族のメンバー相互の類似性も同じように、重なりあい交差しあっているからである。(28)

「ゲーム」と同様に、「科学」も、共通性質という観点から定義できるものではなく、境界設定の問題というのは、境界線がなければならないと考えているからこそ出てくる問題なのである。ヴィトゲンシュタインにならって、我々が主張するのは、ほとんどの場合は似ているが似ていない場合もあるというくらいの、家族的類似性によるゆるやかなまとまりで特徴づけられると考えれば、科学は十分に識別できるということである。

ただし、都合の悪いことに、家族的類似性の概念の使用には制限があり、それを守らないとすべては無意味になってしまう。問題は、ある中間的な対象や性質を持って来れば、どんなもの同士でも家族的類似性によって関連付けられてしまうということである。サッカーは、弾——つまり、ボール——を使う。しかし、ライフル射撃も弾を使うのだから、サッカーと銃殺刑執行は、同じ家族のメンバーであることになり、通常は銃の材料として木材が使われるから、サッカーと銃殺刑執行は、大工仕事や林業と

(28) これは、『哲学探究』(Wittgenstein 1953) の六六節と六七節の文章で、科学的知識の社会学にとって標準的引用となっているものである〔六一—六三頁〕。ブルア (例えば、Bloor 1983) によれば、ヴィトゲンシュタインは、晩年の著作では、哲学者というよりは社会学者である。もちろん、科学的知識の社会学の学者は皆、ヴィトゲンシュタインをそのように取り上げる。Winch (1958) も参照せよ。

同じ家族に属することになる、等々。家族的類似性の概念は、家族というものが、性質の重なり合い以外に、何らかの別の仕方で限界づけられていなければうまく機能しないのである。

しかし、都合のよいことに、もう一つのヴィトゲンシュタイン哲学に特有の概念である「生活形式」が、必要な制限を提供してくれる。社会学的に考えると、「生活形式」という概念は、ある社会グループにおける典型的な生活のあり方を捉える、他にも多くある社会学的概念や歴史学的概念の一つである。(29) 歴史学の「時代」概念、クーンの「パラダイム」概念、現象学の「自明とされる現実」概念など、実は、一般的に文化という概念も、すべて、社会グループが自分たちの日々の世界を創り出し、世界を区切る境界線を操作しているという事実を指摘しているのである。科学というのは、メンバーの持つ典型的な行為や意図によって特徴づけられる社会グループ化の一つである。その意味で、科学は、他の社会的「集合体」と同じであり、その性質や境界線やメンバーとなる条件などを、標準的な社会学的研究手法を使って調査することができる。

このようなアイデアに加えて、諸々の社会グループは「フラクタル状」に相互関連すると考えられるべきである。フラクタルの最上位には、メンバーが共通の自然言語、例えば英語などを話しているということによってのみ特徴づけられるグループがある。(30) フラクタルの最下位には、狭い領域の技能を共通に持っているスペシャリストの小グループがある。その中では、メンバーは、特殊な語彙や話し方を共有し、それによって実務者たちは、互いに理解しあい関係しあっているとともに、自分たちの特殊な実践の世界を理解し、その世界に関係している。我々はこの言語を「実践言語」と呼ぶ。こうした最上位と最下位の極端な二つのグループの中間には、スポーツ選手とか兵士とか芸術家とか科学者といったグループが存在する。各々のグループは、それぞれ違うサイズを持ち、重なり合ったり、内部に包含されたりしているが、どのようなサイズのグループであれ、どのような内容のグループであれ、すべてのグループは、そのメンバーに、一連の「形成的意図 formative intention」を提供している。それによって、メンバーがそのグループのメンバーとしての行為を、正統に意図する仕方が決まっているのである。アザンデ族のメンバーは、アザンデ族のメンバーとして、毒の神託によって魔女を探し当てようと正統に意図することができるが、住宅ローンを組もうと正統に意図することはできない。先進国社会の人間は、先進国社会のメンバーとして、住宅ローンを組もうと意図することができるが、魔女を探し当てようと意図することはできない。クリケット選手は、バウンダリーを得点しようと意図することはできるが、敵チームの選手を殺そうと意図することは、クリケット選手としては、できない。兵士は、敵方のメンバーを殺そうと意図することができるが、バウンダリーを得点しようと意図することは、兵士としては、できない、等々。すべてのグループのメンバーは、食物を食べたり、人を愛したりすることを意図することもできるだろうが、そうした意図は、自分たちがメンバーとなっているグループの構成には関わら

(29) 生活形式の概念については他にも違った解釈がある。ここではヴィトゲンシュタインが本当はどのように考えていたかという問題は立てず、「自明とされる現実」(Schutz, 1964) や「社会的集団性」(Durkheim, 1915) や「パラダイム」(Kuhn, 1962) や文化 ((Kluckhohn, 1962; Geertz, 1973) やサブカルチャー (Yinger, 1982) のような社会学的概念に似通ったものだと解釈しておくこととする。

(30) フラクタルの比喩は、Collins and Kusch (1998) に見られる。Collins (2011) では、「実践言語」の概念を導入して、さらに展開され、Collins and Evans (2015b) では、社会科学の研究手法における重要性が述べられている。

ない。食べたり、愛したりすることは普遍的活動なので、それ自体としては、社会グループを形成するものではない。もちろん、食べたり、愛したりする仕方が文化的に特有のものであれば、それは、生活形式の構成に関与することになる。

個人は、普通は、相互に重なり合った多くの生活形式に帰属している。一人の人間が、クリケット選手であると同時に兵士でもありうるが、それぞれのグループのための形成的意図は、やはり、違っていて、それは、その個人が兵士として行為しているとき、あるいは、クリケット選手として行為しているときに明確になる。このモデルが機能するために重要なことは、どの個人がどのグループに属するかを参照することによってグループの境界線を定義しようとしないで、グループが分析の最小単位だと認めることである。[31] そうすると、ある個人が、これこれのグループのメンバーとして行為しているときに、彼らの形成的意図には「これこれ」が含まれるとか、「これこれ」は含まれないなどと述べることができるようになる。それぞれの場面において個人とは何かと言えば、一つあるいは複数の生活形式に含まれる、一連の形成的意図や形成的行為の集合のことである。

用語は少し複雑になるが、「一つの生活形式は、複数の形成的な行為タイプからなり、形成的な行為タイプは形成的意図に基づいている」[32] ということになる。このこと全体を述べるために、今後は、「形成的意志 formative aspiration」という用語を使うことにする。この用語が含意しているのは、生活形式が存在するのは、そこに属するメンバーが、ほとんどの時間において、ある特定の仕方で行為しようと志すことによっているということだ。つまり、メンバーがいつもそのように行為できていなくてもよいのである。「意志」という言葉によって、個人の行為や行動を厳格に規制することなしに、生活形式という幾分抽象的な概念が個人と結びつけられることになる。

生活形式と社会の変化

右述のように世界を見ることには、特に重要な二つの特徴点がある。第一に、集合体は、つまり生活形式は、変化する——ただしゆっくりと変化する——ものである。かつて、宗教と科学は非常に近いものだった。未来は誰にも予測できないので、いつか宗教がまた科学と近いものになるのかもしれない。確実に言えるのは、今日においては、宗教と科学は近いものではないということだ。グループはゆっくりとしか変化しないので、かりに宗教が再び科学に近いものになるにしても、近い将来においてそうなることはない。だから、今日における科学についての判断において、遠い未来に二つの異種グループが融合するかも知れないということを、特に考慮する必要はない——遠い未来であれば、結局は、どんなことでも起こりうるのであり、科学が宗教となる可能性を深刻に考えるのであれば、他のあらゆることの可能性をも深刻に考えねばならないことになるだろう。例えば、かつて錬金術は科学の一分野であったし、ひょっとしたら、いつか再び科学の一分野になる可能性もあるだろうが、だからといって、今日の科学が錬金術について考慮していなければならないわけではない。(33)

---

(31) このような手法の開祖は、エミール・デュルケームである。重要なポイントは、Collins (2011) で展開されている。

(32) この捉え方の紹介については、Collins and Kusch (1998) を見よ。

(33) 二〇〇五年に、哲学者スティーヴ・フラーは家族的類似性の使用の罠にはまってしまった。彼は、アメリカの訴訟問題（キッツミラー対ドーヴァー学区教育委員会裁判）において、学校におけるインテリジェント・デザイン〔神などの知性によって生命第二に、ここでの考え方では、分析の基本単位はグループであるため、グループ内の個人が典型的でない行為をしたとしても、グループという概念が台無しになるわけではない。つまり、科学者はいんちきをしたり、嘘をついたり、自覚的に政治的に偏った振る舞いをしたりすることがあるが、それによって、科学という生活形式を構成している意志には、いんちきや嘘や自覚的な政治的偏向が含まれないという考え方が台無しになるわけではない。ある科学者が、研究室という私秘的領域の中で、結果に細工をして、自分たちの考えている通りの厳然たる真理に到達するということがあるかもしれないが、その科学者が、世界に向けて、自分の科学的結果は細工して得られたものだと公表するなどということはあり得ない(34)。もし、そのようなことを自ら公表したとしたら、その科学者は、科学の形成的意志に異議を唱えているのであり、したがって、科学という理念そのものに異議を唱えていることになる。つまり、その科学者は、科学者として行為することを辞めたのである。偽善は、しばしば生活形式の維持にとって重要なものとなる。つまり——もう少し肯定的な言い方をすれば——、ある個人が規則を逸脱するような行為をしたとしても、その個人が、その規則逸脱を称賛していないのならば、生活形式は壊れてはいない。もし、その個人がその規則逸脱を称賛したとしたら、その個人は、当該の生活形式から離脱しようとしているのである。生活形式に安定性と自己同一性を与えているのは、全体としてのグループの意志と実践なのであって、行為トークン——偶然的な個人の行為——ではない。

社会学的手法と哲学的手法の問題

社会学者にとっての問題は、観察された行為を、生活形式を構成する行為と生活形式を構成しない行為――「本質的」なものと「偶然的」なもの――の二つの組に分けることである。この問題は、当該の生活形式の中に調査者が参加して、その生活形式がどのように機能しているかを「理解」することによって解決する（それによって、「行動」――それ自体としては意味のない動き、あるいは動きの「連鎖」――は、意味のある行為になるように適切に並べ替えられる）[35]。こうして、行為トークンの中で、集まって形成的な行為タイプを構成するものは、形成的でない行為トークンから区別される。

哲学者たちは、科学の論理を探し求めてきたが、これまで、自分たちが科学を記述したり科学の境界を定めたりするための規則を見つけても、すべての規則にいつも例外があった。そこから発生するのが「境界設定の問題」である。社会学者や歴史家が、科学者たちの活動を詳細に見てみると、科学者たちは、明確に定められた一連の規則に従ってはいない――もっと言えば、従うことはできない――ことが分かった。そこから発生するのが、社会学版の境界設定問題である。しかし、哲学者も社会学者も、科

や世界が設計されているとする考え方」教育を擁護したのである。フラーによれば、ニュートンの思想において宗教は中心的であり、ニュートンの科学と現代の科学は家族的類似性を持つのだから、進化論とインテリジェント・デザイン説のような宗教的な理論とは対立するものではない。フラーは、同じ議論を錬金術に適用することもできるということに気づいていなかったようである。もう一人、歴史家で哲学者のハソク・チャンは、どのような理論も合理的議論によって完全に否定されることはなく、すべての理論が生き残るべきだとする。チャンは気付いていないが、ある科学理論が別の理論へと交代するというのは社会的過程の一つなのである。より辛辣な批判については、Kusch (2015) を見よ。

（34）ロバート・ミリカンが電子一個の電荷を決める際に、ノートに記載された中の特定の結果を無視したという事例（Holton, 1978）が、分かりやすい事例である。

（35）「連鎖 strings」については、Collins (2010) を見よ。

学が特別なものであるためには、科学が理想的な模範に従っていなければならないと考えた点で間違っていた。生活形式は、理想的な模範とは違うものである――生活形式は例外の宝庫である。生活形式の中には、形成的な行為タイプに合致しない行為トークンが至る所に散らばっている。重要なのは、集合体を特徴づける形成的意志であり、個々の行為の乱雑な集積ではない。

科学に関する社会学的調査あるいはエスノグラフィー的調査には、様々なものがある。能力のない調査者――適切なインタビューの仕方を知らない者――は、科学者たちから「ありがちな回答」を聞き出してしまうことが多い――そういう人は、科学者が日々の実践でしていることの説明というよりも、科学者たちが自分たちが言うべきだと考えていることを聞き出してしまう。一九七〇年代に、社会学者たちが、科学者の日々の実践の中の「汚れ仕事」の聞き出し方を見つけて、その汚れ仕事のありさまが、科学についての既存の定式化された説明とまったく違っていたとき、面白い波乱が起きた。しかし、悪いインタビュー調査や「ありがちな」回答がすべて無駄なわけではない。悪いインタビュー調査は、形成的意志――つまり、科学者たちが自分たちはどのようにしなければならないと思っているか――を聞き出しているのである。インタビュー手法やエスノグラフィーの手法においては、二種類の間違いがある。悪いフィールド研究者は、形成的意図の説明を、科学の日々の生活の説明ととらえてしまう。これが第一の間違いである。よい質問者は、科学の日々の生活が理想的な模範に従っていないことを発見したときに、科学と日常生活とは大して変わらないと結論付けてしまう。これが第二の間違いである。しかし、科学は日常生活とは異なっていて、それを異なったものにしているのは、科学者たちの意志――つまり、彼らの行為がしばしば逸脱するガイドライン――であり、「ありがちな」回答は、そうした意志がいかなるものかを示しているのである。

哲学者たちも、必要で十分な規則を探すことを諦めていたら、哲学版の境界設定問題を解決できていたかもしれない。彼らが受け入れるべきだったのは、科学という実践は、一連の行為に実質的変化をもたらすような意図や意志によって束ねられているということである。科学は、堅固な論理によって束ねられているわけではないのである。(36)

科学の形成的意志

科学を一つの活動として成立させている、形成的意志はどのようなものだろうか。現代の科学社会学

(36) ここでの学者組織に関する指摘が、ある分野のすべての学者にあてはまるわけではない。我々は、一つの時代の考え方の特徴について何かを把握しようと努めているのである――これは思想史家にとっては普通のことであるが、個人や少数派グループはそれに適合しないこともある。「三つの波」からなるものとして科学論を特徴づけたとき、我々は同じことを科学論に対してしたわけである (Collins and Evans, 2002, 2007)。このような大雑把な捉え方を現代の論者に適用したら、例外がとても目立つだろう。しかし、多少乱暴ではあるものの、知識社会学者が同時代人や近い時代の人の「考え方」を描写することはよいことである。それは、彼らにとって「世界内に存在する仕方」の一つだと言ってもよい。哲学者の特徴づけに関していえば、すでに「科学論の第一の波」を称賛していない哲学者たちに対しては、我々の一般化はあまり当てはまらないのかもしれない。最近では、哲学は、かつて科学論の「社会学的転回」の初期には反対していたことを受け入れ、そちらに動きはじめている。例えば、「実践科学哲学協会 (Society for Philosophy of Science in Practice: SPSP)」の「綱領」を参照せよ (www.philosophy-science-practice.org/about/mission-statement)。

から得られる知見もいくつかはあるが、選択的モダニズムが使う内容のほとんどは、古いものである。選択的モダニズムに言わせると、科学哲学者たちは初めから最後まで正しかった――すべて問題はなかった――のであるが、ただ、彼らは自分たちの扱っている社会的実体について分かっていなかっただけである。そして、科学的知識の社会学が始まる前の、第一の波の科学社会学者たちも、初めから最後まで正しかったのだが、ただ、彼らは自分たちの扱っている道徳的実体について分かっていなかっただけである。つまり、選択的モダニズムの精神は新しいが、その身体のほとんどは古いものでできているのだ。

身体が古いことは、とても重要である。先ほど述べたように科学は、一連の形成的意志によって特徴づけられる。たとえ科学における偶発的行動の多くがその意志から逸脱していてもそうなのである。(37) それでは、こうした形成的意志が安定性を持ち、偶発的行動の多さに負けてしまわないのは何故なのか。物質的な私利私欲に常に浸食されながらも、その意志が生き残り続けるのは何故なのか。どうして、科学では、いんちきや欺瞞がこれほど少ないのか。科学における諸々の価値を調べて見て明らかになるのは、それらの価値はすべてが――ほとんどすべてが――、厳然たる真理に到達したいという欲求に基づいているということである。それらの価値が頑健であるのは、科学者の多数派の世界観が旧来の古い世界観のままだからであり、その世界観では、そうした価値に従えば厳然たる真理に到達できる、というだけでなく、おそらくそのうち到達するだろうとされているからである。それは、第一の波の世界観である。マックス・ウェーバーの「プロテスタンティズムの倫理」論は、財産の蓄積は神の喜びのしるしであると述べているのではなく、財産の蓄積は神の喜びのしるしであると資本主義者は信じていると述べているのである。同じように、科学者は、科学的価値によって人は真理に近づけると信じていなければならないが、本当に真理に近づいている必要はない。このことが正しいならば、科学コミュニティに備わる価値を安定させ、科学的営為の遂行において高潔とされることに関する疑念を払拭しているのは、第一の波の時代の古い身体——第二の波のもとで育った者であれば、哀れなまでに素朴な自然科学観と考えるだろうもの——なのである。我々は、第一の波で科学を導いていた道徳的義務をどうしても維持しなければならないのであり、つまり、我々にはまだ、科学の単純な理想像が必要なのである。

ポパーの反証主義

どういうことかを説明するために、有名な例を一つあげてみよう。カール・ポパーは、反証主義を考え出したときに、自分は、科学哲学の主要問題を解決したと思ったはずである。ポパーが解決したと考えた問題とは、帰納の問題である。「すべての白鳥は白い」のような法則を肯定する具体例を、いくらたくさん集めても、その法則が普遍的に正しいことを——つまり、それが科学的法則であるということを——確信することはできない。そこで、ポパーは言った。一回の観察によって——つまり、黒い白鳥が一羽いれば——、人は、その法則が偽であることは完全に確信することができる。このことから、ポパーは、科学が何をしているのかと言えば、科学的法則を反証しようとしているのであり、まだ反証さ

(37) この段落で述べた感慨は、少なくとも一九八二年まで遡るが、社会科学者と自然科学者とが実際にどのように仕事に臨んでいるかを考察する中で生まれたものである。基本的アイデアは、科学者たちも社会科学者たちも、自分の仕事するためには、一連の意志に従わなければならないが、その意志は実際になされたこととは合致していないこともある。つまり、そこにはある程度の区分けが必要だということだ。

れていない法則が暫定的真理とされているのだという考え方に基づいて、新しい『科学的発見の論理』(Popper, 1959) を展開したのであった。その後、ポパーの弟子であるイムレ・ラカトシュは、確証のプロセスと反証のプロセスが非対称的であるというポパーのアイデアは間違っていることを示した。黒い白鳥を一回観察しただけでは、「すべての白鳥は白い」という法則は反証されないのである。なぜなら、その黒い白鳥は、白い白鳥が炭やペンキで黒くなっているだけで、本当はきちんとした黒い白鳥ではないのかもしれないからである。どれだけたくさんの黒い白鳥が観察されても、少なくとも一羽はきちんとした黒い白鳥がいることを確立するためには、人は、その一羽一羽を、あらゆる細部にわたって調べつくさねばならない。つまり、証明するためであれ、反証するためであれ、無限の回数の観察が必要なのであり、そこに非対称性などないのである。[38]

ここで記述されていることは、選択的モダニズムの立場から見ると、いくつもの間違いに基づいている。第一に、帰納や確証の問題は、科学哲学においては問題なのかもしれないが、生活形式としての科学においては問題にはならない。ある物についての普遍的法則を確立するためには、その物を何度も繰り返し観察するべきであるというのは、科学の形成的意志の一つである。もし、ある物が繰り返し観察可能であるにもかかわらず、科学者たちが、それを繰り返し観察しようとしなかったとしたら、その人たちは、科学者として思考するのを辞めたということなのである。帰納的一般化が完全に確実性を持たないという事実は、形成的意志には何の影響も与えない。[39] つまり、第一の間違いは、最初からポパーが解決すべき問題など存在しなかったということである。科学を社会的活動ととらえた場合、そこには帰納についての哲学的問題などは存在せず、あるのは、観察についての実践的問題だけである。第二の間違いは、第一の間違いと似ている。それは、ラカトシュが示したような反証の問題も存在しないということだ。実際には、科学者は、自分が設定した法則に例外がないかを探そうとし、もし例外を見つけたら、その法則は反証されたのではないかと心配するのである。ここでも、完全なる確実性を持つ反証は存在しないという事実は、形成的意志には何の影響も与えない。つまり、科学は、科学者というグループのメンバーたちが確証しようと志したり、反証しようと志したりするという事実によって「定義」されるのである。しかし、ある行為が科学者の行為であるか否かを決める必要十分な条件は存在しない――科学者の行為というのは、科学者の集合体での出来事が科学であり続けるために、その中で意図されるべき行為だとしか言うことはできない。(40)

繰り返すが、考え方の「こつ」は、例外を許さず、壊れやすい、科学的発見の論理から離れて、例外を許す、緩やかな、それでいて哲学的でもある、科学の社会学へと移行することである。科学の社会学

(38) ポパーの『科学的発見の論理』は一九三四年にドイツ語で出版され、一九五九年に英語で出版された。ラカトシュのアイデアについて、最も手に入りやすい文献は「反証と科学的研究プログラムの方法論」(Lakatos, 1970) である。

(39) 科学的観察が繰り返し不可能なこともあるという事実も同様に影響を与えない。Collins (1985, 1992) で示されたことによれば、普段の事例においても、科学の「規律に従った見解」には含まれないような判断を下さない限り、結果の再現は不可能である。しかし、このことによって、再現性の概念や再現しようという意図が科学において中心的なものであることは変わらない。最新の事例でいえば、最初の重力波の検知の話で報告されたこと、つまり、偶然の結果であるかも知れないという心配と、第二の重力波を見たときの安堵とについて考えてみるとよい (Collins, 2017)。

(40) この議論は、科学を特別でないものにしようとする第二の波の科学批判でも使われるものである。もし、観察や反証の問題が実践的問題であるなら、その問題の解決も、他の領域の実践的問題の解決に似たものになるだろう。問題がそのように解決されるのであれば、科学は、特別なものではなく、特別な地位を要求することもできなくなるわけである。

の基盤は、家族的類似性に生活形式の概念を加えたものである。科学者のグループをそのように捉えれば、確証や反証は、問題の解決のために最終的にどちらかに決めねばならないような選択肢ではない。そもそも、そこに何も問題などないのである。実践されている科学においては、確証と反証とは、どちらも、科学的生活にとって形成的な行為なのであり、二つは協働して科学なるものを作っているのである。

これまでみんながずっと知っていたことの啓示

この数節で述べてきたことは、我々みんながこれまで知っていたことである。我々は、確証や反証が何であるか、五十年以上も前から知っている。科学の社会的研究の領域で教育を受けたものならば、誰でも、ラカトシュの反証主義批判について知っているが、日々の学者間の会話では、相変わらず、ある主張の反証不可能性が決定的批判として取り上げられる。そして、再現不可能性が批判として使われることにも誰も文句は言わない。だから、すでに述べたように、本書は常識を再編成し、常識を注目の前線にもたらそうとしているだけなのである。確証と反証というプロセスに問題があるかのように見え、それによって常識が混乱したのは、科学を数学のように厳密な論理によって定義しようとしたからである。そこに、科学者の実際の行為と理想像との違い――科学者が実際に遂行できることと、哲学者が作り出した完璧な科学者の理想像との違い――に注目しすぎることから生まれた社会学的な科学批判が加わり、常識をさらに混乱させてきた。科学がいかに遂行されているかを知るためには、第二の波による常識への異議申し立ては必要であった。しかし、ここで主張したいのは、我々が世界を理解し続けたいのであれば、常識は再編成されねばならないということである。数学では、たった一つの間違いによって、証明の全体が台無しになる。同じように、ほとんどの哲学者の心の中では、科学の論理における歪みによって、やっと手に入れたと思われた科学の定義は撤回されてしまった。そして、ある程度の論理性を持った科学のルールさえも、科学者は守っていなかったことが分かり、ほとんどの科学社会学者の心の中では、科学が特別な活動ではなくなった。しかし、本書で示しているような、ヴィトゲンシュタインの流れをくむ社会学においては、グループにおけるものごとの運び方を記述するとき、その記述は、論理的な形をしていないし、理想とは違う行為が発見されたからといって記述全体が台無しにはならない。生活形式は、もっと頑健である。論理は破綻するが、生活形式は破綻したりはしない。選択的モダニズムの世界において、ジグソーパズルは再び揃えられ、そこには、パズルが崩される前とかなり似た模様が現れる。違っているのは、それぞれのピースである。削られたガラスのはまっていた場所に、粘土のピースを嵌めようとすれば、きっちりとは嵌まらない。多少なりとも乱雑な揃え方にはなってしまうだろう。

科学における基本的な形成的意志

科学には、基本的で、あまりに中心的で当然であるため見落とされやすい価値が一つある。科学における生活形式は、厳然たる真理を見つけたいという欲求によって導かれていて、それには、厳然たる真理は見つかるはずだという信念が付随している。第二の波の見解では、厳然たる真理などは見つかり得ない。そこにあるのは、解釈とパースペクティブだけで、厳然たる真理を見つけるためなどという企図に導かれて要求したり行為したりすることは素朴に過ぎるのである。第三の波が克服しようとするのは、第二の波の見解がもたらす腐食的な影響である。

通底する価値について言いたいことはこれですべてである。次にすべきことは、ピースとなる粘土の細かい記述――つまり、科学という生活形式の基盤となっている形成的意志の詳細なるリストを作ること――である。一つ一つの価値について、はたして我々は、他の選択肢に比べて、その価値の方をより高く評価しているのかと問うことができる。もし、当該の価値について実際に、我々が、他の選択肢より高く評価していると思うなら、我々は、自然的世界の問題に関しては、他の専門知よりも科学をより高く評価していることになる。様々な専門家から一人の専門家を選択するとき、我々は、科学の形成的意志を持っている者を選ぼうとするし、科学の形成的意志を念頭に仕事を進めようとする者を選ぼうとするだろう。ここで言っていることのほとんどは、何ら新奇なことではない――むしろ当たり前のことである。一つだけ新しい点は、我々は、科学を、正当化しようとするのではなく、科学という価値を選ぶという点である。

伝統的な科学哲学から引き継がれる科学の形成的意志

観察

それでは、仕事を始めよう。科学の基盤となる哲学で最も単純なのが、論理実証主義である。そこで基礎とされたのは、観察に基づく有意味な総合命題（世界についての新しい情報を提供する命題）である。あいにく、論理実証主義は細かい批判的吟味には耐えられなかった。中でも、観察によって確実に検証されうるのは、――「ここ、今、緑」のような――瞬間的な感覚原子命題だけであるということが明らかになった。それより複雑になると、例えば、「これは緑色の壁である」のようなものは、多様な感覚原子の集まりから一般化をしなければならない――例えば、一つの緑色の壁の感覚は、様々に変化する色や強度の組み合わせについての多くの感覚原子の集まりであり、壁なるものの概念にも依存している――そして、感覚原子の総合というプロセスや壁という概念などは、純粋に観察のみに関わることではない。だから、観察による検証だけでは、哲学的着想としては、うまくいかない。しかし、社会学的着想としては、そうでもないのである。今でも、我々は、自分たちが理解している科学なるものは観察に依拠していて、観察が、世界について主張されることの基盤であると言うことができる。観察が思われているほど純粋なものではないことは分かっていても、観察が、行為における目標であり、実践的な指針であることに変わりはない。(41)

ここにも、我々の包括的な命題が機能している典型的な事例があるということだ。つまり、もし、人が世界の様子を知りたいと思っているならば、その人は、世界の様子を観察したことのない人の意見よりも、世界の様子を観察したことのある人の意見を聴くのではないだろうか。ひょっとしたら、世界の

(41) 我々が世界を切り取る仕方についての問題は、知る限りではプラトンまで遡る。Collins (1985, 1992) は、世界の新しい切り取り方を確立するときの方法について研究しようという企図である。それは、科学者が、どのように実験を使って新しい対象の存在を確立しようとするかについての研究である。予想されたように、実験は決して決定的なものではないのだが、それでも、科学者のグループは、世界を切り取る新しい方法を確立するのである。

様子を観察したことのない人の意見を聴きたいという人もいるかも知れないが、そういう人は、夢の中に答えを探したり、世界の未来についてお茶の葉や動物の内臓で占ったりする人の意見を信じるのである。しかし、選択的モダニストは、観察をしたことのある人の意見を重視する。観察は、正確でも純粋でもなく、さらに、幻想、観察者の主観的効果、観察がなされた状況における社会グループの影響などにさらされていることを我々は知っているが、このことは変わらない。観察した人の見解が観察していない人――お茶の葉占いの人――の見解よりも不正確だと分かる場合もあることを我々は知っているが、このことは変わらない。そうした可能性があっても、選択的モダニストは、観察した人の見解を選ぶのである。筋金入りの選択的モダニストならば、他の知識獲得方法よりも観察の方が成功率が高いからという正当化がなくても、観察を選ぶことに固執しなければならない。それが選択的モダニズムのやり方だというだけではなく、そちらの方が、成功という基準に依拠するよりも、主張が頑健になるからである。観察は騙されやすいし、観察は信頼できないものである。そして、観察が他の知識獲得方法よりも成功しやすいわけではないことを示す例も存在する。そうした状況においても、選択的モダニズムは影響を受けない[42]。

　例外はあるだろうが、その例外がグループレベルのものではなく、個人レベルでのものであれば、何の問題もない。アインシュタインが、自説の正しさを確信していたため、一九一九年の日食の際に得られた観察データが自説と矛盾していても、観察データよりも自説を選んだということはよく知られている。しかし、この種の例外的事例によって、物理学は壊れないし、選択的モダニズムも壊れない。このような例外はあっても、やはり、一般的には、観察された事象に関しては、理論のようなアプリオリな信念に比べて、観察の方が選ばれるということは変わらない。別の言い方をすれば、もし、ある人が、観察ではなく、理論や予言や占術を選ぶならば、理由を説明する義務は、それらを選んだ側にあるということだ。その理由は、その人が世界のすべてが幻影であると信じているからかもしれないし、古い本に書かれているままの神の言葉の方が観察よりも好ましいと考えているからかもしれないが、その場合は、少なくとも、選択は明確に宣言されている。そこにあるのは、一つの選択以外の何ものでもない。

そう考えると、選択的モダニズムにとって、論理実証主義は、観察可能な世界を理解するための志の基盤としては、まだ、有効である。そして、もちろん、これまでもずっと有効だったのである。我々は、これまでも、観察可能なものが問題になっているときはいつだって、観察しないことよりも観察することが好ましいとしてきた。ただ、それをわざわざ声高に言うことを忘れてしまっていただけである。(43)

確証

一回きりの観察に対してしたのと同じやり方を、確証についても適用してみよう。我々は、確証が哲学的吟味に耐えるものでないことを知っている——それが帰納の問題である。ポパーは、反証主義によ

(42) 誠意がないと分かっている人や、感覚器官や観察技能に欠損があると分かっている人による偽の観察を否定してはいけないと言っているのではない。「普通の場合には」観察していない人の言葉よりも、観察した人の観察についての言葉を信じるだろうということである。

(43) このことは、第二の波の科学技術論にも当てはまる。そこで批判の源泉となったのは、科学者が真理を作り出すときに何をしているかについての、注意深い観察だった。

って、この帰納の問題を回避しようとした。そして、我々は、科学の実践を詳細に調べた結果、ポパーの反証主義もうまくいかないことを知っている。例えば、コリンズが著書『チェンジング・オーダー』（Collins 1985, 1992）の中で示したところでは、実験の再現性は、「実験者の悪循環」にさらされるために、深刻な科学論争に決着をつける機能を持つことはできない。それでも、本書でこれまで論じてきたように、そして、右の著作で論じられたように、我々は、再現に成功しなかった実験よりも再現に成功した実験を重視することを好ましいと思う。我々は、自分の出した実験結果が再現されたほうがよいと信じているような人の意見の方を、そうでない人の意見よりも、重視するだろう。試しにまったく逆の世界を想像してみよう。繰り返される実験よりも一回きりの実験の方がよいという意見が支配的で、再現実験ができなくても、何の問題にもならないような社会を想像してみよう。そこでは、誰にとっても、最初にした実験が、いかに浅薄な実験であろうと、最終的な実験ということになるだろう。世界の観察はすべて、持続性がなく整合性もないものとなるだろう。そして、物理的な事実であれ、そうでない事実であれ、世界に関する事実が安定しているとか持続していると考えること自体が意味をなさなくなってしまうだろう。この想像において、我々が想像しているのは、ディストピアだと言ってもよいだろう。もし、あなたが、科学者が観察を繰り返して結果を確かなものにしようとしているような世界よりも、このディストピアの方がよいというならば、もちろん、話はそれで終わりである。

本書の読者は、これ以降、頻繁に、もし世界が現在と別様だったらどうなるかという想像をすることになる。想像が小説家やSF作家によってなされているうちは、まだましである。選択的モダニズムの形成的意志がなくなってしまった世界がどうなるかを描いた文学はたくさんある。これは、新しいかたちの科学と人文学との生産的な協働の可能性でもある。

反証

これまでと同じことは、反証についても当てはまる。一方の世界では、観察したと主張する者が、どのような条件において自分が間違っていることになるのかを、自ら率先して提示し、自ら進んで反証テストを受けようとしている。もう一方の世界では、観察したと主張する者は、自らの観察についての反証テストなどは不必要で不適切だと考えている。より望ましい世界は、どちらの世界だろうか。ここでも同様に、後者の世界では、我々は、どうやってある一つの観察を修正したり、疑問に付したりするのか分からない。すべての観察は、啓かれた真実ということになる。さらに、ここでも同様に、想像力さえあれば、我々の知っている馴染みの世界において、反証というアイデアがどれだけ中心的に機能しているかが分かる。さらに、これも繰り返しになるが、たとえ反証の過程が不完全なものであっても、反証のアイデアが中心的であることは変わらないのである。(44)

(44) このポイントは、我々が、——反証不可能な命題である——インテリジェント・デザイン説をどう考えるべきかという問題への具体的な示唆を含んでいるので、少し緊張感が高まるところである。我々は、インテリジェント・デザインの提唱者たちに、彼らの学説を受け入れるためには、反証可能性を犠牲にすることが条件となるのかを尋ねるべきである。

マートンの科学社会学における形成的意志

次に、科学社会学者が、科学の特別性を見つけようとして、取り上げた形成的意志を見てみよう。よく知られているように、ロバート・マートンは、科学の本質をなすと考えられる一連の規範を提示した。同様によく知られているように、マートンの規範は、科学者が科学という名の下で遂行していることのすべてを語ってはおらず、後に、マートンの企図全体の基盤を崩すような「逆規範」が提示されたりもしている。[45] それでも、マートンは科学という仕事の本質について重要な何かを示していたと我々は主張したいのである。

一言で述べれば、マートンの間違いは、「事実〔どうあるか〕」から「当為〔どうすべきか〕」を得ようとしたことである。マートンは、知識獲得の方法として科学が最も効力を持つこと——当時は、ほとんど当然とされていたこと——を、事実として捉えてしまった。そこから、彼は、科学は役に立つものだから科学の規範は守られるべきだと主張した。

科学という制度の目的は、確実な知識を増やすことである。その目的のために採用される技術的手法から、知識というものの適切な定義が得られる。すなわち、知識とは、経験的に確実で、論理的に無矛盾な、規則性についての言明（つまりは、予言）のことである。制度において守られるべき義務（モーレス〔社会的習慣〕）は、その目的と手法から自ずと導かれる。技術的規範と道徳的規範の全体は、最終目標に至るための手段である。適切で信頼のおける経験的エビデンスという技術的規範は、確実に真なる予測のために必須の前提である。論理的無矛盾性という技術的規範は、体系的で妥当性を持った予測のために必須の前提である。(46)

それでも、万全を期するマートンは、即座に次のように注記してもいる。

科学のモーレスは、方法論的根拠を持つが、それが拘束力を持つのは、手続きとして効果的であるからというだけでなく、人々に正しく善なるものだと信じられているからでもある。科学のモーレスは、技術的掟であると同時に、道徳的掟でもある。(47)（p. 270〔五〇六〕）

科学の規範の駆動力が、科学の有効性であるとマートンが考えていたことは、ほぼ間違いないが、マートンは、科学者たちが規範を、それ以上の何かとして——つまり、行為の善なる規範として——、内面化しているとも述べたかったのであろう。本書における理論的根拠はマートンとは異なる。我々は、

(45) 逆規範とは、つまり、マートンが示したのとはまったく逆の原則に従った行為が、科学の正統な一部として認められているという主張が可能だと示すもので、Mitroff (1974) で証明されている。
(46) この引用の元となる論文は、もともとは、Merton (1942) として公刊された。参照ページは、Merton (1979:270)〔五〇六〕である。
(47) マートンが万全を期そうとする傾向性を持つことについては、Shapin (1988) を参照せよ。

科学の規範はそれ自体として善であるというアイデアしか使わない。我々は、科学の規範が有効性を持つとは主張しない。なぜなら、一九七〇年代に始まり膨大かつ詳細になった科学の理解によって、我々は、有効性が科学の正当性の中核であるとは考えていないからである。他方で我々の考えでは、科学者や少なくとも幾人かの社会科学者が使う科学のモデルは、そのままマートンが提示した規範につながるものであり、科学者たちによる科学像こそが、科学という制度を導く駆動力であり、そうした科学像があるからこそ、科学は社会全体に道徳的リーダーシップを提供できるのである。

歴史的文脈におけるマートン

マートンがこの論文を最初に書いたのは一九四二年であり、明らかに彼は科学をヨーロッパ的ファシズムに対抗するものとして論じていた。例えば、「普遍主義」という標題のもとで、彼は次のように書いている。

科学的に検証された定式化が、特別な意味で、客観的な事物の継起関係や相関関係に言及する状況は、民族差別主義的な妥当基準を適用しようとするあらゆる勢力を受け付けない。ニュルンベルク裁判は、ハーバー法〔ハーバー・ボッシュ法。水素と窒素からアンモニアを作りだす方法。考案者のハーバーは一九一八年にこの業績でノーベル化学賞を受賞しているが、第一次大戦中にドイツの毒ガス開発に関わっていたことが物議を醸した〕を無効にすることはできないし、イギリス嫌いがいくら蔓延しても重力の法則を廃棄できはしない。排他的な愛国主義者が、歴史の教科書から外国人科学者の名前を削除することはできても、その科学者の定式化が科学技術に不可欠のものであることは変わらない。最終的な増分が、いかに、真正ドイツ的であっても、百パーセントアメリカ的であっても、新しい科学的進歩においてはいつも、補助的に貢献している外国人がいる。普遍主義という義務は、科学の持つ非個人性という性質に深く根差している。(p. 270〔五〇六〕)

後の改訂版で、マートンは、普遍主義の規範とロシア共産主義を対比させる注を付記している。

論説「コスモポリタニズムというブルジョア的イデオロギーに対抗して」(*Voprosy filosofii*, no. 2 (1948)、英訳：Current Digest of the Soviet Press 1, no. 1 (1. Feb. 1949): 9) では次のように述べられている。「科学のあり方や発展の仕方に、様々に異なる国家的形態があるということについて、軽蔑的な無関心を伴って否定するのは、科学の現実的命運にまったく興味がない、故郷を失ったコスモポリタンくらいである。コスモポリタンは、実際の科学の歴史や、実際の科学の発展過程を見ないで、超国家的で社会階級に依存しない科学という偽造された概念を、つまり、各国家の特質という財産や、人間の創造力の持つ生きた輝きや個性を剝奪され、身体を欠いた精神のようなものへと変えられてしまった科学の贋の姿を見る……超階級的で、非国家的で、「普遍的」な科学という、コスモポリタン的虚像は、マルクス・レーニン主義によって、粉砕され、科学は、他のすべての近代社会における文化と同じように、形態としては国家的で、内容としては階級的であることが完全に証明された」。この見解は、二つの論点を混同している。第一は、ある国家やある社会における文化的文脈は、科学者に対し特定の問題に焦点を当てるように働きかけ、それによって科学者は、科学の最前線の問題の中のあるものには注目するが、別のものには注目しなくなることもある。これは昔からその通りである。しかし、このことは、科学的知識の主張内容の妥当性の基準は、国家の好みや文化とは何の関係もないという第二の論点とは別のことである。遅かれ早かれ最終的には、妥当性要求が競合したときには、普遍的基準によって判断されることになるのである。(1979:271〔五〇七〕)

科学的価値を最も適切に実現しているのは民主主義であり、民主主義社会は、有効な科学を育むのに最良であると、マートンが考えていたのは明らかである。中でも、悪名高き、アーリア人科学優位説が一九三八年の『ネイチャー』で、ヨハネス・シュタルクによって唱えられたときに、それに反論して、マートンは次のように書いている。

民主主義がうまく実践に適用されていない場合もあるだろうが、どんな場合でも、民主主義のエートスには、主要な行動原理として、普遍主義が含まれている。民主化とは、すなわち、社会的に価値ある才能の発現や展開に対する規制を漸進的に除去していくことに他ならない。成果に対する非属人的基準と、身分の固定化の否定が、開かれた民主的社会の特徴である。(p. 273〔五〇八―五〇九〕)

念を押すように、マートンは論文の結論で次のように書いている。

科学が、新領域に研究を拡大する際に、その領域に対して既に制度化された扱い方が存在するとき、あるいは、科学以外の制度が科学を自分の管理下に置こうとするときには、いつでも対立が起こる。近代の全体主義社会においては、反合理主義と中央集権化された組織的管理とによって、科学的活動に提供される活動範囲は制限されている。(p.278〔五一三〕)

当時の世界のことを考えれば、ファシストでも共産主義者でもない者なら、ほとんど全員が、このように主張したであろう。

マートンの科学の規範

本書の後述において拡張されることになる、マートンの四つの規範は、頭文字をとって「CUDOS〔キュードス〕」と呼ばれてきた。次がその要素である。

共有主義 Communism。科学の成果は、科学コミュニティ全体の共有財産である。

普遍主義 Universalism。すべての科学者は、民族、国籍、文化、性別に関係なく、科学に貢献することができる。

利害無関係性 Disinterestedness。科学者は、自身の個人的信念や思想活動の影響を反映させて、結果を提示してはならない。科学者は、自身の成果に対して、一定の距離をとった態度をとるべきである。

組織化された懐疑主義 Organised Scepticism。科学的主張が、受け入れられるためには、批判的吟味に晒されなくてはならない。

マートンは、哲学者ではなく、社会学者だったので、彼の枠組みに論理的不備が見つかっても、枠組みが崩壊するわけではない。しかし、もし科学者たちがこれらの規範に従っていないことが分かったとしたら、そして、それでも彼らがよい科学を産み出し続けていることが分かったとしたら、マートンの枠組みは攻撃されても仕方がない(48)。そして、実際にその通りになった――マートンの規範のうちいくつかに従っていなくても成功した科学の例が多数存在するのである――例えば、第二次世界大戦時に最初の核兵器を産み出した研究プロジェクト、マンハッタン計画は、普遍主義と共有主義の規範に従っているとは到底思えない(49)。つまり、「事実〔どうあるか〕」は、マートンが思っているのとは違っていたのだから、彼の言う「当為〔どうすべきか〕」も正当化できないのである。しかし、選択的モダニズムにおいては、マートンは、「当為」を正当化しなくてもよいことになる。選択的モダニズムにおいては、マートンの規範は、自明であるという意味で、それ自体として善なるものなのである。

共有主義

共有主義とは、科学的知識は共有されるべきであり、すべての科学者が平等に科学的知識にアクセスでき、すべての科学者が科学的知識の発展や吟味に関して集団的責任を負うとする考え方である。この規範を科学にとっての一般的善として正当化することは、他の規範に比べると最も難しいと思われるが、組織化された懐疑主義の規範は、この規範に依存しているため、重要な規範となる。他の価値の議論で使うのと同じスタイルの議論をここでも使ってみよう。つまり、科学的営為が共有主義の規範に基づいている社会の方が、その逆――秘密厳守――が通常状態である社会と比べて好ましい理由を見つけられるか、と問うてみるのである。

共有主義が規範となっている社会においては、ある科学者に情報提供や助言を求めた場合に、普通は、肯定的な返事が返ってくるか、少なくとも協力的な返事が返ってくることになる。このような社会の方が、科学者がお互いに助け合う義務がなく、特に理由なしに協力を拒んでもよいような社会より、好ましいのは自明のことであろう。秘密厳守という規範のもとで組織化された科学では、虚偽や欺瞞が横行することにもなる。そのようなシステムが、知識や情報の共有が正しいとされるシステムに比べて好ましい理由を見つけるのは難しいだろう。[50]

(48) 科学者たちがマートンの想像していたモデルとはまったく違っていたことが後に明らかにされたとき、マートンは、「逆規範」の概念さえも認めるつもりであった（Merton 1976）。

(49) 選択的モダニズムは例外的な行為トークンによってはダメージを受けないが、同じ社会学的な枠組みであってもマートンの枠組みは、ダメージを受けるということに注意せよ。マートンの枠組みは、科学的価値の有効性によって正当化されるので、その価値は、有効性のために必須のものでなかったら、正当化されないのである。

(50) Collins (2017) を参照せよ。共有主義の倫理は、関与したものの権利保護や商業的守秘義務などとはまったく矛盾しない――なぜなら、厳密にいうと、こうした例外は他の責任について考慮することによる正当化を必要とするのであり、つまりそこでは、共有が期待はされているからである。仮に秘密厳守が規範であったら、最初から情報共有の期待そのものがないのだから、そのようなルールは必要ないであろう。

普遍主義

共有主義と比べれば、「普遍主義」を正当化するのは簡単である。普遍主義を認めるためには、次のことを問うてみれば十分である。つまり、一般的に、ある人が観察可能な世界について意見を持っているときに、その人の人種や国籍や文化や性別などによって意見の重要度が変わるような社会に、我々は、住みたいだろうかということである。答えが、「ノー」であることは自明であろう。自明でないとしても、少なくとも、選択の正当化の義務を負うのは、そうでない選択をした側である。確かに、例えば、自然科学の世界では、長らく男性が優位であったので、もうそろそろ、意図的に女性を優位にすることでバランスを調整しなければならない、ということが議論されることもある。しかし、それは、常に性別によって優劣を決めようという議論ではなく、むしろ、普遍主義という価値を実現するために、一時的に例外を認めようという議論である。

利害無関係性

利害無関係性に関しては、自然的世界の見方が個人的信念や政治的信条に従って重要度を変えるような社会に住みたいかと問うてみればよい。ここでも、答えが「ノー」であることは自明であり、正当化を必要とするのは、たとえ一時的例外であっても「イエス」と答える側だけであろう。さもなければ、科学は政治の延長になってしまい、「科学的調査結果」と呼ばれているものは、特定の政治的指針にそって調整されることに――つまり、ルイセンコ主義のようなものが至るところで蔓延することに――なってしまう。それこそ、まさにディストピアである。[51] ここで改めて注意しておくが、現代科学論に影響を受けた分析のほとんどが主張するところによれば、あらゆる科学的結論は、現実に、政治から大きく影響を受けている。しかし、選択的モダニズムが主張するのは、我々が、すべての科学的行為を政治的行為にしようと志さねばならないわけではないということである。むしろ、我々は、純粋な科学の領域が見つけられなかったら、それを嘆くべきであり、そして、純粋な科学の領域を求め続けるべきなのである。[52]

組織化された懐疑主義

物理学的世界や生物学的世界についての主張があったとき、それに対する懐疑的態度が推奨される社会よりも、懐疑的態度が制限される社会の方が好ましいと言えるだろうか。そのような社会では、すべての主張は、疑われる危険なしに、気まぐれに提示されることになるだろう。ここでも、再現性と反証主義が好ましいのと同じ理由で、答えが「ノー」であるのは自明であり、例外を見つけるのは難しいだろうし、見つけたとしても、それを選ぶことには正当化が必要となるだろう。さらにここでも、批判精神の抑圧は、特に、権威に対する批判精神の抑圧は、ディストピアの特徴の一つである。

(51) もちろん、第三章でかなり詳しく論じられるように、政治的選択が優先度の設定に関与してくること自体には何の問題もない。
(52) この線にそった古い議論については、Martin, Richards and Scott (1991); Collins (1996) を参照せよ。

その他の形成的意志

生活形式としての科学の批判的考察によって得られる、科学にとって形成的といえるような意志や価値は、他にもたくさん存在する。次に挙げるような規範を考えてみれば、いかなる意味においても、それらに違反することで科学が改善されるなどと主張する人はまずいないだろう。これらの規範のうちいくつかは、一般的な生活においても推奨される価値であるが、科学においては、より「必須」の規範となる。

誠実さと高潔さ

選択的モダニズムでは、我々は形成的意志について語っているのだから、そこに誠実さや高潔さといった基本的なものも含めてもよいだろう。どちらも、マートンの枠組みでは挙げられていない価値である[53]。もちろん、誠実さや高潔さは、一般的に社会が円滑に動くために必要な、普遍的な価値なので、科学それ自体の形成的意志とは言えないという議論もあるだろう。しかし、証拠の探索における高潔さや、結果の発表における誠実さは、科学にとって不可欠であり、単に重要な価値というだけで済まされるものではない。科学において、証拠が捏造されたり、意図的に虚偽が報告されたりした場合、そこで遂行されているのは、すでに科学ではない。それに対し、同じような不誠実であっても、科学以外の生活形式に対しては、科学に対してほどには、壊滅的な意味を持たない。科学者であると自認する者はすべて、いつも、誠実でなければならないと言っているわけではない。誠実さよりも高位の道徳的責務はありうるだろう。ルドヴィック・フレックは、強制収容所に監禁されたときに、ドイツ軍のために、効能のない発疹チフスワクチンを製作した。ただし、フレックは、それをしているときに、科学を遂行していたのではなく、戦争を戦っていたのである。[54]

解釈の場所

自然的世界に関する知識に至る道として、非専門家よりも専門家を選好し、観察以外よりも観察を選好するのであるから、科学においては、「正統な解釈の場所 locus of legitimate interpretation」は、知識の生産者の近くになければならない。正統な解釈の場所（LLI）というのは、正統な批判者や正統な解釈者の居る場所のことである。[55] 科学と芸術と、特に前衛的な芸術とを比べてみよう。芸術というものは、

（53）この点において、ここでの議論は、個人の徳について語っているため、「徳認識論」にかなり近いものとなる。Shapin (1996) も参照せよ。

（54）ここで、興味深いのは、ある行為が別の行為の中に埋め込まれたときに起こることである。マンハッタン計画は戦争形成行為の中に埋め込まれた科学であった。フレックの場合は、彼自身は科学的行為をした――効能のないワクチンを作るためには科学的スキルが必要である――のだが、それを戦争的行為の中に埋め込んだと言うこともできる。しかし、選択的モダニズムでは結果は関係ない。効かないワクチンを作るというフレックの行為が科学の形成的意志に沿わないのだとしたら、そこでは科学という生活形式が遂行されていなかったのである。この点については、もう少し哲学的な議論が必要である。ある行為が。対立する意図を伴った別の行為の中に埋め込まれることについての議論は、Collins and Kutsch (1998) を参照せよ。

（55）LLIのアイデアの始まりについては、Collins and Evans (2007) を参照。

消費されることを意図してなされるため、ＬＬＩは消費者――あるいは、消費者の代理人である批評家――の側にある。他方で、科学の形成的意志では、同僚の専門家の大多数に評価される仕事の遂行を目指すべきだとされる――公衆は、重要度においてはかなり下位に位置付けられる。近年では、科学の大衆的理解の重要性が強調されているが、それは、資金的援助や制度的援助の問題に関わることであって、技術的な評価とは関係ない。対照的に、芸術の価値は、徹頭徹尾、批評家と公衆の評価によって決まる。同僚たちに否定された科学者が、自身の発見を認めてもらおうと公衆に向かって訴え始めたとしたら、そのとき、その人は、すでに科学者として行為していないのであり、おそらくそのとき、科学者集団の大多数からは信頼されなくなっている。ここで、科学的発見に対して、専門家の称賛ではなく、公衆の喝采の方が重視されているような社会について想像してみよう――繰り返しになるが、それはディストピアだろう(56)。

明晰さ

芸術の解釈には、芸術家たち自身は何の役割も演じないが、科学者たちは、自分たち自身だけが、十分な鑑定能力を持った消費者なのであり、それが、科学における組織化された懐疑主義を成立させている。芸術の解釈は、多層的であり、芸術家自身も複数の解釈を引き起こそうと意図している――時には、解釈の仕方が多いほどよいとされることすらある。それに対し、科学者たちは、唯一の可能な解釈――つまり、唯一の正しい解釈――の伝達を志すべきだとされる。このことから分かるのは、科学においては、他の文化的営みにおけるのとは別の仕方で、明晰さが一つの責務となっているということである。

解釈の多数性が推奨される場所では、曖昧さは長所とされるが、唯一の解釈を作り出すことが志されている場所では、明晰さが好ましいとされる。曖昧さは私秘性につながり、私秘性は、組織化された懐疑主義にとっての障害となる。つまり、自然的世界に関する知識獲得において、観察や懐疑主義が長所であるならば、明晰さも長所であることになる。(57) 皮肉なことだが、科学的主張を正当に評価できるのは少数のエリートのみであることが分かっていながら、科学は、明晰さとアクセス可能性を最大限に求めねばならない一方で、芸術を適切に評価できるのが公衆であることが分かっていながら、芸術家は、曖昧さや解釈の多数性を求めようとするのである。

(56) ここで、我々と徳認識論とはかなり離れていることが分かる。近年の科学の大衆化への動きが、必ずしも全面的によいわけではないことを我々は知っておかねばならない。科学者たちにはそれが分かっている。例えば、不釣り合いなほどの資源が惑星探索、あるいは天文学一般に対して投入されるのは、科学内部における必要性というよりは、大衆的な科学のイメージに合わせた結果である。ここでの用語を使えば、科学のＬＬＩ（正統な解釈の場所）が、芸術のＬＬＩの方に押し出されてしまっているのである。

(57) ジョージ・オーウェル（Orwell 1946）は、曖昧さによって、ファシズムが助長され、役人が、大量殺戮のような暴虐の計画や実行をやりやすくなることについて、日常にそくして婉曲的に描いている。現代の人文学や社会科学の特定の分野は、悪名高いほどに曖昧である。マーサ・ヌスバウム（Nussbaum 1999）によれば、曖昧さが、議論の実体から注意を逸らし、神秘的カリスマを生み出し、特定の論客の追随者集団を生み出す。ヌスバウムの攻撃の的は、ジュディス・バトラーである。ヌスバウムは、フランスのポストモダニズムがあいまいな言語を政治的破壊活動に利用していると述べていて、ヌスバウム（Nussbaum 1999）に返答するかたちで、バトラーは、常識や言語に内在する権力関係を拒絶する一つの手法として、曖昧な書き方を正当化している（Butler 1999）。本書では、我々はファシズムを支援するつもりはないし、破壊活動をするつもりもない――オーウェルにならって、西欧社会で価値あるとされることを保持したいだけである――ので、我々は明晰であらねばならない。

ただし、明晰さは、それ自体としても美徳である。どちらの世界が好ましいかを考えてみてほしい。明晰な主張によって提供することが推奨される社会であろうか、曖昧な主張によって提供することが推奨される社会であろうか。明晰さを推奨する社会の方が徳の高い社会であることは、自明に思われるし、曖昧さや神秘性を推奨する社会は、ディストピア側の極に向かっているように思われる。

個人主義

科学の特徴点として次に思いつくのは、原則的に、一人の個人でも自然との対話をすることが可能であり、複数で話すよりも一人で話す方が、より明晰に自然の話を聞くことができるということである。このことは、観察が重要であること、そして、人によっては、他の人よりも観察するのに適した立場にあったり、適した観察者だったりするということに由来する。科学者というのは、原則的には、他のすべての人が王様の考えをしぶしぶ許していても、王様は裸であることを認められるような、そして、他のすべての人が太陽が地球の周りを回っていると信じていても、地球が太陽の周りを回っていることを認められるような人物でなければならない。一九七九年に、トマス・クーンが、「本質的緊張」と名付けたものが、この事実をうまく表現している。つまり、科学において、個人は、自分が権威ある多数派に対抗できる権利を持っているように感じるが、それでも、科学は、権威ある多数派によって担われているのである。ここでも、そうでないものを想像してみよう。もし、観察できる事実についての個人の主張が、多数派の見解と衝突する場合には無視されてしまうような社会があったら、それは、まさにデイストピアであろう。そして、クーンが暗示したように、もし、一人一人の科学者個人の見解がすべて同等に真面目に捉えられるような社会があったら、それもディストピアであろう。(58)

連続性

科学は、その領域内において、連続的であり、不連続ではない。ここで我々は、科学の方法は科学内ではすべて同じであるということを意味する「科学の統一性」という古いテーゼのことを言っているのではない。方法は、テーマに応じて、変化するものであるし、後に説明するように、社会科学では自然科学とはまったく異なる方法が使われる。それでも、ここで説明している、形成的意志や、生活形式の特徴という点に関して、科学全体における統一性は存在する。この統一性にしても、実は、形成的意志の構成要素の一つとしての「連続性」のことではない。形成的意志としての「連続性」が意味するのは、科学の領域において独自性が主張されるときでも、それは、かつて評価されていた既存の科学から断絶してはいない、ということである。新しいことや抜本的にこれまでと違うことを発見した科学者が目指すのは、既存の科学コミュニティの中の他者に発見について納得してもらうことであり、既存のコミュニティの中で発見を取り上げてもらうことである。我々は、科学は根本において不連続性を持つことを知っている——このことを意味する言葉で、最も有名なのは、トマス・クーンのパラダイム概念である——が、科学者たちは、彼らが科学者である限り、新しいアイデアを納得してもらうために必要な変化

(58) Collins, Brlett and Reyes-Galindo (2016) を参照せよ。

を最小限にとどめようと頑張るはずだ。そうした科学者たちは、新しいコミュニティを作ってしまおうなどとは考えず、既存の制度のうちのなるべく多くの部分を変えないで維持しながら、既存の科学コミュニティにおいて自説を納得してもらおうとする。新しいコミュニティを作ってしまうなどということは、既存のコミュニティに完全に拒絶されてしまったときに、どうしようもなくすることである。その目的は、政治的な革命論者の目的とはかなり違っている。政治的な革命論者にとっては、抜本的変化そのものが自分が達成しようとすることの本質をなしているからである。一方には、自分はまったく新しい観察をしたのだが、それでもその観察は科学には適合していて、科学で規定された手法によって正当に提示することができると主張する者がいるとして、もう一方には、自分の新しい観察は、科学の手法や既存の知識のほとんどがくつがえった場合にのみ理解され得ると主張する者がいるとしたら、世界の観察に関して、我々はどちらを望ましいと思うだろうか。我々が思うに答えは明らかである。関連する支持者の数に関して常に革命が起こっているような社会は、安定性を持たないだろう。(59)

目的開放性

科学には終わりがない。科学的主張はすべて反証可能性を持ち、実際に反証されるかもしれない。科学という営みは永遠に続く。我々は次のうち、どちらの意見を好ましいと思うだろうか。自分の主張が科学の最終目的を表現していると述べる者だろうか、それとも、自分の主張は、現段階で自分のできる精一杯の主張だと述べる者だろうか。ここでも、答えは明らかだろう。(60)

一般性

科学者は、一般性を高く評価する。ある主張の適用範囲が広ければ広いほど、検証したり反証したりすることも容易になるからである。例えば、社会科学では、対象となっている事例の特徴点を他の事例へと一般化できなくてもよいとされる事例研究がある——個別の事例について十分に多くの詳細な記述があれば、一般化という科学者としての義務は免除される——が、そうした事例はその事例研究を実施していない人にとってはテスト不可能である。そのような業績であっても、それを批判にさらすためには、対象となっている事例に関して、似たような事例に適用できるような特徴点を記述しておいたほうがよい。一般的に、主張の適用範囲は広ければ広いほど、その主張は科学的に価値があることになる。

専門知

科学の基本的な特徴点は、当然ながら、専門知が高く評価される点である。科学者たちは、自身の専門領域において、なるべく専門的になろうと志し、専門家の見解に特別な価値を付与しようと志している。科学者たちは、何をなし得るかという観点で専門家を評価しようと志し、どのような地位にいるかという観点で専門家を評価しようとはしない。たとえ、この二つの観点を区別することが実際には難し

(59) 物理学の「周辺」の特徴である「病的な個人主義」についての議論は、Collins, Brrlett and Reyes-Galindo (2016) を参照せよ。
(60) ここでも、インテリジェント・デザインがよい例となる。

いとしても、志は変わらない。当然ながら、こうした評価のあり方は、科学における正統な解釈の場所（LLI）とも関係している。

論理的機械としての科学と生活形式としての科学

表2・2は、これまで述べてきたことをまとめたもので、最初の四行で、科学を論理的機械として捉える場合と、科学を生活形式として捉える場合との一般的な対比が表されている。一番上から始めよう。かつての科学哲学と科学社会学では、他と識別できる科学なる営みが、もしあるとしたら、それは、深く確実な基礎を持っているはずだとされていた。選択的モダニズムは、科学を頑健に擁護する立場の基礎は浅いものになる――道徳的に専門家を選択したり好ましいと思ったりすることが浅いというならばではあるが――と主張する。伝統的な科学哲学では、当たり前のように、真なる事実／真なる発見が科学の目的だとされていて、真なる事実についてのコンセンサスが、科学が正常に遂行されているかどうかの指標だとされていた。選択的モダニズムは、事実や発見ではなく、アプローチ自体を科学へと至るための鍵とする。我々の社会にとっては、何が見つかったかよりも、どのようにものごとが運ばれたかのほうが重要なのである。科学技術が公共領域における意思決定に参加する場面では、伝統的哲学では、正しい判断が求められていた。選択的モダニズムでは、政治のスピードは速すぎて科学を待っては居られないことが認識されているので、そこでの目的は、なしうる最善の判断であり、その判断が長期的な

視野においては間違った判断となってしまうこともある。

表２・２の第五行から始まる、強調された項目では、科学の論理における要素が、少しソフトな姿に変成されて生活形式の要素となっている。この変成の原因は、科学論の第二の波である。表の下方のいくつかの行は、選択的モダニズム及び科学論の第三の波の中で付加される新しい項目である。

	科学の論理	生活形式としての科学
1	根の深い正当化	根の浅い正当化
2	真理	専門知
3	事実	手法と規範
4	正しい判断	最善の判断
5	観察	観察
6	確証／再現性	確証／再現性
7	反証	反証
8	普遍性	普遍性
9	利害無関係性	利害無関係性
10	批判への開放性	批判への開放性
11		誠実さと高潔さ
12		正統な解釈の場所
13		明晰さ
14		個人主義
15		連続性
16		目的開放性
17		一般性
18		専門知の価値

表２・２　選択的モダニズムにおける科学

少なくとも読者の一部には、選択的モダニズムが著者である我々自身にもたらした感覚と同じことを感じて欲しいと思っている。それは、安堵の感覚である。我々はこれまでも常に、科学の持つ形成的意志は生きる上で善なるものであることを分かっていたのだが、過去五十年にわたる科学論がしてきた仕事によって、なぜそうであるのかを述べることは不可能になってしまい、ほとんどの人は、そうであると言うことすら躊躇するようになってしまった。問題の発端は、論理学のように、まったく例外を許さない理想化された科学像を選ぶのか、一九六〇年代以降に登場してきた、科学についての詳細な記述を選ぶのか、ということであった。やがて医療や地球温暖化などのような難題が表面化する中で、後者の科学像に慣れ親しんでいた者であっても、その科学像に対して危険性を感じるようになっていった(61)。しかし残念なことに、唯一残された別の選択肢は、古臭く、浅薄な、科学崇拝くらいしかないように思われた。選択的モダニズムのもとで、我々はリラックスできる。形成的意志というのは、実践においてそれを完全に実現することができなくても善なるものである。実際のところ、社会的実践として、科学の形成的意志が完全に現実化されることは決してない。今や、我々は、哲学的規則についての批判や、科学的知識の社会学の豊かさを犠牲にすることなしに、科学の形成的意志を支持することができるのである。形成的意志は、単にそれ自体として善なのであって、たとえ、古臭い、理想化された、厳格な科学像が否定されたとしても、それ自体として善であり続けるのである。

ハード・ケース――科学が有効性を持たなくても科学を擁護する

我々が、もし、道徳的善さに基づいて科学を擁護しようと真面目に考えているならば、科学が功利性を持たないときでも科学を擁護できるということを示さねばならない。ある人が、ある判断をしなければならず、助言を求めているとしよう。自分の言っていることを分かっている者の助言と、自分の言っていることを分かっていない者の助言とがあった場合、どちらの助言を選ぶだろうか。この問いへの答えは明らかだろう――自分の言っていることを分かっている者の助言を選ぶべきである。しかし、事情はもう少し複雑である。「彼らは、自分の言っていることを分かっている」という表現は、「彼ら」は判断において正しそうである、ということを意味するための雑な表現として使われることもある。しかし、ここでは、文字通りの意味しか持たないとしよう。自分の言っていることを分かっている人は、問題となっていることについて研究した人、つまり、それについて知ることに長時間を費やした人である。そのような人は、その物事について、長期間にわたり親密に知っているという意味で、「分かっている」のだと言えよう――その人は、知人と親しくするようにその物事と親しくしているということである。

(61) 二〇〇四年に、つまり、コリンズとエヴァンズの「第三の波」論文が出た二〇〇二年の二年後に、科学論の第二の波に属する、特に芸術や人文学の研究が関わるときの、象徴的な人物の一人――ブリュノ・ラトゥール――が、地球温暖化についての心配を表明した。「批判はなぜ力を失ったのか」という論文で彼は次のように述べている。「科学論と呼ばれる分野の勃興に私が関与したのは間違いだったのだろうか。我々は、我々が述べてきたことそのままを本当に思っていたのではないと言えば十分なのだろうか。好むと好まざるとにかかわらず地球温暖化は事実であると言うと、私の舌がやけどをするのはなぜか。もうこの議論は金輪際終わりにしようと言ってはいけないのだろうか」(Latour 2004:227〔二九九〕)。

その人は、観察可能なものが重要であるような問題において、観察をした人である。もちろん、このことによって、必然的に彼らの判断が正しいことになるわけではない。夫は妻のことをよく知っているものであるが、それでも、妻に恋人がいると発覚して驚くこともある。運転手は、道路に関して長期にわたる経験を積んでいるが、それでも、交通事故につながる間違った判断をすることもある。不動産投資家は、家の価格の上下に長期にわたって親しんでいるはずであるが、それでも、自分がマイナス資産〔ネガティブ・エクイティ。ローン残高よりも評価額が低い資産のこと〕に住んでいることを知り驚くこともある。自分の言っていることを分かっているということは、その人が正しいということを意味するわけではなく、その人がそのテーマに親しんでいることを意味しているのである。もし親しんでいることと正しいことが同じであったなら、専門家の意見が相互に食い違うなどということは起こらないはずである。

いつものやり方で考えてみよう。もし、社会において、すべての専門家の差が平坦化されてしまって、すべてのテーマにおいて、すべての人の意見が他のすべての人の意見と同じようによいものと考えられるとしたらどうなるだろうか。そのような社会は、ディストピアだろう。想像してみてほしい。もしあなたが何かについて知りたいと思っているときに、あなたは、尋ねるべき人を選ぶのだが、そのことについて、誰の意見が重要で誰の意見が重要でないかは、あなたには分からないのである。何かについて誰かに尋ねたいときには、乱数表を使って人を選ぶことになるだろう。もちろん、百科事典なんか存在しないし、多分、本も存在しないだろう。なぜなら、情報の根拠などという概念自体が存在しないからである。ここまでは第一段階である。第二段階では、ここで述べたことを具体的な例に適用してみよう。その具体例とは、計量経済学という不確実科学である。

国家のインフレ率や失業率などについての計量経済学の予測は、――例えば、エヴァンズの『マクロ経済学の予測』において――信頼性をもって不確実であることが示されている。[62] もちろん、計量経済学の使われ方は他にもあり、それらの分野ではそれほど信頼性がなくはないのかも知れないが、ここでは、先に挙げたような予測のことを、略称として、単に「計量経済学」と呼ぶことにしよう。ここで挙げた使用例に関して言えば、我々は、計量経済学は、信頼性をもって間違っていると言うことができる。しかし、もし我々が計量経済学者の助言を「道を歩いている人」の助言と、価値において差がないとした場合、世界はどうなってしまうだろうか。大学でインフレ率と失業率の予測についてのセミナーが開かれたり、来年の経済成長を予測するための意思決定会議が開かれたりするとしよう。そこに誰を招いて話をしてもらうべきだろうか。計量経済学者を呼べば、彼らは一般に高い講演料を取るし、旅費も払わなければならないので、いっそのこと、そのあたりのドアから最初に入ってきた人を選んで、その人が何を言うかを聞いたらどうだろうかということになるだろう。我々が思うに、第一に、たとえ道を歩く人が計量経済学者と同じくらいに正確に、インフレ率や失業率について予測できるとしても、それを理由に、学術的なセミナーを行う機関を廃止することになれば、それは、社会の崩壊の始まりである。意見の重要度が、その意見を表明した人の専門知に基づいて――つまり、自分の言っていることをどれだけ分かっているかに基づいて――決まらないような社会があったとしたら、その社会に存在する制度や手続きは、どこの先進国とも、そして、どこの発展途上国とも違ったものになるだろう。つまり、来年

(62) Evans (1999).

のインフレ率について話しているときには、道を歩く人よりも、計量経済学者の話を熱心にきくほうが、たとえ計量経済学者の方が間違っていたとしても――そして、実際に間違っていそうなのであるが――、善いことなのである。なぜなら、計量経済学者の話を聞くということは、科学的価値の重要性を認めているということであり、一般に、専門知という制度を維持しているということだからである。(63)

第二に、来年のインフレ率に関して、他の誰かよりも計量経済学者の話を聞き続けるということは、我々は計量経済学者を特別に重視しているということであり、彼らが専門職として居続けることを推奨しているということである。このことによって、彼らが将来的にもっと信頼できるようになる可能性が高まることになる。もし、彼らを排除してしまったら、計量経済学がうまくいく可能性はなくなってしまう。(64) ただし、この議論は、選択的モダニズムにとって本質的な議論ではない。なぜなら、選択的モダニズムでは、科学の有効性は基準とはならないからである。しかし、弓に弦を二本つけたいのならば、有効性はよい基準にはなる。もちろん、別の専門家集団で、経済指数や失業率をもっとうまく予測したり、計量経済学者の予測法を改善できたりする者たちが存在するかもしれない――人間行動をより広範に調べる分析家などは、この役割を果たせそうである――が、それは、どのようにすれば計量経済学自体が科学として改善されうるかを示しているのに他ならない。時に、我々は、専門家たちがその能力に関して満足のいく結果を出せないと思ったときに、専門家を集団として排除しなければならないこともある。例えば、錬金術師が消えていったのがそれである。ここでのポイントは、そのような場合はほとんどいつも、排除された集団にとって代わる別の専門家集団が登場したのであって、排除された集団に、道を歩く普通の人がとって代わったわけではないということだ。

経済予測を含めた予測一般について考えた場合、自分の言っていることを分かっている集団がいくつも存在するということは議論を難しくする。占星術師もそのうちの一つである。占星術師は専門家である。そして、ここでの言い方でいえば、占星術師は、自分の言っていることを分かっている。経済占星術師（そのようなものが居ればという話だが）ならば、惑星や星座の動きを調べて経済の結果を予測することに関してよく知っていることだろう。経済の結果の予測のために、このようなグループではなく、計量経済学者を我々が選ぶのはなぜだろうか。来年のインフレ率を予測するために、道行く人を適当に選ぶなどということはしないにしても、計量経済学者ではなく、占星術師を選んでもよいのではないだろうか。占星術師は専門家であるし、インフレ率や失業率を予測する現代の計量経済学者に関して言えば、占星術師でも、経済モデル研究者と同じくらいには、成功の記録を持っているし、予測もできると思われる。答え——我々が占星術師よりも計量経済学者を選ぶ理由——は、我々が科学の専門家の方が望ましいと思っているからであり、その理由は、科学の専門家は、表2・2の五行目以降に示されているような科学の条件を満たそうと志しているからである。計量経済学者は、排他主義よりも普遍主義に執着するだろうと、そして、自分の個人的利益の追求よりも利害無関係性に執着するだろうと我々は

(63) 経済予測のための専門知の種類についての議論や、予測者が顧客にどう思われているかという点については、Evans (2007) を参照せよ。

(64) この議論は、ネルソン・グッドマンの『芸術の言語』(Goodman, 1968) による。そこでは、我々が贋作と本物との違いを、今の時点では、分からないのにも関わらず、その違いを維持したがるのは何故かが説明されている。同じ議論は、Collins and Evans (2007) でもなされている。

信じている。彼らは、組織化された懐疑主義を支持し、自分たちを批判から遠ざけることに執着しないだろう。彼らは、神の啓示よりも、事物の観察を信じるだろう。彼らは、自分たちの発見を絶対的なものとして提示せず、自分の主張がどのようにすれば反証できるかを自ら進んで提示するだろう。彼らは、公衆の文句よりも、他の計量経済学者の批判を重視するだろう。彼らは、曖昧さよりも明晰さの方が好ましいことを分かっているだろう。彼らは、集団的コンセンサスを維持することに努めながらも、専門分野の中で主流派に属さないような個人が存在することを許容するだろう。彼らは、自分の業績が、専門分野の既存の業績と連続性を持つように努めるだろう。彼らは、自分たちの学問が目的開放的であることを認めるだろう。そして、彼らは、専門知を重視するだろう。残念ながら、計量経済学者のすべてが、こうした志のすべてを共有しているわけではない。さらに、占星術師の中にも、この中の志のいくつかを共有している者もいる。しかし、もし、我々がこうした価値を重視する者から助言を受けたいと思うのであれば、おそらく、占星術師からよりも、計量経済学者からの方が、望むものを得られる可能性が高いだろう。もしも、経験的調査によって、そうでないことが分かったとしたならば、計量経済学には修理が必要である。確認しておくが、ここで我々は、記述的な議論と同時に規範的な議論をしているのである。

当然我々は、ある計量経済学者が個人として右の価値を重視していないことが分かったときには、その者を忌避すべきである。繰り返すが、選択的モダニズム的転回後において、計量経済学者と占星術師との間でなされる選択の根本的理由は、第一に、その専門家集団を構成している者たちが価値あるからであって、どちらかが成功しているからではない。専門家たちの価値を、彼らがもたらす成功によって正当化することはできない、なぜなら、現代の計量経済学は、まったく成功していないからである。我々の選択の基盤はまったく深くなく、浅いものだが、その選択が頑健である理由はここにある。来年のインフレ率を正しく把握するという点において、占星術師と計量経済学者との違いがない場合でも、占星術師よりも計量経済学者を選ぶという選択が維持されるのは、選択的モダニズムの下でのみなのである。

さしあたりの結論

これまでのところで、我々は二つのことを成し遂げようとしてきた。第一に、技術的局面における「内在的政治性」と呼ばれているものを、より詳細に記述すること。内在的政治性という言葉で意味されているのは、専門家たちが、これまで記述してきたような価値に執着しながら、個人同士の見解の差異を解消しようとするということである。つまり、論争は、観察や理論に訴えることによって決着づけられるのであって、特定の結果のもたらす影響とか、その望ましさなどについての議論に訴えられたりはしないということである。そのようなことをすれば、外在的な政治性を関与させることになり、それは「科学的に」振る舞うのをやめることを意味する。

第二の、はるかに重要なことは、それらの価値は、善なる価値であると示すことである。観察可能なものに関する限り、我々みんなが、科学以外の専門家の見解や非専門家の見解よりも、科学の専門家や科学と価値を共有する者の見解を選択したほうがよいということは、ほぼ自明とされるべきである。我々は、自分の言っていることを分かっている者たちの見解を選択すべきであり、我々は、科学の形成的意志に従っている中で自分の言っていることを分かるようになった者たちの見解を選択すべきである。なぜその選択をすべきなのかといえば、それ以外の選択がディストピア的だからである。以上が、選択的モダニズムという言葉で意味されていることである。

第三章　選択的モダニズム、民主主義、科学

選択的モダニズムは、道徳的選択に基づいており、そこでは、その選択が善なる選択であると示すことが目指される。本章では、選択的モダニズムが、科学と社会との関係にいかなる示唆を与えるかを説明するために、公共領域での技術に関わる意思決定の「政治的局面」についてのモデルを作成する。そのために、まずは、選択的モダニズムの「射程」を調べる――選択的モダニズムが関係する文化的営みには、どのようなものがあるだろうか。我々は、選択的モダニズムの射程はかなり狭いと考えている。ただ、文化的射程は狭いものの、政治的射程はかなり広く、選択的モダニズムは、民主主義社会の本質について何かを語っており、民主主義社会に貢献するものである。最後の点について理解するために、科学と社会との関係を扱う、新しい法的な制度を考案してみたい――それは、本章でのアイデアを反映した制度であり、技術的局面と政治的局面とが共同して機能できることを具体化した制度である。その制度は「フクロウ委員会」と呼ばれる。

選択的モダニズムの射程

選択的モダニズムは、観察可能なものの領域においては、科学を推奨するが、科学原理主義的なイデオロギーではない。その射程は、観察可能なものの領域のみである。例えば、選択的モダニズムは、美学に関しては何も言わない。芸術においては、ものごとの運び方や判断のあり方は違ったものとなる。そして、選択的モダニズムは、宗教に関しても、宗教が観察可能なものに関係する主張をしない限り、何も言わない。例えば、科学と宗教とは、生命の創造と進化に関して衝突しているが、この件について、選択的モダニズムは、宗教を排し科学を選択する。なぜなら、どれだけ巧妙なものであろうと、神の創造説やインテリジェント・デザイン説は、選択的モダニズムの教義とは相容れないものだからである。インテリジェント・デザイン説は、前章で規定された科学の形成的意志のうち、少なくとも四つのものに沿っていない。それは反証不可能である。その説では、神が最終的な答えになっているのだから、それは目的開放的でない。その説は、はっきりしない書物や神の啓示に基づいていて観察に基づいていない。その説は、全知全能の創造者という行為者を持ち出しているという点で、自然的因果に基づく既存の科学的説明との間に連続性を持たない。このように考えた場合、進化に関して誰の意見を重視すべきだろうか。反証可能性や観察や目的開放性などのアイデアに従って行為しようと志している者の意見だろうか、それともそうでない者の意見だろうか。もし、あなたが科学の方がよいと思うなら、答えは簡単だ。もし、あなたが、自然的世界における観察可能な物について知る方法として、非科学の方がよいと思っているなら、その場合のみ、インテリジェント・デザイン説の方がよい選択ということになるだろう。

ただし、選択的モダニズムは新しい宗教の一つというわけではない。我々の思考すべてが、宇宙に関する思考も含めて、科学の後ろ盾のもとにあるべきだということを、選択的モダニズムは要請しない。一人の創造主によって科学的法則や宇宙そのものが作られたとする考えであっても、選択的モダニズムと矛盾するわけではない。人間には魂があり、それが死後天国に行くということは、選択的モダニズムと矛盾しない。創造主は慈しみ深いということは、選択的モダニズムとは矛盾しない。選択的モダニズムは、それらのことに関しては何も述べていないだけであり、それは、それらのことが観察に関係しないからである。選択的モダニズムでは、科学者は、科学者としての活動の中では、霊的なこと（や芸術性など）に関して、それらが反復可能で観察可能な帰結を持たない限り、証明しようとしたり反証しようとしたりするべきではない。この点が、選択的モダニズムと、論理実証主義や他の多くの実証主義との違いである。実証主義では、観察できないものを無意味なものとするからである[65]。だから、もし、そうしたものに関して観察可能な帰結が見つかったとしたら、そのとき、それは選択的モダニズムの問題となり、科学的な探究活動に対してするのと同様の選択がなされることになる。

従って、選択的モダニズムは、霊的なことを観察可能にしようとしている者に対して何の反対もしない。もし、死後の世界の存在を証明するために、最近亡くなった人から、しっかりとした管理による厳

（65）Halfpenny (1982) では、実証主義という言葉の、十二種類以上の異なる意味が挙げられている。

封のもとで生前に当人に渡されたメッセージが伝わってくるのを待つ人がいても、幽体離脱体験を証明するために、ベッドに寝たままで、洋服箪笥の上面に書いた記号を読む人がいても、予知能力を証明するために、トランプカードの数字を言い当てる人がいても、サイコキネシスを証明するために、乱数作成機から出てくる数に規則性を持たせようとする人がいても、何も問題はない。こうした実験は、我々の経験から考えるに、残念ながら、まずもって成功しないだろうし、一見成功したように見える結果が得られたとしても、その結果が人に確信をもたらすことは、まずないだろうが、そこでなされているとが科学的だと言えることもある。科学者はそんなことをするべきでないと言う人は、観察できる世界の限界があらかじめ決まっていると言っていることになり、さらに、すべての種類の説明の仕方はすでに知られていると言っていることになり、そして、宇宙のあらゆる構成要素は最終時点へと向かっていると言っていることになる。こうした主張は、科学の形成的意志の一つである目的開放性に違反することになる。

選択的モダニズムが言わねばならないのは、もし、こうした探究がなされるべきだとしたら、その探究は、科学の形成的意志に従ってなされるべきだということである。超常現象の支持派にも懐疑派にも、その周辺には、インチキやイカサマが存在する。それらは、科学的研究の中心部に位置するまっとうな研究の周りを取り巻く暗い影のようなものである。そうした周りを取り巻くインチキやイカサマには敬意は払われなくてもよいが、中心部のまっとうな研究には、どれだけ成功の望みが薄いとしても、敬意は払われるべきである。

選択的モダニズムは、超常現象の研究を否定しないが、だからといって、積極的に奨励するわけでもない。そもそも、いかなる種類の科学研究についても、それを奨励したり阻止したりといったことは、選択的モダニズムの仕事ではない。選択的モダニズムの目的は、技術に関わる判断が下されるときに、科学を含めた専門家の助言が重視されるべきだという指針を示すことである。本書の残りの部分では、超常現象の実験のようなものは、政策の実践的問題に関する限りでは、無視するべきであると主張されることになる。なぜなら、そうした実験は、「賞味期限」を過ぎているからである。超常現象の研究は、長らくの間、科学に対抗すべく頑張ってきたが、扱っているものをうまく操作できる様子を人々に提示できておらず、政策立案者が真面目に考慮するべき物事のリストからは、既に除外されてしまっているのである。(66)

政治的義務は、科学的義務とは違ったものであり、それがゆえに、意思決定の政治的局面は、技術的局面とは違ったものになる。科学と政治とは、深く関係しているが、決して交換可能ではない。政治的義務は、科学よりも狭いもので、目的開放性に関係しない。なぜなら、政治における判断は、科学における判断に比べて素早く下されねばならないし、本質的に、一旦判断が下されたら修正はできない。しかし、政治的に話が終わっているからといって、科学にそれを押し付ける理由にはならない。政治において話が終わっているということは、ある科学が、十分に定着して政策立案者から当然のこととされていて、すでに、公的資金の配分において優先事項ではなくなっているということである。異なる優先条件を持つ人がいて、違った重要性を主張して、そうした科学研究に個人的に出資することもあるかもしれないが、それは完全にその出資者の自由である。奇妙なものを観察可能にするための新しいアイデア

(66) Collins, Barlett and Reyes-Galindo (2016) も参照せよ。

を見つけたり、ほとんどの人が既に失敗していると思っているようなものを探究し続けたりしている人に対して、攻撃する理由は科学者にはまったくない。そういう人たちが科学者たちから攻撃されている場合、たいていは、普通の科学の側が間違っていて、観察できない帰結を伴った宗教じみた信念に依拠している。例えば、科学ですべての現象を説明することができるとか、すべての可能な説明の全体は、すでにどこかに存在するとかいった信念がそれである。非科学に対する攻撃をする者は、科学の存続は、——複数の宗教が競合する場合にそうであるように——科学に対抗する信念が廃絶されるか否かにかかっていると考えているのである。このような考えは、選択的モダニズムとはかなり違っている。少数派や異端派が存続してはいけない理由などはないし、実は、少数派や異端派が存在していることこそが、その科学が健全である証拠だと言ってもよいくらいだ。主流派の科学者と政策立案者は、少数派や異端派を無視すればよいだけの話で、彼らを攻撃する必要性はない。少数派や異端派を攻撃すべきだと思っている人は、自分たちこそが科学の最強の支持者だと思っているが、彼らは科学の価値に従っておらず、科学を裏切っているのである。もちろん、無視できない顕著なかたちで公衆を誘導する異端派科学者に対して、例えば、医療分野において、はっきりしないリスクへの恐怖感を利用して論争に参加する異端派科学者などに対しては、強い反対がなされるべきである。しかし、それにしても、そこでの問題は、コミュニケーションの改善によって解決されるべき政治的問題であって、データの追加によって解決されるべき科学的問題ではない。高潔さを欠いた科学者に対しては、どのような手段を使っても、強い反対がなされるべきであるが、異端派の問題は、高潔さを欠いた科学者の問題とは何の関係もない。

社会科学は真っ当な科学なのだろうか。答えはイエスである――少なくとも、運用の仕方さえ間違えなければそうである。科学には定まった方法論があり、それによって、諸々の科学分野が科学だと定義されていると考えている人が多いだろうが、そうではない。実は、そのような唯一の方法論などは存在しない――複数の科学的な方法論が存在するだけである。それでも、前章であげたように、科学にとっての形成的意志は存在し、社会科学者たちがその志に執着しているのであれば、その人たちは一つの科学を構成していることになる。そして、これは重要なことであるが、自然科学と社会科学の方法論は異なっている。数学的分析が科学の本質だというわけではないし、数学が物理の本質だというわけでもない。科学的方法論は「客観的」でなければならないわけでもない。必要なのは、観察された事実が、再現可能であったり反証可能であったりすることである。だから、社会科学において、「参与者の理解」[67]は、完全に立派な分析手法である。その目的は、人間の集団でのものごとの暗黙的な起こり方――つまり、その集団の人間の生活形式――の理解である。これは、「主観的」な方法論であり、自然科学者の方法論としては不可能なものである。なぜなら、同じやり方で原子や細胞について考察することはできないからである。しかし、もちろん、物理学においても、すべての観察は、最初の瞬間においては、主

(67) Collins (2007) は、数学は集団レベルにおいて物理で中心的であるが、物理学者の日々の研究生活では重要ではない、という事例を扱っている。Collins (1984) では、参与観察とそれによる理解が科学であることが説明されている。

観的なものである――つまり、誰かが、その人の脳と身体を使って計測器の目盛りを読まないといけないのである。物理学の実験では、読まれるべきデータは、まずは、金属やプラスティックに刻まれるのであるが、社会科学の場合では、読まれるべきデータは、社会的存在の集団的脳や集団的身体に刻まれているのであり、それに対しては、特別な「目盛りの読み方」が必要となるのである。このような二重に主観的な方法論の結果、社会に関する一般論が得られるのであり、その結果が十分に一般的かつ明晰な形式で記述されていれば、同じ方法論で別の人間によって検証することができる。そして、他の人が同じ結果を得られなかったとしたら、何かが間違っていたのである。[68] つまり、ここで実践されていることは、たとえ、最初の観察が主観的なものに依拠していても、科学なのである。繰り返すが、自然科学と社会科学とは、方法論において根本的に違っているが、それでも、原則として、科学としての価値や信頼性において差があるわけではない。ここで言うことがすべての社会科学に当てはまるとは言わない。というのも、社会科学者を自称する人、特に社会学者の中には、自身の研究や学識を科学ではなく人文学に属するものとして扱う者も多く、そうなると価値が異なる場合もあるからである。つまり、ここで言うことは、自覚的に自らを科学者であると公言する意志のある社会科学者に当てはまる原理なのである。科学ではなく人文学の伝統のなかで仕事をする社会科学者は、単に違う仕事のやり方を選択しているだけである。[69] そのように考えれば、社会科学も科学の領域に含まれるし、選択的モダニズムの射程内に含まれることになる。

ここでのように社会科学に社会学的にアプローチすることについて、その特徴点をあげることによって、選択的モダニズムがどのようなものであり、そして、どのようなものではないかが説明しやすくなる。社会的生活というのはかなり神秘的である——少なくとも、現段階の我々の知識ではそうである。生活形式を、完全に記述することは可能なように思われるが、それをさらに分析することはできない。生活形式というものは、社会を考えるときの基本構成要素——分析の基本的単位——であるように思われる。つまり、そこには、亜原子レベルの素粒子があるような形で、亜・生活形式レベルの単位があるわけではないのである。人間の個人が、亜・生活形式レベルの単位だと考えるのは誤解である。むしろ、ここで提示されている立場で言えば、個人というのは、それが参加している生活形式によって形成されるものなのであり、逆ではない。いわば、生活形式の方が、亜・人間的単位なのである。「集団的暗黙知」というもの、つまり、ある生活形式の暗黙的な部分については、少なくとも、現在のところは、中身を見ることはできない。[70]

科学原理主義者の中には、このような考え方を罰当たりだと考える者もいるだろう。そういう人たちは、人間の行為や行動のすべては、進化論や生物学や神経科学で説明可能なはずだと主張するのだろう。たとえ、その説明のすべてが完遂されているわけではないとしても、説明可能であることを我々は分かっているはずだし、科学者ならばそうした見解を支持すべきだと彼らは主張する。これは選択的モダニ

(68) ある種の民族誌学や人類学で、特定の状況での個別のことの記述以上のことはしないと公言しているものは、科学ではない。なぜなら、結果が一般的ではなく再現できないからである。
(69) 社会科学における人文学的手法と科学的手法とに関する議論は、Collins (2012) を参照せよ。「主観的」社会科学の方法については、Collins (2013a:ch.16) を参照せよ。
(70) 集団的暗黙知については Collins (2010) を参照せよ。

ズムではない。選択的モダニズムは、科学的に説明できない神秘の存在を認める。ただし、その神秘が観察可能な帰結を持つならば、それを科学的に研究することを奨励する。例えば、本書の読者のほとんどがすることのできる観察――それは、生活形式が他のものに還元できないというアイデアの観察可能な帰結なのであるが――として、スペル・チェッカーは言語を理解していないというものがある。なぜなら、言語というのは、集団を形成する個人の所有物ではなく、集団の所有物であり、集団生活を共有できるようなスペル・チェッカーを誰も作れないからである。このことを検証したいのならば、次のようにワープロで打ってみればよい。「この文章において、私は奇妙なな書き間違いをわざとしていることを、スペル・チェッカーは分かっていない〔訳注2〕」。スペル・チェッカーが言語を理解していないことがすぐに分かるだろう〔訳注3〕。そこで解決できていない問題は、スペル・チェッカーに言語を理解させることと、その理解を生きた社会の中での言語使用の絶え間ない変化に合わせて更新し続けることである。それを可能にするための、我々人間が知っている唯一の方法は、社会に全面的に参加させることであるが、そのようなことができる機械をどうしたら作れるか我々には分からない。機械が言語を操れないという観察可能な帰結は、我々が、人間の生活形式に適合するような機械の作り方を知らないという事実に起因しており、言語が生活形式の一要素であることに起因している(71)。以上から見て取れるように、選択的モダニズムは、特定の種類の科学主義とはかなり異なる考え方である。

それでも、選択的モダニズムにおいても、いつの日か、神秘が解明されて「亜・生活形式的要素」なるものが発見されるかもしれないという可能性は開かれている。できるかどうかは、取り組もうとする科学者次第である。実際に、科学の形成的意志の一つに目的開放性があるのだから、選択的モダニズムでは、常にさらなる科学的解明が推奨されることになる。選択的モダニズムによれば、すべてのことが科学的に解明できるとアプリオリに主張することは、科学という生活形式の特徴の一つではない。そのような考え方は、逆に、科学原理主義に近い。ただし、すべてを科学的に説明しようと志す人がいたとしても、その人の野心は選択的モダニズムに矛盾するわけではない。しかし、その人であれ、他の人であれ、誰かがすべてを科学的に説明しつくすことに成功するはずだと確信を持つことは、選択的モダニズムとは矛盾することになる。進化論や生物学や脳神経科学の理論の組み合わせによって、すべての人間の行為が実際に説明できると考えるのは、より強い形態の科学原理主義であるが、このような考えは選択的モダニズムでは否定される。第二章では、選択的モダニズムのもとでは、論理実証主義がまだ有効であると述べたが、有効なのは、論理実証主義の実証主義の部分だけである。論理実証主義の教義の一つである、検証不可能な命題は無意味な命題であるという教義は、選択的モダニズムでは否定される。

選択的モダニズムと政治的局面

選択的モダニズムが焦点を当てるのは、公共の政策に科学的争点や技術的争点が含まれる場合に、観

〔訳注2〕「奇妙なな」は、故意に間違えている。原著では、「wierd」(「故意にした weird」のスペル・ミス)となっている。

〔訳注3〕スペル・チェッカーは、故意にしたスペル・ミスをすぐに直そうとするからである。

(71) この点についてより完全な説明は、「社会的デカルト主義」の標題のもとで、Collins (2010). で述べられている。

察可能な世界についての問いがどのように扱われるかということである。第三の波の用語を使えば、技術に関わる意思決定の「政治的局面」のことである。ここで、政治的局面とは何であり、何でないかを提示しておこう。まずは、選択的モダニズムがテクノクラシーとはまったく違ったものであると示すことから始めよう。このことは、これまで述べてきたことから、既に明らかなことではあるが、学者として仕事をする身の我々としては、もう一度議論を吟味し、くれぐれも誤解のないようにしておきたいのである。

選択的モダニズムはテクノクラシーではない

テクノクラシーの起源は、二〇世紀初頭の社会運動にある。技術者たちや科学者たちによって喧伝されたそのアイデアは、市場経済の気まぐれに身を任せるのをやめて、それに代わる合理的な代替案を提供するためのものであった。当初は、ソースティン・ヴェブレンのような、広く知られ評価されている名前を伴っていたテクノクラシーは、大衆的人気を得て公式に組織化がなされたが、それも長くは続かず、一九三〇年代をピークにして、その後は政治的に周辺へと追いやられていった。

ただし、テクノクラシーの基盤となるアイデアは、そう簡単にはなくならず、公共領域での技術に関わる意思決定の議論において重要な役割を果たし続けている。そのアイデアの強さは、一九七〇年代以前の、つまり第一の波の、科学モデルに基づいている。そのモデルによれば科学は、他より優れた形態の知識――数学に準ずるレベルの、もしくは論理学的なレベルの確実性を伴った事実――を産出するものであり、その優れた知識は政策決定において特別な地位を持つに値する。それに対し、政治的選好やその他の価値を含んだ非科学的知識は、「合理的」なやり方で正当化されえないのだから、科学よりも軽視される。

テクノクラシーが技術に関わる意思決定に影響を与える仕方には、二つの道筋がある。[72] 一つ目の道筋においては、理想的な科学と技術とが存在し、それが政治にとって代わり、技術的専門家が意思決定者となり、社会の計画や制度は、何らかの科学的原理に従ってなされ、その科学的原理はエビデンスによって支持される。この形態のテクノクラシーは、現実にはほとんど見られない。[73] それに対し、専門家が助言をして政治家が決断するという、もう少し穏当な形態のテクノクラシーは多くの民主主義社会において見られる。「決断主義的モデル」とも呼ばれる、この形態のテクノクラシーは、事実と価値の区別に基づく分業を制度化し、スペシャリスト的な専門家が大きな権力を持つことを許容する。[74] なぜなら、政策立案者は、専門家に設定された制限区域内で働き、専門家が提供する選択肢から選ぶことになるからである。テクノクラシー的要素は明らかである。何を議論すべきかを決めるのは専門家であり、政治的判断は、専門家の判断に寄生しているだけである。[75]

（72）例えば、Weinel (2010) での Lane (1966); Brint (1990); Fischer (2000); Millstone (2009) の引用を参照せよ。
（73）財政危機などの結果、選挙で「テクノクラシー政府」が選ばれる例はいくつかある。例えば、イタリアのマリオ・モンティ政権がそうである (https://blogs.lse.ac.uk/europpblog/2013/06/11/the-rise-of-governments-led-by-technocrats-in-europe-illustrates-the-failure-of-mainstream-political-parties/)。
（74）Krimsky (1984); Millstone (2009).
（75）Krimsky (1984).

STS〔科学技術論〕が問題にしてきたのは、この第二の形態のテクノクラシーである。問題は、科学論の第二の波が科学的専門知の本性を明らかにしてきたにも関わらず、現実には、民主主義制度はますますテクノクラシー化し、専門的助言者への依存がどんどん強まっていることである[76]。この考えに基づいて起こった有名な議論が、スペシャリスト的な技術的専門家は、議事案策定や問題のフレーミング〔枠組み設定〕といった裏方的仕事を通じて、非常に大きな権力と影響力を行使しているという議論である[77]。

選択的モダニズムは、この批判を受け入れるが、同時に、専門知の居場所も確保する。選択的モダニズムは、科学を生活形式とみなし、論理的で合理的なプロセスによって得られる真理の束とはみなしていない。それゆえ、テクノクラシーを拒絶しながら、専門知の価値を認めることができる。選択的モダニズムが他の立場と異なる点は、それが、科学的知識の内容に注目するのではなく、科学という生活形式の基盤となっている価値に焦点を当てていることである。選択的モダニズムは、「事実－価値」の区別を持ち出して、科学や技術的専門知を擁護しようとはせずに、科学的価値と民主主義的価値とを区別し——つまり、「価値－価値」の区別により——、科学を道具的理由によってではなく、道徳的理由によって擁護するのである。つまり、選択的モダニズムでは、正当化の様式として、事実よりも価値の方が弱い様式だとはせずに、価値の方が、最終的には、事実よりも強い様式だとするのである。選択的モダニズムの中心的主張によれば、公共領域での技術に関わる意思決定のためには、民主主義的価値と科学的価値の両方を備えた制度が必要である[78]。

図3・1は、右述の関係性をまとめたものである。科学的価値と、それを支える制度は、色付きの長円で示してある。この円の中にある制度の仕事は、政策の選択肢や政策に対する助言を提供することで

あり、提供される助言が図では黒い三角形で示されている。色の付いていない大きな円は、民主主義的価値を示しており、部分的に科学的価値と重なっている。この円の中にあるのは、公式のものであれ非公式のものであれ、政治的行為である。民主主義的価値とそれを支える制度、より一般的な言い方をすれば、市民社会と公共の議論も、多くの政策的選択肢と助言――色付きの四角――を提供する。専門家による助言は、その部分集合をなすことになる。選択的モダニズムが述べているのは、ある政策的選択肢を実行に移すと決めるとき、政策立案制度は、この三角形の存在を、偏りなく明確に認めていなければならないということだ。(79)

(76) ウィンは、このことを度々述べている。例えば、Wynne (1992a, 2003, 2008) を参照せよ。

(77) 例えば、Wynne (1982); Irwin (1995); Jasanoff (1995); Epstein (1996); Welsh (2000); Wickson and Wynne (2012) を参照せよ。

(78) ここで述べた「価値 - 価値」の区別は、Collins and Evans (2002) で最初に扱われた、内在的政治性と外在的政治性との区別に由来するものである。内在的政治性というのは、どれだけ実践において厳しく注意しても、すべての科学的営為に不可避に残留してしまう、除去不可能な政治的影響のことである。換言すると、あらゆる実践的努力によって除去しようとしても残留してしまう政治性のことである。それに対し、外在的政治性とは、データの認識的結論に至るために、明示的に政治的懸念や政治的関心を使うことである。SSK〔科学的知識の社会学〕は、内在的政治性は除去できないことを示したが、選択的モダニズムでは、内在的政治性が除去不可能だとしても、外在的政治性は除去すべきとされる。科学の形成的意志は、それが現実に達成できるか否かに関係なく、すべての政治性を除去することである。これは科学の中心的な価値であり、それゆえ、価値 - 価値の区別が必要なのである。

(79)『専門知を再考する』(Collins and Evans, 2007:8〔一〇〕) で我々が述べたように、「民主主義がすべての領域を支配することはできない――そうなったら、専門知は破壊されてしまうだろう――し、専門知がすべての領域を支配することもできない――そうなったら、民主主義が破壊されてしまうだろう」。

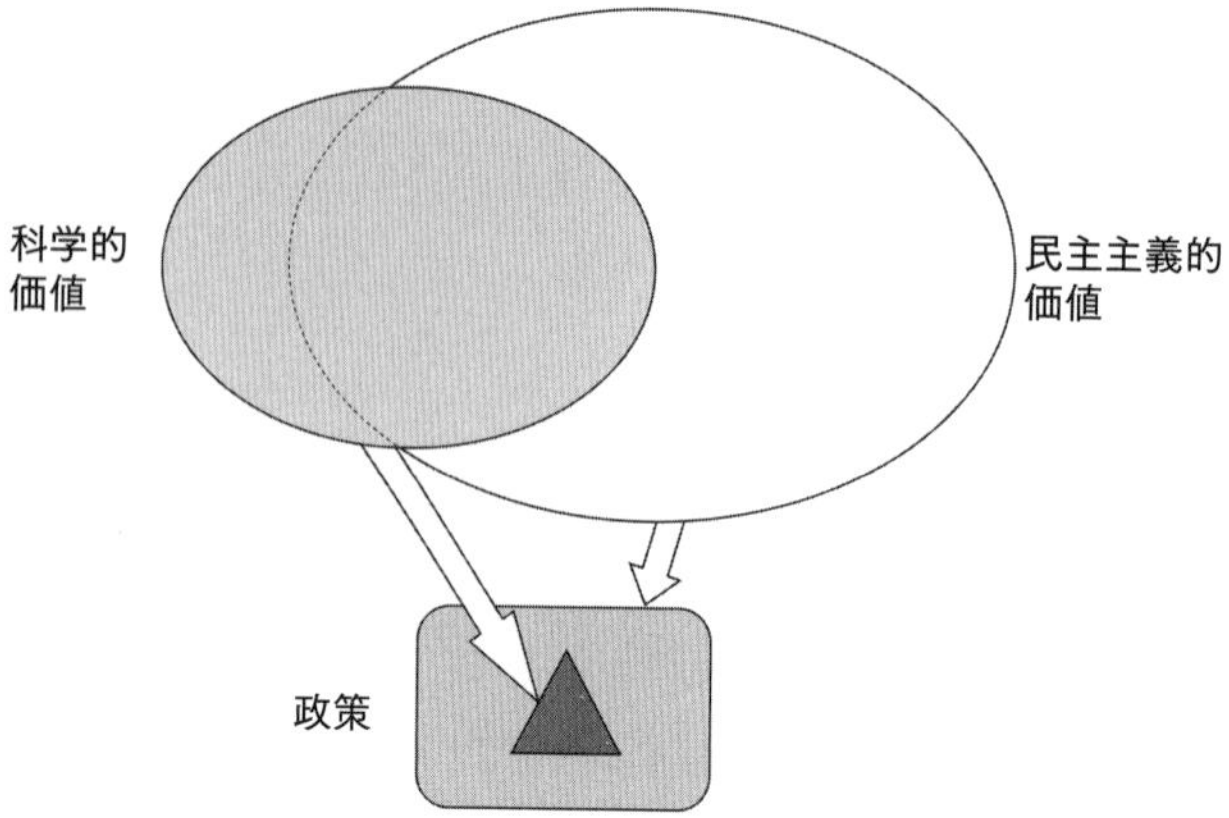

図3・1　公共領域における技術の関わる意思決定

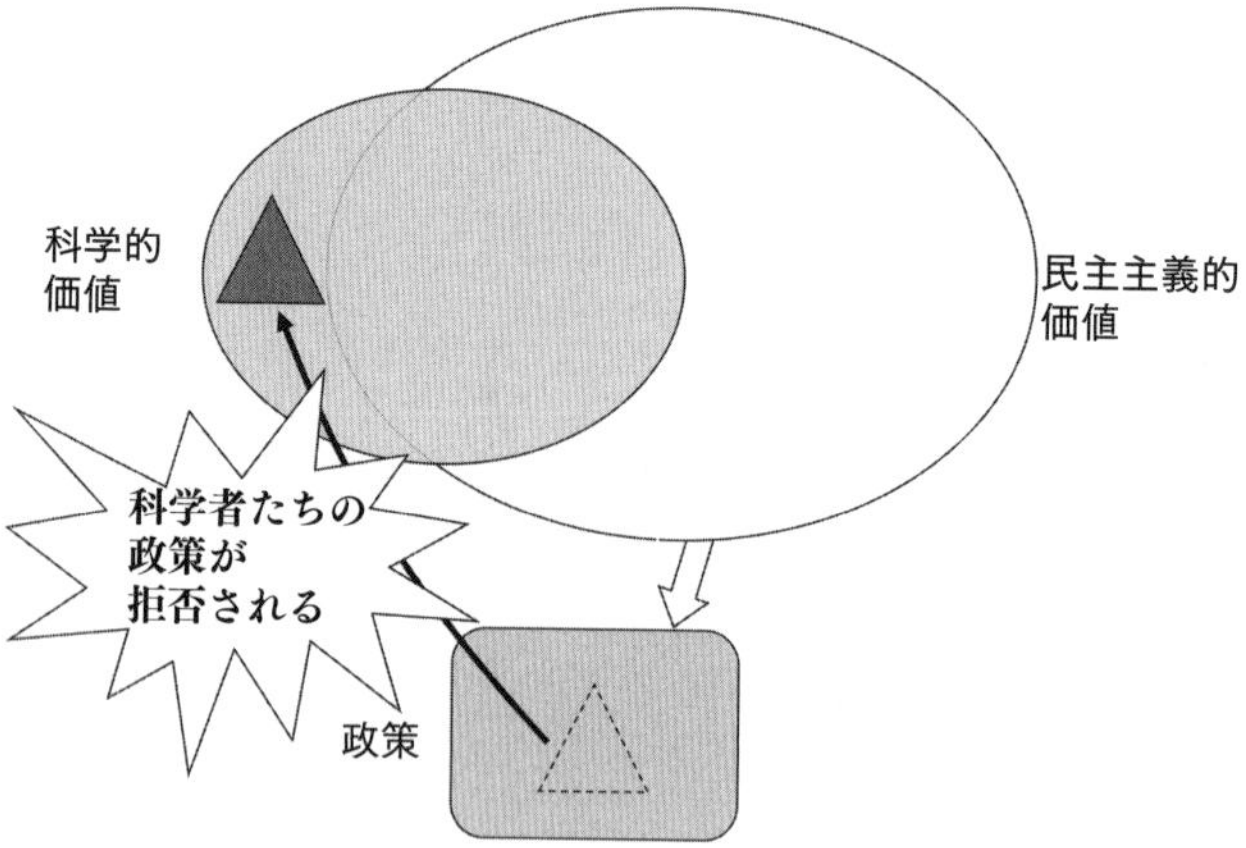

図3・2　選択的モダニズムがテクノクラシーでない理由

選択的モダニズムとテクノクラシーとの決定的な違いは、専門家の助言に配慮することが、そのまま専門家の助言に賛同したり、専門家の助言を受容したりすることではないという点である。選択的モダニズムにおいては、政策立案者たちに、専門家によって推奨される政策のすべてを受け入れる義務はない。政策立案者たちは、彼らがしようと思えば、専門家の助言をすべて拒絶することもできる。図3・2は、その様子を図示したものである。ここでは、技術的専門家が推奨した提案が拒絶された上で、正統な政策的結論が出されている。政策決定が専門的助言をくつがえすことが常に可能なので、選択的モダニズムは、テクノクラシーになることはないのである。

ただし、技術的意見を政治的制度がくつがえすプロセスには、重要なルールが存在する。拒絶のプロセスが公開されねばならないというルールと、専門家の意見が拒絶されたことがはっきりと宣言されねばならないというルールである。政策決定をやりやすくするために、専門家のコンセンサスがあるかのように偽装したり、専門家のコンセンサスが歪められたりするようなことがあってはならない。このルールによって、考えうる政策の選択肢の範囲が縮小されることはないが、政策立案者が提供できる正当化の種類に制約がかかることは確かである[80]。

このアイデアがうまく機能することを示すためには、タボ・ムベキ大統領〔南アフリカで人種隔離政策廃止後の二人目（ネルソン・マンデラの次）の大統領〕の政策決定がよい例となる。彼は、一九九〇年代に、抗レトロウイルス薬の安全性について論争が起き

(80) ここで述べたアイデアは、マーティン・ワイネル（Weinel 2010）によるもので、彼は、それを「最小限の基本姿勢」と呼んでいる。

ていることを理由に、エイズに罹った妊婦に抗レトロウイルス薬を配布しないという決定をした。実際には、そこに科学的な論争は存在しておらず、ムベキが深刻に受け止めたのは、周辺的な科学者集団がネット上で騒いでいたことに過ぎず、その科学者たちの考えは、もう長らく主流派の科学者コミュニティからは無視されていた。ムベキ大統領には、そのような政策決定をしなければならない別の政治的な理由があったとも考えられる——彼は南アフリカが西欧の薬品会社の言いなりになることが嫌だったのかも知れないし、あるいは、南アフリカの国家予算ではすべての薬を賄えないと考えたのかも知れないし、あるいは、また、南アフリカは性的に無秩序で病気だらけの国だというイメージを旧宗主国派が宣伝するのを避けたかったのかもしれない。選択的モダニズムでは、これらの理由は、抗レトロウイルス薬を配布しないという政策をとる正統な理由になりうる。しかし、ムベキはそれを理由には挙げなかった。議論のために、仮に、右で挙げたような理由がムベキの政策決定の本当の理由だったと仮定してみよう。そこで我々の批判の的となるのは次のことである。抗レトロウイルス薬を配布しないことは、薬の効力が不確実であるという技術的見解によって正当化され、そのことによって、政治の機能が無力化されてしまったのである。この事例では、ムベキは、薬の安全性について実際にはかなり強固なコンセンサスがあるにも関わらず、そこに科学的論争が存在するかのように偽装することで、政治的意思決定の責任を背負うことから逃れているのである。

この点で、選択的モダニズムは、ブライアン・ウィンのような論者が示す次のような見解とは明確に異なっている。ウィンによれば、ムベキは、その政策判断において正当であった（少なくとも正当化されうる可能性はある）。それは次のような理由による。

ムベキの考えや言動に近い人たちの話によれば、ムベキが言っていたのは、HIVとエイズとの間に因果関係がないということなどではなく、それとは、まったく違う、問いの内容の次元が異なることであった——彼が言っていたのは、HIV感染からエイズ発症への因果的移行は、貧困そのものや、栄養失調や免疫システムの欠損や劣悪な保健衛生環境のような貧困に起因する要因によって、大きく促進されるということであった。世界的巨大企業によって推進されている、途方もなく金のかかる西欧の商業的薬品による対応（これは多少は安価になったが、それでも高価であることは変わらない地域限定のジェネリック薬品が入手可能になる前のことである）は、その問題を解決することではなく、競争によって投資を得ることだった。ムベキは、多様な要因がからむ状況において、少し異なる顕著な要因に優先的に焦点を当てるべきだという見解を出したのであり、それは、議論の余地のある考え方ではあるが、現実離れした信念の迷信的表明などではなかったのである。(81)

しかし、先に述べたように、たとえムベキが自身の行動を選択した本当の理由がその通りだったとしても、彼はそれによって自身の行動を正当化したわけではなかった。ウィンは、受け売りの情報に

(81) Wynne 2008. これは、ロバート・エヴァンズがランカスター大学で講演をした後に交わされた、様々な党派の間のEメールのやり取りである。このような私的なやりとりからの抜粋を公開することを許可してくれたブライアン・ウィンに感謝したい。南アフリカのエイズ政策を国の文化史の観点から理解できるという分析の詳細については、Fassin (2007); Mahajan (2008) を参照せよ。

よって、事後的にムベキの行為を合理化したに過ぎない。とても重要なことであるが、この種の説明は、人々を動かしたり動かさなかったりする何かと、公共生活における人々の話し方や動き方との違いを認識していない。もちろん、我々が生きている社会を形成しているのは後者であり、特に、他者の内的な心的状態に直接アクセスできないのであるからなおさらそうである。だから、選択的モダニズムは、人々の考え方を規制することには関心がない。その代わりに、公職者が自分の行為を選択し正当化する際の基準を掲げることを目指す。選択的モダニズムでは、専門家同士が、重要な技術的論点において、しばしば対立することは前提とされる。[82] しかし、技術的コンセンサスが強固なものであろうと脆弱なものであろうと、政策立案者は、自身がある立場を選択する政治的根拠を説明すれば、専門家の合意事項をくつがえすことができる。どのように考えても、これはテクノクラシーにはならないはずである。

科学と社会のサンドウィッチモデル

選択的モダニズムがテクノクラシーではないとしたら、それはいったい何なのだろうか。選択的モダニズムが、いかなる点で民主主義と関係し、いかなる点で関係しないかを簡単に理解するために、サンドウィッチによる比喩（図3・3）を使ってみよう。[83]

この比喩では、社会は、アップストリーム〔上り〕側とダウンストリーム〔下り〕側の「パンのスライス」に分けられる。真ん中に詰められる具が科学であり、アップストリーム側のスライスから型をつけられ指導され、ダウンストリーム側のスライスに科学的「結果」や結論を提供する。このサンドウィッチには、パンと具との間にマヨネーズ（あるいはバター）の層がある。この層は、社会と科学との間

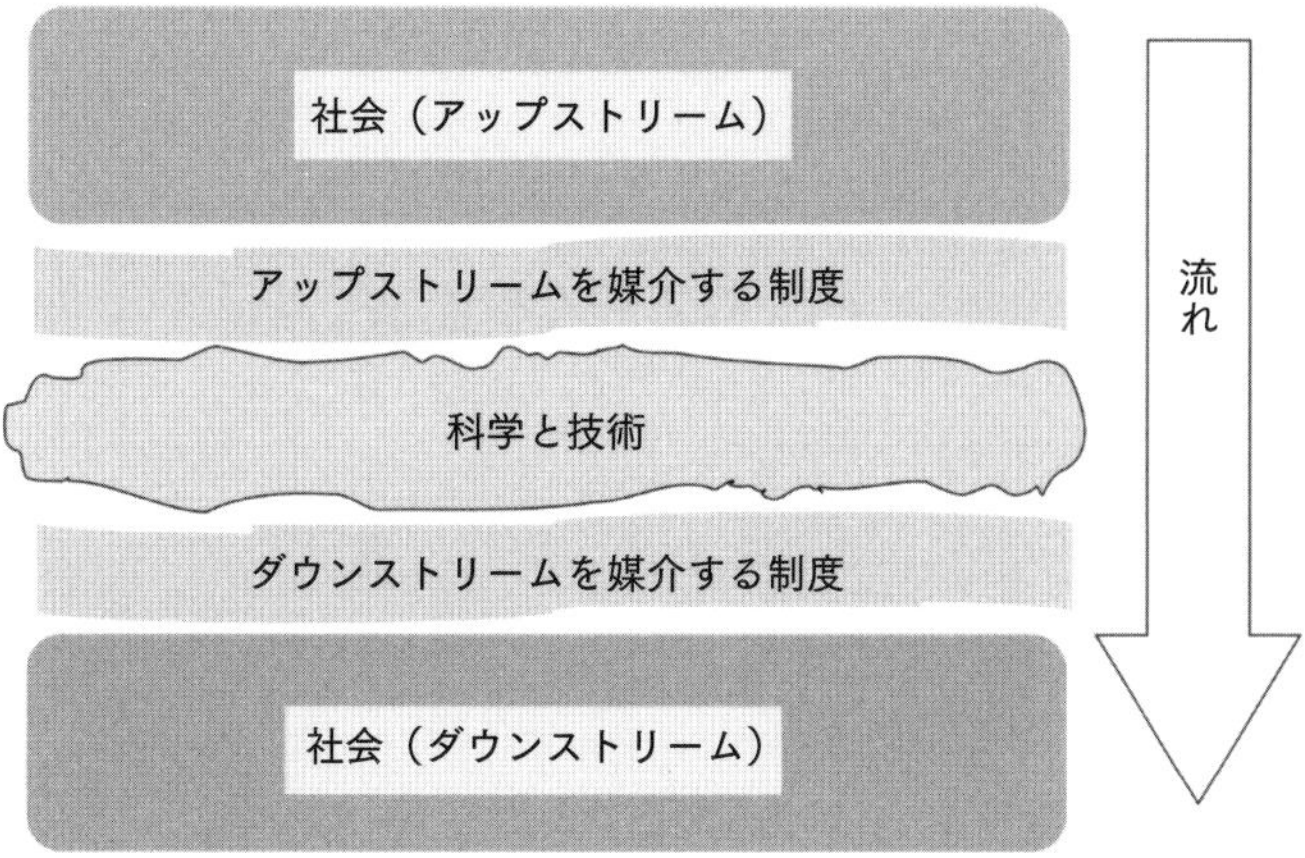

図３・３　科学と社会のサンドウィッチモデル

を媒介する制度である。「アップストリーム」側の層は、社会が科学に対して、影響を与えたり、指導したり、規制したりするための手段を提供する。「ダウンストリーム」側の層は、科学的作業の出す結果がより広く社会で共有されるための手段を提供する。

選択的モダニズムが主に関係するのは、サンドウィッチの下側の部分、つまり、科学という詰め物と下側のマヨネーズ層である。実は、サンドウィッチの上側の層に関してはほとんど述べることはない。当然ながら、社会は、自身がいかなる科学を欲するのかを決めなければならないし、限られた資源と才能をどこに配

（82）例となる引用は、Nelkin (1971, 1975); Collingridge and Reeve (1986); Jasanoff (1990).

（83）第二の波の分析家は、おそらくこのサンドウィッチをミキサーに入れてしまい、そこにあるのは科学と政治との分離不可能な混交物だと言いたがるだろう。それに対して我々は、なるべく分離しておくことで得られるものがたくさんあると言いたい。選択的モダニズム自体にも形成的意図があるのである。

分するかを決めなければならない。歴史的に、西洋社会とそれに追随する社会では、例えば、天文学、高エネルギー物理学、宇宙物理学といった、ビッグサイエンスを支持する道が選ばれてきた。病気に関しては、環境的要因よりも遺伝的要因についての研究の方に明らかに配分が偏重していて、癌の治療は、宇宙開発プログラム並に優遇される。もしも、本書の著者である我々が自分勝手にしてもよいのだったら、違った選択がなされ、余った資源や才能は純粋科学や医療の別の側面に費やされることになるだろうが、我々の意見は、他の市民の意見と同等の価値しか持たない。

特定の社会問題を巡って利益団体や「公衆」〔訳注4〕が組織化され、それは、科学の遂行の仕方や科学的問題のフレーミング〔枠組み設定〕に口を出そうとするのだが、社会が違えば、そうしたものへの耳の傾け方も違ってくる。上側の媒介制度に関しては、アップストリーム側の意思決定に対してなされる、専門知に基づいた貢献と、ローカルノレッジによる貢献と、利害衝突に関連した貢献とを区別しなければならない――前の二つは技術的なもので、最後のものは純粋に政治的なものである。しかし、選択的モダニズムが、この上側の層について述べることはほとんどなく、他の立場の分析がこの層について述べていることの大部分と矛盾するものではない。我々の立場は次のようにまとめられるだろう。

現実のリスク状況においては〔常に〕複数の要因が絡んでいるので、問題は、公益政策の決定においてどの要因を重視するかということになる……このことは、科学者の委員会だけで決められることではない。それは民主主義的な決定事項であり、科学的知見から情報を得て取り組まれるべきであるが、科学的知見によって、枠組みを決められたり、最終決定されたりしてはならない。何に意味があり、何が関心を引くかは、民主的な政治プロセスによって整備された民主主義の舞台装置の中で決められなければならない。もちろん、意味や関心も、科学からの情報に基づくべきではあるが、それは、科学が公共的な関心や公共的な意味を決めてよいということではない。それ自体は民主主義的で政治的なものが、科学からの情報に基づいているということはあってもよいのである。(84)

注意すべきであるが、〔サンドウィッチの〕上の制度層の構成と下の制度層の構成は違ったものでなければならない。なぜなら、上の制度層には、公衆の感情や圧力団体についての専門家とそれらを民主主義政治に組み込む仕方についての専門家とが必要だからである。選択的モダニズムが、アップストリーム側の問題に口を出すのは、サンドウィッチが「クラブハウス〔三段重ねの〕サンドウィッチ」のようなとき、つまり、アップストリーム側で行われる科学的探究へのお金の出し方や問題のフレーミング〔枠組み設定〕についての判定自体が、科学的知見に基づいている場合のみである。その場合には、上側のスライスのさらに上に、科学技術という詰め物と、その詰め物からの出力を、情報を必要としている他の制度へと繋げるマヨネーズ層とが乗ることになる。

〔訳注4〕特定の問題を巡って組織化されたものと捉えられた「公衆 public」の概念については、後に（本書第四章で）デューイの公衆概念と関連して詳しく論じられている。

（84）ブライアン・ウィンの最近のインタビューより引用（Antonsen and Nilsen, 2013:37）。この発言を額面通りに受け取ると、ウィンが、第三の波と選択的モダニズムに反対する理由が分からない。ここでの関心事は我々とまったく同じ論点、つまり、どうしたら、科学が政策を決定することなしに、科学を民主主義のプロセスに取り込めるかという問題である。

さて、下側のマヨネーズ層についてであるが、ここにある制度によって、専門的助言は、民主主義的制度や市民にとって、可視化され、説明責任《アカウンタビリティ》を伴ったものとなる。そこでの指針は、図3・3に描かれている。つまり、下側のスライスパンは、詰め物を自由に扱うことができ、唯一の制限は、提示された技術的助言はすべて公平かつ正確に公開されねばならないということだけである。

新しい科学の理解——フクロウ委員会

過去五十年において、我々は、科学について、より詳細に、そして、より生産的な仕方で、考えてみるべきだと学んできた。ひと昔前までは、科学について記述する権利は、科学者のみに与えられていて、それ以外では、哲学者たちが、科学だといって手渡された神秘的世界の出来事を理解しようと必死で頑張っていた。現代では、科学について詳細に記述することと科学について考察することとは、一つの専門領域となっている。科学について反省的に分析する術を学んだ者たちが記述する科学と、科学内部で実際に科学を遂行している者たちが記述する科学との間の軋轢は、非常に興味深い。しかし、ほとんどの場合、その内実は誤解されている。例えば、ファインマンは、冷笑しながら「鳥にとって鳥類学が役に立たないのと同様、科学哲学は科学者にとって役に立たない」と述べたと言われている。ここで、「科学哲学」を「科学論一般」と読み換えてもよいだろう。冷笑していたかどうかは別として、ファインマンは正しかった。科学者たちは、科学的知識の分析家たちに助けてもらわなくても、科学をどのように実践するかを知っている。科学者たちの持っている暗黙知には、科学の中でうまくやっていく術が含まれている。しかし、ファインマンは、実は、彼自身が思っていたよりも、もっと正しかった。科学というものを特別な生活形式として維持するためには、科学者は、反省的に考察する分析家たちの言っていることを、断固として無視しなければならない。つまり、社会構成主義を信じていては、善い科学を遂行することはできないのである。[85] 社会科学者たちが、重要なことを最終的に決定しているのは社会グループであるといくら主張していても、科学者一人一人は、自分は真理を探究しており、それを発見できるかもしれないと信じていなければならないのである。さらに、もし、本書の鍵概念である、科学の形成的意志が頑健なものであるべきならば、科学者は、社会構成主義を無視していなければならないのである。もし、すべてが社会的構成物なら、科学的高潔さをもって行為する理由などなく、何らかの政治的目的に向かって進めばよいことになってしまう。先にも述べたが、我々は、どうしても、第一の波のもとで科学を導いていた道徳的義務と、それを駆動している何かを、維持しなければならないのである。

さらに事態は複雑であり、このように古き良き科学像を維持する必要性は、自然科学にとってのみならず、科学的な社会科学にとっても重要なのである。熱意と高潔さをもって科学の社会的分析を遂行するためには、分析家は、しばしば、自分自身の研究成果を、まさにその成果を出すための研究の遂行において、無視しなければならない。社会科学者が、科学は社会的に構成されていると分析しているとき、

(85) 例えば、Brush (1974), Collins (1982) を参照せよ。

その学者は、自分が社会的生についての真実を発見したと信じていなければならないのであり、そこで、その学者は、自分が、あるグループが何を認め、何を拒絶するかについての一つの解釈を見つけたなどと考えていてはいけないのである。

つまり、科学的高潔さを伴った社会科学者は、二つの部屋に住むことを学ばねばならないのである。一つは、科学を遂行するための部屋、もう一つは、科学を分析するための部屋である。色々な部屋に住むことは社会科学の基本的な素養に含まれるので、このことは、それほど大変なことではない。社会科学者というのは、研究対象の世界とそれを分析するものの世界とを「交互に往来」できなければならないのである。(86) それに対し、自然科学者は、自分の世界について責任を取るだけでよい。つまり、科学哲学と鳥についてのファインマンの主張は、彼の意図していなかったもう一つの意味を含んでいることになる。すなわち、人は、鳥に飛ぶことの本質を説明するように頼みはしないだろうが、同様に、人は、科学の本質を理解したいときに科学者に尋ねはしない——少なくとも、科学者として活動しているときの科学者に尋ねはしない。それは、科学の本質について考察することは、科学者の仕事には含まれておらず、むしろ、科学者の仕事は、そうした考察をしないで済ませることだからである。

しかし、実際には、科学者のすべてが反省的考察の能力において同じというわけではない。少数ではあるが、科学者の中には、複数の立場を行き来して、科学者である自分の仕事について、社会科学者たちに勝るとも劣らぬ分析をする者たちもいる。ルドヴィック・フレック、トマス・クーン、マイケル・ポランニー、ジェラルド・ホルトン、ピーター・メダワーといった科学者たちがいなかったら科学論の第二の波は違ったものになっていただろう。彼らは、先にも述べたが、彼ら自身の意図とは別に、科学論の第二の波の創始者とみなされている。クーンなしには、第二の波は、始まることすらなかっただろうし、それ以外の科学者たちについても、彼らがいなかったら、重要なアイデアや示唆に富む決定的な事例研究のいくつかが失われていたことだろう。もちろん、彼らほどの大きな貢献はしていなくても、自然科学者の中には、五十年にわたる科学の社会的研究の展開に理解を示す者もいる。しかし、貢献しているか貢献していないかにかかわらず、反省的考察をする者は、自然科学者の中では、非常に少数派である。少数派ではあるが、彼らは、科学の世界と政治の世界との間を媒介する制度を再編成するための重要な鍵となる人達である。ファインマンは、議論に鳥の比喩を持ち込んだが、ここでは、その比喩をそのまま借用してみたい。自然科学者であって、科学の社会的分析を適切に理解している者を、「フクロウ（梟）」と呼ぶことにしよう。フクロウは、賢いだけではなく、顔を全方位に向けることができる——つまり、二つの異なる方向を見ることができ、異なる立場を行き来することも容易にできるからである。(87)もちろん、科学者の中には、科学の本質について、たいして反省的な考察をしていなくても、それなりの意見を持っている者も多い。「匿名希望」氏が抽象芸術について見解を述べたがるのと同じである。かつては、我々は、科学について知るべきことのすべては、科学者として働いている者たちが知ってい

(86) Berger (1963), Collins (2013a:ch. 16) を参照せよ。

(87) フクロウは、神話や民話において様々な連想と結びついている。イギリスでは、まず、フクロウは賢いと考えられている。この連想は、おそらく古代ギリシア時代まで遡ることができ、「ミネルヴァのフクロウ」が知恵の女神アテーナの使いだったことに由来している。しかし、他の文化では、フクロウは悪い意味を持っていることがほとんどで、病気や死といった、我々が望まない不幸なことを象徴する場合もある。

ると思っていた。しかし今では、我々は分かっている。科学者として働いている者のほとんどは、科学をどのように遂行するかは知っているが、科学の本質についてはほとんど何も知らない。そして、繰り返すが、それは善いことなのである。なぜなら、そのことによって、科学的価値が維持されているからである。科学者のほとんどは、「ワシ（鷲）」にたとえられるだろう。ワシは、効率重視のハンターなので、前方以外の方向を見ることは得意ではない[88]。

ワシの中には、鋭い爪を持った科学原理主義者もいる。分類学に従って、彼らを「タカ（鷹）」にたとえることにしよう。科学は、ある種の権力を通じて、人々の尊敬をかち得てきた。それは、宣伝とプロパガンダという権力である。天文学者が天上の物体の運動を高らかに予言し、それによって、科学の評判は、うなぎのぼりに上がった。相対性理論が登場し、少しだけ残っていた誤謬を修正した際に、さらなる勝利の栄冠が、衆目の中、称賛と共に付け加えられた。量子力学は、「これまでで最も緻密な科学理論」として広く宣伝されてきたし、その一方で、偉大な思想家たちの数々の宇宙論的な洞察が、アイドル科学者によって毎週のように宣伝されている。進化論という新しい疑似宗教は、ダーウィンという神とともに、かなり雑に理解されたまま、支持されている。そこでは、人間の形態だけでなく、人間の行動さえも進化論によって説明できるとされる。科学原理主義者というタカは、大宗教の持つ道徳的リーダーシップを粉砕できると人々に約束し、機械で道徳哲学の齟齬を埋めることさえも約束する。彼らの話にのって、人工知能研究の精鋭たちは、人間は機械であると主張し、新しい時計仕掛けの世界の細部を仕上げるために頑張っている。このタカたちは、科学における異端派を激しく攻撃する。その激しさは、宗教の異端審問に匹敵するもので、魔術師を使った拷問さえしかねないくらいだ。さらに、彼らの御用哲学者たちは、——ここでは「ハゲタカ」と呼んでもよいだろう——タカの残した死肉をついばむ。つまり、科学との同盟のために、偽の学術的合理性を提供し、疑念や微細な点を無視することによって、哲学の理念そのものを裏切り続けている。[89]

複雑性を伴わない狭い領域における成功を示して科学を宣伝することは、宝くじに当たった人だけを取り上げて宝くじの宣伝をするのと同じである。どちらも、負債を未来に先送りしているのだが、遅かれ早かれ、人々は不平を言うようになる。なぜなら、ほとんどの人は宝くじに当たらないし、ほとんどの科学は、ニュートンやアインシュタインやプランクやダーウィンのようにうまく問題を解決することなどできないからである。もし仮に、彼ら英雄の成果が、科学物語の本に書いてあるとおりだったとしても、彼らの成果は、我々が日常生活で出会う科学的問題には何の役にも立たない。〔訳注5〕ニュートンもアインシュタインもプランクもダーウィンも、現代の似たような英雄たちも、地球温暖化に対して何をすべきかを我々に教えてはくれないし、癌を治せはしないし、来週の天気を予報することはできないし、明日起こるかもしれない株式相場の暴落を予想することはできない。

(88) ほとんどの科学者には、科学について反省的に考察する能力も気概もないということは、「サイエンス・ウォーズ」の中で、社会科学者たちによる科学の分析に対して自然科学者たちが激しく攻撃した際に、明らかになった。

(89)「サイエンス・ウォーズ」において、この種のハゲタカ哲学者たちは、他の横取り食肉鳥類たちに比べて、最も悪辣に社会科学者たちを攻撃した（今でもしている）。そして、哲学の本質が適切に機能しているとしたら、実に驚くべきことなのだが、彼らは、科学的異端者たちを最も悪辣に攻撃する集団の一員でもある。単純に考えると、彼らは哲学者ではあるが、哲学を理解していないようである——少なくとも、科学の論理の謎に困惑していた彼らの同僚たちの哲学のことは理解していないようである。

〔訳注5〕科学論の第二の波の詳細な研究は、こうした英雄的な科学物語ですら、それほど単純ではないことを示してきた。

さらに、——奇跡や異端審問や現実の歪曲やカリスマ的な予言者といった——宗教の象徴的手法を使うことは、一見すると魅力的に見えるかもしれないが、そうしたものを使って科学が支持されることによって、科学の意味は貶められていくのである。つまり、驕り高ぶる科学原理主義こそが、実は、「ポストモダニズム的」な対抗勢力の隆盛に一役買っているとすら言えるのである。

科学のワシとタカの特徴は、彼らが、結果で科学的価値を判定する傾向にあることである。科学の異端派研究者が多数派に抗して自分自身の個人的見解に固執することが正当であるのと同様に、科学的多数派のメンバーが、異端派研究者が真理をつかんでいないと信じることも正当である。しかし、あいにくなことに、後者の確信は、かなりひどい遡行的な科学分析につながってしまう。ワシとタカは、科学的結果が多様な解釈的柔軟性を持つことを受け入れられないから、自分たちの受け入れている確信とは異なる結果を出した科学者について、何か間違いをしたに違いないと考えてしまう。そうなると、科学の主流派のために汚れ仕事を引き受ける魔術師のような者たちが必要になってくる。そこでは、インチキな方法や主張を提唱する者たちは、山師か無能者であり、「殺し屋」に頼んで処分してもらうのは当然のことだと思われている。(90) このようなことをすれば、もちろん、生活形式としての科学は腐ってしまう。例えば、超心理学は、もうかなり昔に賞味期限切れになってしまっている分野だが、真面目に超心理学に取り組んでいるグループはまだあり、彼らは、いくら報われない絶望的な仕事のように見えても、自分の人生を超心理学に捧げようと決心している。それでも、彼らは、決して山師でも無能者でもない。ただ、少し分の悪い職業選択をしてしまっただけである。もしも彼らのことを信用できないというならば、主流派科学者たちは、彼らを無視すればよいのである。ほとんどの科学者やその御用哲学者たちに、異端派の扱いを任せられないのは悲しいことであるが、実際にそうなのだから仕方がない。

最後に、社会科学者を何かの鳥にたとえねばならない。第一の波に属する社会科学者は、ワシの系統に属し、翼を広げてワシのように見せかけて、弱そうに見える鳥を攻撃することにほとんどの時間を費やしている。第二の波に固執し、第三の波のポイントを理解していない社会科学者は、やはり、一つの方向しか見ることができないワシである。ただし、彼らは、自然科学の世界のワシやタカやハゲタカとは逆の方向を向いていて、自然科学の成果の代わりに社会科学の成果を使おうとしているのである。それに対して、第三の波と第二の波との双方を支持するものは、社会的分析を科学の代わりに使うのではなく、社会的分析を科学に付け加えようとする。頭の向きを変えて二つの方向を見ることができるという点で、彼らは、フクロウにたとえることができる。もちろん、フクロウ科学者の「前向き」と「後向き」と、フクロウ社会科学者の「前向き」と「後向き」とは逆になるが、角度を一八〇度回転すれば同じになるわけである。

経験に基づいた専門家と社会的弱者

色んな方向を向いている鳥たちの鳥籠を、どのように組み合わせれば、有効な意思決定ができるだろうか。現在のところ、技術に関わる意思決定に対するＳＴＳ学者による貢献の最も典型的な形は、既存

（90）例えば、雑誌『ネイチャー』は、ホメオパシー説の信用を落とすために、奇術師「アメイジング・ランディ」を使ったが、そのさいに、ランディは、多くの科学者たちから、超常現象についての権威として扱われたのである。

の科学の権威に対抗して、公衆の代理人となり、社会的弱者を擁護するというものであるが、これでは社会科学の貢献の可能性のほとんどは発揮されていない。損得を考えずに社会的弱者を守ろうという、STSに満ちた感傷――おそらく、社会学的な社会科学全般に共通する感傷――によって、社会科学の価値は減ぜられてしまっており、さらに、経験に基づく専門知と一般的な「素人専門知」とが混同されることによって、さらに社会科学は弱体化されてしまう。そうした社会科学の沈滞化をよく表しているのが次の事例である。アンドリュー・ウェイクフィールド博士がある記者会見で、はしかとおたふく風邪と風疹の混合の（MMR）ワクチンが自閉症と関係していると主張したことによって作り出された「MMRワクチン論争」について、社会科学者たちは間違った分析をしてしまったのである。

この主張を支持する科学的根拠はないにも関わらず、この主張が直接的な原因となり、その後数年にわたり、イギリスでのワクチン接種率は激減した。親たちがMMRワクチンの投与に合意しなかったからである。新聞は「双方に公平な」報道をすることで、公衆の怖れを扇動した。つまり、一方で、ほとんどの疫学的研究が関係性には根拠がないと示していることを報道し、もう一方で、自閉症の子を持つ親たちが、ワクチン接種の一週間後くらいに子供の自閉症の症状が始まったと話していることを報道したのである。複数の著名な社会科学者たちが、子供にワクチン接種をするか否かという選択に対し、専門家の意見が両親の感情よりも強い影響力をもつわけではないと主張し、ワクチン接種を拒む親たちを擁護した。彼らの主張によれば、既存の疫学の統計では分からないくらいの、わずかの人数の子供が、何らかの未知の理由によって、MMRワクチンによって被害を受けたのかもしれない。この主張は正しい。しかし、自閉症の原因である可能性を持った無限の数の事柄から思いつきで適当に選んだものと、自閉症との間のつながりに根拠がないのと同様に、ＭＭＲワクチンと自閉症との間のつながりには根拠がないのである。他方で、「集団免疫」の維持に必要なレベルよりもワクチン接種率が下がることによってもたらされる結果は周知である。危険なはしか流行のリスクは高まり、ワクチン接種を受けていない子供たち、特に、今回の騒動とは別の理由〔病気や貧困や生活状況等の理由〕からＭＭＲワクチンの接種を受けられなかった子供たちが最も大きなリスクを被るのである。[91] それでも社会科学者たちは、親たちには、自分の子供をワクチン由来の自閉症の可能性にさらす前に、ＭＭＲワクチンと自閉症とが関係している可能性について、より詳細な研究を求める権利があると主張した。その社会科学者たちは、次のことを分かっていない。もし、この事例が前例となって、人々に流布している根拠のない怖れに由来する公衆の要求にも医療が応えるべきだという政策が認められてしまったら、そこには、医療の実践や資源に関する破壊的帰結が待っているのである。奇妙なことだが、そこで社会科学者たちは、第一の波にしたがって、より多くの科学を要求しているのである――親たちは事実をはっきりさせるためにより多くの（できれば完璧な）科学を要求する権利があるということなのだ。その社会科学者たちは、完璧な科学が不可能であることと、第一の波モデルの科学が神話であることを、つまり自分たちが元々知っていたことを忘れてしまったようである。第二の波の示すところでは、科学は、個人個人の医療や健康に

（91）ＭＭＲワクチン論争についての概要と、親たちがワクチンの意思決定についてどう考えればよいのかについては、Collins and Pinch (2005: ch. 8) を参照せよ。〔訳注：ＭＭＲワクチン論争については、『我々みんなが科学の専門家なのか?』でも詳しく論じられている（Collins 2014a, 一三九―一五一頁）。〕

ついて完璧な制度設計ができるような詳細な知見を我々に与えてはくれないし、ＳＦの世界の話でもないかぎり、我々の予想の及ぶ範囲の未来においては、科学にそれができることはない。

我々は、科学についての社会科学が、このように大衆迎合的に展開することを防がねばならない。それは、あまりにも安易に大衆的な感傷に流されてしまっている。科学は民主主義社会を包囲する敵対勢力などではなく、逆に、民主主義社会の中心的要素の一つである。幸いなことに、このことさえ分かっていれば、簡単に、破壊的な感傷主義や混乱を避け、社会科学が提供するものをうまく活用することができる。場合によっては、ＭＭＲワクチンの件において、混乱して無責任なことをした社会科学者たちでさえ、経験に基づいた専門知の理解という点では価値ある貢献をしているといえる。つまり、資格や業績で示されない専門知もありうるのである。主流派とのつながりはないが、経験に基づいた重要な専門知を持っているグループが存在することもある。例えば、以前にも論じたが、除草剤2,4,5,Tの使用を懸念していた農場作業員の例がある。その事例では、化学物質が実際に使われる現場の状況についての実践的な専門知は、作業員とその家族がさらされるリスクを最小化するための議論において、適切な貢献をするべきだったのだが、その専門知が、資格を持った科学者のコミュニティに無視されたのであった。事の真相がどうであったにせよ、この事例は、科学者コミュニティと、科学者の業績の技術的成果と共に実際に生活している者たちとの間の関係性について重要なことを示している。技術革新が実践にもたらされる場面について知っているのは使用者だけであり、そうだとしたら、政策立案者が意思決定プロセスの出発点とすべき技術的コンセンサスに貢献すべきグループには、熟練使用者も含まれるべきである。そのためには、それぞれが孤立している熟練使用者たちの声を議論のテーブルに招き入れねばならないのであるが、その役割には社会科学者こそが適任である。なぜなら、科学のワシたちは、科学的制度の後ろ盾がない声は無視する傾向にあるからである。

口承文化としての科学

経験に基づく専門家の専門知を認めることで、専門知の領域は拡がったのであるが、最近十年において科学の社会的分析がもたらした、もう一つの重要な貢献は、逆に専門知の領域を狭めるものである。社会科学者は、科学は本質的に口承文化であり、科学的専門知の領域は非常に狭いものであることを知っている。見識あるグループは、書籍や論文やインターネットといった広報的なメディアを使って構築することはできず、密度の濃い、暗黙知伝達的な対話によってしか、つまり、本質的に、長期にわたる、実際の対面を伴った社会的接触の中でしか構築されえない。そうした専門家のグループは、六人に満たないくらいの場合もあるが、いわゆる「ビッグサイエンス」においては、数百人からなる場合もある。[92] このように専門知の領域が狭いものだとすると、もはや、古き良き科学者像である「白衣を着た科学者」は、特定のテーマに関するコンセンサスを形成する場にはおらず、それを理解する場にすらいないことになる。科学的知識を形成したり理解したりできるのはスペシャリストだけであり、ジェネラリストは、素人以上のことは知らない。インターネットや学術誌は、——主流派の学術誌でも——科学的

(92) 核集合についての議論は、Collins (1985, 1992) を、専門知の領域の狭さについては、Collins (2017: ch. 14) を参照せよ。〔訳注：核集合については、『我々みんなが科学の専門家なのか?』(Collins 2014a, 一一一—一一四頁) にも詳しい記述がある。〕

コンセンサスについて間違った印象を与えることがある。[93] 主流派の学術誌ですら、そこに載っていることのほとんどは、ほとんどの科学者には無視されている——何を読むべきで何を無視すべきかが分かるためには、口承文化に入り浸らなければならないので、この点で、一般的な公衆やジェネラリストは排除されてしまう。

科学は口承文化であるという考えは、科学論の第二の波の業績に由来する新しい科学像のかなりの部分とも整合する。我々が既に知っている通り、科学は、第一の波において哲学者たちが記述しようとしたような、形式的手続きの集まりなどではない。科学とは、社会的行為の集まりであり、その中では、人間の評価や人間の権限が重要な役割を演じている。こうした科学像の中では、実験の再現とか、統計的な分析とか、データへの自由なアクセスの要請等々といった事柄の意味合いについての我々の理解は、従来とは大きく変化することになる。ここでも、こうした事柄をワシだけに任せておくことはできない。なぜなら、二つの方向を見るために必要な、立場を切り換える能力を、ワシたちは習得していないからである。[94]

政策的助言のための新制度

社会科学には、もっとたくさんの貢献ができるはずである。MMRワクチンの事例を考えてみよう。選択的モダニズムでは、このような場合に、公衆と政治家は、技術的意見のコンセンサスに基づいて意思決定をすべきとされる。しかし、似たような場合において、――MMRワクチンの事例とは違って――専門家同士が激しく対立しているのが常であるとしたら、コンセンサスをどのように受け取ればよいのだろうか。例えば、新しい治療法が医療の専門家によって開発されたとしよう。その治療法は、以前あった危険なワクチンと似たようなものなのだろうか。それはサリドマイドのような薬だろうか、アスピリンのような薬だろうか。その薬について二重盲検試験が実施され、特に問題がなかったとしよう。その場合、我々は、意思決定をするにあたって、科学者コミュニティから得られる知見はすべて得たということになる。しかし、第二の波によれば、その知見は間違っているかもしれない。そして、ことさらに特殊な状況下でもなければ、疑惑の源は科学者コミュニティ内部にも存在する。[95] そして、予防原則は、そもそも、単に「新しい薬は絶対使うな」としか言っていないのだから、何の役にも立たない。そうだとしたら、そもそも、我々は何をコンセンサスと考えたらよいのだろうか。

我々は、論争がなされている現場である、技術的コミュニティから出発しなければならない。論争の技術的内実について理解できるのは、コミュニティの中心にいる科学者たちか、それと同等の特殊な知識を持った、当該領域における経験に基づいた専門家たちだけである。我々がどのような政策立案機構を提案しようと、その機構は、必ず、専門家たちが技術的局面においてしている仕事に依存することになる。もちろん、そうだからといって、最善の科学とは何かを、科学者だけに決めさせてはいけない。

(93) 一次資料知と対話的専門知との間の明確な違いについては、Collins and Evans (2007) と Collins (2014a) を参照せよ。
(94) 以下で述べる統計学の議論を参照せよ。
(95) MMRワクチンの事例は、まともな科学がワクチン反対派を一切支持しなかったという点で、かなり特殊であった。

なぜなら、科学者のほとんどはワシだからである。ワシの中にはフクロウも混じっているが、ほんのわずかである。主流派の科学者の中にフクロウが混じっているだろうという可能性にすがって、彼らに科学のあるべき姿の決断を任せるとしたら、それはリスクが大きすぎる。ワシたち、つまりほとんどの科学者たちは、自分たちの業績を信じ、まっすぐに支持していなければならない。これは、科学が歪んでいるということではない、それこそが、科学の本質なのである。

次のように考えてみればよい。現在可能な科学の中で最善のものは何かという判定、言い換えれば「現行の科学的コンセンサス」の判定は、完全に「無知のベール」に覆われた状態で決められるべきである。つまり、コンセンサスの内容を決める科学者は、その決断を自己の利害と無関係に行わなければならない。理想的な世界では、科学者は、自分自身がいずれの立場を支持することになるのかを知らないということである。しかし、ワシに無知のベールを被せるのは大変である。ワシというのは、自分は真理を摑み取ろうとしているのだと信じているから、一度爪でつかんだ真理は放さない。フクロウ科学者にしても、ほとんどの時間はワシのように振る舞っていなければならない。そうだとすると、特別なことでもない限り、利害無関係性は、技術的コミュニティの外部からもたらされねばならないことになる。それに、技術的コミュニティの外部からもたらされているとみなされれば、その利害無関係性の正統性も増すことになるだろう。利害無関係性は、社会科学者によって担われるのが最善である。社会科学者は、科学を第二の波と第三の波という二つのレンズを通して理解するので、フクロウ科学者のように、二つの方向を見ることができるからである。

ここで登場するのが、新しい制度であり、その制度の仕事は、公共領域における技術的な話題に関して、何が現行の科学的コンセンサスとみなされているかを判定することである。それは、つまり、誰がよい科学を遂行しているか、そして／あるいは、誰が、当該の領域において、経験に基づく専門知を持っているのかを判定することである。この仕事は科学的な仕事であり、科学の形成的意志に沿って遂行される仕事であるが、自然科学のみで遂行できる仕事ではない。ここで問題となっている科学は、コンセンサスの本質についての科学である。その科学は、議論されている技術的テーマそのものの科学ではなく、議論されている技術的テーマについてのコンセンサスの内容と強度についての科学である——つまり、そこで問題となっているのは、社会科学的なことであり、自然科学的なことではない。科学論の第一の波では、あるいは、テクノクラシーモデルでは、どの科学が最善の科学の資格を持つかは、当該の分野の科学に取り組んでいる、その分野に属する科学者が決めると——つまり、そこには社会科学の研究テーマはなく、技術的テーマしかないと——されてきたが、それは間違いである。あるトピック「X」について、誰が善き科学を遂行しているのかを決めることは、トピック「X」に関して何が真理であるかを決めることとはまったく違うことである。科学において、正統な解釈の場は、知識の産出者のみに開かれているのは確かであるが、それは、知識の産出者が、善き科学の特定の断片を遂行しているのが誰であり、悪しき科学の特定の断片を遂行しているのが誰であるかを決めるのに適した人間であることを意味しているに過ぎない。我々が問題にしているような論争においては、知識産出者の見解は一様ではない——つまり、どちらの側にも善き科学が存在しうる——のである。ワシの中には、「A」という科学者が最善の科学を遂行していると考え、「P」が真理だと考える者もいれば、「B」という科学者が最善の科学を遂行していると考え、「Pでない」が真理だと考える者もいる。科学者は皆、自説に執着するだろうし、執着すべきである。そして、すべての科学者が、長い時間がたてば、自説が正しいことが証明されると確信している。しかし、短期的には、政策立案者が、いずれの科学的見解を採用すべきかを決断せねばならない。この決断には、科学についての社会科学が必要である。我々には、右のような知見に基づいて、現行の科学的コンセンサスの内容とそのコンセンサスの強度を吟味するために、専門家の助言に対する新しいアプローチが必要なのである。過去五十年間にわたって科学論は、科学の社会的構成についての反省や分析を深めてきた——つまり、科学がどのように遂行されているかを学んできた。その知見は、科学的コンセンサスの本質や強度についての規定や認識に役に立つはずである。第一の波では、存在するのは科学的真理のみだった。しかし今では、存在しているのは、コンセンサスの等級である。現行の科学的コンセンサスの内容や強度を調べることは、新しい制度の仕事となる。

もちろん、「警備員を警備するのは誰か？」という古くからの疑問が解消するわけではない。誰かが、科学的コンセンサスの吟味をする専門家を選ばなくてはならない。しかし、収束する数列のように——つまり、警備員、警備員を警備する警備員、その警備員を警備する警備員というように——新しい制度は、我々を解決に向けて近づけてはくれるだろう。この新しい制度は、我々が知っているような、既存の権力関係を伴った社会、そして、ワシ的な科学文化のほぼ完全なる支配下にある社会においては、機能しないだろうが、ここで問題としているのは、ある種の抽象的政治哲学である。つまり、我々が一から社会を設計したとしたら、それはどうなるだろうかという——ロールズが戦争捕虜のたとえ話で答えようとした政治哲学的な問いと同じような——問いである。(96) 自由に作ってよいのならば、新しい助言者グループは、フクロウ的な社会科学者とフクロウ的な科学者の混成チーム——一緒にして「フクロウ委員会」と呼ぶことにしよう――となるだろう。フクロウ委員会の仕事は、専門的な知識の現状を調べて、政治家に自分たちの結論を伝えることで、その結論を採用するか、くつがえすかは政治家が決める。注意すべきだが、フクロウ委員会がするのは、コンセンサスを報告するという比較的簡単な仕事であり、真理を見つけるなどという、ほとんど不可能に近い難事業ではない。フクロウ委員会の重要な役割の一つは、ある科学論争を巡る口承的なコンセンサスが、学術文献やインターネットから得られる、信頼に値しない情報とは異なる理由を公然としたかたちで説明することである。

偽の科学論争

フクロウ委員会ならできたであろう新しい種類の貢献について、一つの具体例を挙げておこう。本書でも既に少し触れた例である。南アフリカ共和国大統領であったタボ・ムベキは、エイズの妊婦に対し抗レトロウイルス薬を配布しないという決断をした。ムベキは、南アフリカ議会の上院において次のように述べた。

> 数ある中でも、この薬［抗レトロウイルス薬ＡＺＴ］の毒性が健康に深刻な害を及ぼすものであることを主張する科学論文が多く存在する。……この問題をよりよく理解するために、私は、国家評

(96) ロールズは、食料の公平な分配を保証するためには、食料の配分を決める者は、自分の取り分を選択してはならないと述べた――彼によれば、そうすれば、配分を決める者は、可能な限り食料を均等に分けるようになるだろうからである。

議会の名誉会員たちに、インターネット上で手に入る本問題に関する膨大な論文を参照することを勧めたい。[97]そうすれば、我々はみんな、共通の情報的土台の上でこの問題を考えることができるようになる。

社会科学者は、そして、自らの研究を反省的に見ることができる反省的科学者も、社会的営為の一つとして科学を考察する研究の成果として、科学論争の経過には一つのパターンがあることを知っている。我々の知るところでは、人間は高い知恵を持っているので、ある科学的結論があり、それがどれだけ長期にわたって信じられてきた結論であったとしても、批判者がその気になれば、いつでもその結論に疑義を呈する理由を示すことができる。そして、善き科学においては、異端派のアイデアに「対抗馬になる」権利が与えられるということも我々は知っている。善き科学者たちは、異端派の主張でも、少なくとも一度は、真摯に目を向けるのである。

善き科学においては、異端派のアイデアでも、完全に常軌を逸しているものでなければ、それは吟味され、ほとんどの場合は否定されるが、場合によっては受け入れられることもあり、その結果は主流派の文献のなかで報告されることになる。論争の時期が終わり、論駁する側が支配的になってくると、異端派は忘れられていく。異端派の科学者たちは、自分達が否定されたということは、まず認めない――それは、まったくもって当然であり、ワシ的で立派なことである。異端派たちは、反対論証や反対実験の欠陥を見つけ出す。そんなものは、見つけようと思えばいつでも見つけられるのである。そして、異端派たちは、論駁に対する論駁を公開しようと試みる。しかし、主流派文献はもう彼らには開かれていないので、異端派たちは、周辺的なジャーナルやインターネットで意見を公開する。タボ・ムベキが見たのは、この周辺的な情報だったのである。ムベキが議員たちに読むように勧めた議論は、かつては、主流派の文献において生きていたのだが、「対抗馬である」時期は既に終わっていた。そのことは、フクロウ委員会なら分かったはずで、リアルタイムで指摘できたはずである。そこには本当の科学論争は存在せず、「偽の」論争があるだけだとフクロウ委員会ならば言える。そのことが分かるためには、科学の知見は必要でなく――もちろん、それがあれば有益ではあるが――、科学遂行の社会的プロセスについての知見があればよいのである。あるものが賞味期限切れであると述べることによって、異端派が間違っていると述べているわけではなく、科学的コンセンサスの意味するところに従って決断をしなければならないという現実的必要性が問題になっている限りにおいて、異端派はすでに対抗馬として競技に参加していないと述べているだけである。無知のベールを通してみれば、異端派の方が核心をついているかもしれない。フクロウ委員会が言えるのは、もし政治家が科学的コンセンサスを念頭に政策を作成するのならば、「この」科学的な意見の不一致に関しては、インターネットなどの異端派の情報源は無視すべきであるということだ。この主張は、自然科学者と社会科学者が共同で作り出した、科学についての科学的な社会科学という分野の成果である。(98)

(97) Weinel (2007: 752) での引用。
(98) 統計学の分野で、思われているよりもずっと狡猾なことがなされていたことが明らかになってきた。もちろん、フクロウ委員会は、科学の形成的意志にそって行為しているのはどの科学者かも考えなければならない。社会科学者や探偵的ジャーナリストは、この種の識別をするのに最適である。なぜなら、彼らの世界ではそれを見破ることが仕事の中心だからである。例えば、タ繰り返すが、論争において、どちらの側が科学として正しいかを述べるのがフクロウ委員会の仕事ではない。社会科学者はそのための資格を持ってはいない。既に対抗馬でなくなって久しいような異端派の科学者ですら、社会科学者のコメンテーターに比べればはるかにましである。ムベキ大統領の事例では、異端派の科学者の一人は、ノーベル賞科学者ピーター・デュースバーグで、彼はカリフォルニア大学バークリー校の分子生物学と細胞生物学の教授で、他にも多くの賞を授与されている。彼の説は、もう一人のノーベル賞科学者キャリー・マリスにも支持されている。彼らの言っていることが正しい可能性もある。科学者としての資格を持った科学者側のフクロウでさえ、こうした問題に科学的裁定を下すときに、ワシ型のバイアスを完全に抑えられていないとは言い切れない。しかし、集団として見れば、フクロウ委員会は、他と比べて高い確実性に基づいて次のように述べることはできる。すなわち、ある時点において、科学的コンセンサスは既に、彼ら異端派の主張を考慮に入れてはいなかったのである。政策立案者の仕事は、——長期的に見てその判断が正しいものでないことが後に分かったとしても——短期的に見て最善の判断を下すことであるべきなので、政策立案者は、真理が何であるかではなく、コンセンサスがどのようになっているかから出発せねばならない。

コンセンサスの指標

コンセンサスには強度の差がある。政策立案者にとって、コンセンサスの度合いを知ることは、コンセンサスの内容を知ることと同じくらい重要である。コンセンサスの度合いを決めるために避けて通ることのできない難事業の一つは、「奇妙さ」の度合いを見て取ることである。すべての物理学者が受け取ったことがあるというくらいに相対性理論に反対する手紙は多く存在し、それらは、時には、独特の文字表記法を特徴として持っているのだが、そうした手紙が、物理学におけるコンセンサス形成やコンセンサス棄却に対して何らかの役割を担うものと考えてはいけないことを我々は知っている。明らかに問題外であるものと、注目されるべきものとの間の境界線はどこかに存在する。科学における意見の不一致の構造を知るには、背景的調査が必要である。科学における異端派の識別に関する研究は、物理学を研究対象として既に行われている。[99] 昨今では、「arXiv」という電子版の先行公開用のサーバに、著者が査読前の論文をアップロードできるようになっていて、物理学の発見は、ほとんどの場合、まずはそこで公開される。しかし、arXiv は、いつも境界線の設定問題で悩んでいる。どの論文が真正な業績で、どの論文がそうでないのかという問題である。「周辺的」な性質を持っているが、科学論文の体裁を持っており、大学の専任教員によって出された業績の置き場所として、arXiv は、「一般物理学 general physics」というカテゴリーを設定しなければならなかった。arXiv の内部に三つの境界線が、そして、外部に少なくとももう二つの境界線が存在する。まずは、最先端の科学的専門知を月並みな発表

バコ会社が特定の科学者たちにお金を払い、主流において存在しないような見せかけの論争を作り出させていたことをジャーナリストが発見したり、主要な科学者コミュニティにおいて気候変動の原因についてコンセンサスができていたにもかかわらず、気候変動「懐疑派」のシンクタンクが大石油会社から資金提供を受けていたことを社会科学者が見つけたりしている。これらすべては、コンセンサスの本質の判定において考慮に入ることである。具体例については、第四章、第五章で論じる。

(99) このテーマの研究はカーディフ大学で、ESRC grant RES/K006401/1 とイギリス科学学士院の奨学金「科学的知識の社会的境界付け」の助成を受けて進行中である。Collins (2014b); Collins, Bartlett and Reyes-Galindo (2016); and Collins and Galindo (2016) を参照せよ。

から区別する境界線がある。次に、「審査可能な」すべての論文を決める境界線がある。その境界線の外部には、「一般物理学」という低いレベルのカテゴリーに振り分けられる論文がある。さらに、その外部には、科学的出版物の体裁をとってはいるが、掲載を拒否された論文がある。そのような論文に関して、ある物理学者は次のように語っている。「これはプロフェッショナルの仕事だ……。文章はとてもよいし、ほとんどの方程式も説明されているし、図もはっきりしている。これを書いた人は、科学論文の書き方をよく分かっている」。そのような論文は、「周辺的な」ジャーナルに掲載されたり、自費で出版されたりする。先ほどの論文について、もう一人の主流派物理学者は次のように述べている。「「この論文が公開されたジャーナルは」伝統的に、arXiv で公開されるレベルの水準を満たしていない（あるいは同等でない）業績を載せている。この論文は、すでに査読で掲載拒否されたものであるか、そうでなかったとしても、おそらく査読は通らないだろうと思われる」[100]。社会科学にできる貢献は、「周辺領域の生態学」を知ることである。そこで確認できるのは、何事もそう簡単に無視されはしないということと、多くの科学者集団では、ある論文が科学論文の体裁をとっているというだけでは、その論文の著者が科学者としての最低限の能力を示しているというだけでは、その論文を科学の口承文化の枠内で真面目に取り上げる理由にはならないということだ。最後の境界線の外部には、公刊されない論文の領域があり、いわゆる「変人学者」なる人たちの「ブログ圏」という逃げ場所がある。ここで最も重要となるのは、正統性を付与する社会科学者の役割である――つまり、インターネット上で、科学のように見えるものを見ている人達に対して、それは、細部の細工はとても上手くできていても、科学ではない場合もあるということを教えねばならないのだ[101]。

ここで記述した研究によって、すぐに、何が「アウト」で、何が「イン」なのかを判定できるようになるわけではないが、社会科学に基づいて、正確に記述された、周辺領域の生態学の知見は、少なくとも、そうした判定への出発点にはなるだろう。それに対し、高らかに喧伝されている「ピアレビュー制度〔相互査読制度〕」では、この問題の表面すら扱えていない。政策立案という目的がある場合、たとえ間に合わせであれ、さしあたりの結論は出さねばならない。フクロウ委員会は、コンセンサスの等級を、例えば、AからEなどの指標で段階づけねばならないだろう。「A」は、完全な、あるいは、ほぼ完全なコンセンサスがある状態で、「E」は、ほとんど、あるいはまったく、コンセンサスがない状態を示す。政治家が、A級のコンセンサスを却下するときには、E級のコンセンサスを却下するときに比べて、非常に大きなリスクを冒すことになるわけで、判断について説明する義務も、より重い義務とされるべきである。例えば、タボ・ムベキは、科学内部でA級のコンセンサスであった知見を却下するという大きなリスクを冒していたが、それを隠蔽していた。それに対し、計量経済学者のグループが出すような、E級のコンセンサスであれば、それを却下する政治家はたいしてリスクを冒していないことになる。E級のコンセンサスの場合には、むしろ、逆の場合の方が危険である――つまり、政治家が、自分の政治

(100) この事例の分析については、Collins, Bartlett and Reyes-Galindo (2016) を参照せよ。そこで Collins (2014a) が引用されている。〔訳注：この事例については、周辺的な研究の扱われ方に焦点をあてて、『我々みんなが科学の専門家なのか？』で詳しく論じられている（Collins 2014a, 四五―五〇頁）。〕

(101) 問題となっている研究コミュニティに社会科学者がなじみがあって、よい判定をするために必要な暗黙知を所持している場合、これは最も効率的である。似た枠組みの概要については、Gorman and Schurbiers (2013) を参照せよ。

的選択を正当化するために、その選択は科学的コンセンサスに基づいていると主張しているのだが、そんなコンセンサスは存在しなかったり、非常に低いレベルのコンセンサスだったりする場合である。科学的コンセンサスを過大評価することも、科学的コンセンサスがあるのにないような振りをすることも、同様に、政治的には、有権者による判定の力を弱めることになる。我々は、科学的結論の提示だとされていることについて投票で決めることなどできない。それが問題なのである。フクロウ委員会は、コンセンサスという概念について、過大評価と過小評価の二つの面の悪用について監視することになる。

フクロウ委員会の仕事の詳細

フクロウ委員会の仕事は、英国などにおける政府付の科学顧問の役割、具体的には、英国の首席科学顧問 Chief Scientific Advisor のような高度科学顧問の役割を、発展させて、領域を広くしたものと考えることができる。その仕事は、多くの科学の専門領域にわたるので、その顧問自身も、様々な科学者の集団に助言を求めねばならない。ここで提案したフクロウ委員会の仕事と、現行の、政府付科学顧問の役割の相違点を挙げると次のようになるだろう。

1. 科学顧問は、自分自身がワシ的科学者である場合が多い。
2. 科学顧問は、特別に科学についての社会科学の知見に依拠してはいない。
3. 科学顧問は、形式的かつ明瞭なやり方でコンセンサスの等級を判定することはできない。
4. 科学顧問は、以上のことから、ここで提案する新しい制度に比べて、公共的正統性を持たない。

フクロウ委員会は、技術的問題に関するコンセンサスの内容や、コンセンサスの度合いについて助言するという点では、本質的には、首席科学顧問と同じ仕事をする。しかし、フクロウ委員会は、政治的に中立的で、完全なる公開性を伴った手順を踏んで指定された法定委員会になる――委員会の報告や結論は、公的記録として残されることになる。フクロウ委員会の仕事は、専門家の助言への既存のアプローチとは異なる。なぜなら、フクロウ委員会の結論は、より広い範囲の考察と、より広い範囲の知的基盤とに基づいているからである。コンセンサスの等級を決めるときは、当該の科学が、フクロウ科学者や、フクロウ科学者から相談を受けたスペシャリスト的なワシ科学者によって委員会に持ち込まれ、それに基づいてなされる。[102] そのコンセンサスの等級は、フクロウ社会科学者によって、また、フクロウ社会科学者に招かれた、経験に基づく専門家によって持ち込まれた社会科学にも基づいている。社会科学的な貢献は、まとめると次のようになる。

1. 政策立案と真理の決定との違いを理解すること
2. 単独行動をとる科学者たちから無視されがちな、経験に基づく専門家の認知度を理解して際立たせること

(102) 寓話をそのまま使えば、これは、「ワシの大学」を構成する。IPCC（気候変動に関する政府間パネル）は、現実にあるワシの大学である。もう一つの例は、アメリカのＪＡＳＯＮＳ〔訳注：アメリカ政府に助言を行う科学者のグループ〕である。

3．科学を、暗黙知に基づく口承文化として捉えることと、そこから帰結することのすべて、例えば、様々に異なる種類の専門知の性質について理解すること
4．科学論争がどのように展開するかを理解し、論争の「賞味期限」という概念を理解すること
5．科学の境界領域に居る者たちの見解について理解し、多少の重みを与え多少の正統性を持たせること

科学的コンセンサスの内容と等級について結論を出そうと思えば、そこに論争が起こるのは避けがたいことである。ここで提案できることは、その論争は、適切な専門家たちによって、科学を重んずる制度の内部で、そして、科学が、なるべくポピュリズム以外の政治的正統性を獲得できるような制度の内部で、実施されるべきだということである。フクロウ委員会の仕事は透明であるべきで、コンセンサスの内容や等級に関して彼らが出す見解は、公開されることが望ましい。

この枠組みのもとで、異端派科学者たちの役割もはっきりしてくる。異端派科学者たちの仕事は、提案を出すことであり、フクロウ委員会と政治家たちの仕事は、その提案を処理することである。例えば、遺伝子組換え作物は途上国における人命救済につながる可能性があるのだから、遺伝子組換え作物の使用に反対する科学者たちは、自分の見解を公開するのを止めるべきだという議論がある。しかし、もし、ある科学者が、自分が世界の真実だと考えている事実に関して、他の科学者にその事実の潜在的な危険性を指摘されたというだけの理由で、是認を撤回したとしたら、それは、科学という伝統への冒瀆である。(103) 異端派科学者を政策決定に関わらせないことは、たとえ、それが異端派科学者たちの業績を抑圧す

ることになるとしても、全面的に、適切であり賢明である。

このような問題の扱い方の中で、科学と政治との関係性も明確になる。科学論の第二の波が、科学実践の詳細な分析の結果もたらした、最も重要な結論の一つは、科学と政治とは、相互に溶解しうるというだけでなく、いつも溶け合っているということであり、第三の波の科学論では、このことは維持されるが、形成的意志としては、二者はなるべく分離されるべきとされる[104]。あらゆる制度的レベルにおいて、専門知と政治は水と油のように分離して扱われるべきである。社会の政治というボトルの中では、いっそうはっきりと、油は、水の上に浮いて漂うようになっているべきなのである。科学的コンセンサスによって政治的判断が決定されてはならないし、政治的選好にあわせて科学的コンセンサスが「歪曲される」ことがあってはならない。ボトルが振られても、つまり、政治家と科学者とが協働する組織[105]においても、水と油は分離した雫であり続けるべきだ。ボトルがもっと激しく振られても、つまり、科学者としてキャリアを始めたが権力との「話し」方を習得した——政府の科学顧問のような——科学者でさえ、

(103) 続く二段落のポイントの多くは、後に、選択的モダニズムの立場とヘザー・ダグラスの立場との比較をする箇所でより詳しく論じられる。

(104) 繰り返すが、Collins and Evans (2002, 2007) は、科学における内在的政治性と外在的政治性とを区別している。内在的政治性というのは、避けられないものであるが、認識された場合には減らされるべきものである。外在的政治性は決して科学的活動を導いてはならない。

(105) Jasanoff (1990) の「科学的諮問委員会」や、Guston (2001) の「境界組織」や、Bijker, Bal and Hendriks (2009) の健康委員会や、Callon, Lascoumes and Barthe (2010) の「ハイブリッドフォーラム」のようなものである。

溶液でもなく、混合物でもない、「乳剤」〔訳注6〕として振る舞うべきである。(106) 助言者の義務は、助言の政治的側面と科学的／専門的な部分を切り離して考えること——少なくともそう考えようと志すこと——に変わりはない。そのようになっていないと、科学的／専門的な生活というものは維持されないし、科学的助言の提供と選択的モダニズムとは両立できない。つまり、政府付の学者は、公僕でありながら、科学者でもあるべきで、それぞれの役割の模範的規準にしたがって仕事をして、それぞれの基準で評価されるべきなのである。どのレベルの制度においてであれ、科学者として振る舞うか政治家として振る舞うかが問題になったときには、形成的意志のアイデアが発動されねばならない。

そもそも、政治家は、物事をはっきり分けねばならない。政治家は、科学的コンセンサスに由来する政策をすべて受け入れる場合であれ、科学的コンセンサスを却下して自らの政策を貫徹する場合であれ、それを明瞭かつ透明におこなわねばならない。フクロウ委員会は、政策立案はしないが、コンセンサスが確固としている場合は、科学的コンセンサスからそのまま帰結するような政策もある——その場合、そのコンセンサスをくつがえすためには政治的勇気が必要となるが、その決断を拒絶することはフクロウ委員会の仕事ではない。フクロウ委員会が関与するのは、政策立案者が現行の科学的コンセンサスが何であるか知っていることを確認することまでである。ある科学的コンセンサスを拒絶することがどれだけ危険なことかを知るためには、政治家や政策立案者は、そのコンセンサスがどれほど強固なものかを知る必要がある。フクロウ委員会はそれを教えることができる。この枠組みのもとでは、政治家は、専門家同士で対立している複数の見解から自分の政治的選好に従って好きなものを選んだにも関わらず、自分は科学的助言に従っていると主張するような自由はもう持っていない。政治家は、もう、経済学的コンセンサスがないにも関わらず、あたかもコンセンサスがあるように振る舞うことはできないし、意見が一致しているにも関わらず不一致があるかのように振る舞うことはできない。そして、公衆は、広範な専門知に基づいて科学的証拠や科学というプロセスの本性を説明してくれるような組織を持つことになる。科学的助言を選択するのは、もう、政治家の仕事ではなく、フクロウ委員会の仕事となり、好ましい政治に合わせてくれるような科学者を選び取るようなことは政治家にはできなくなる。その代わりに、政府は、間違った誘導をされた大衆的感傷については、容易に拒絶できるようになる。

まだ解決を必要とする問題

これらすべてのことは、理屈の上では素晴らしいのかも知れないが——、もしあなたが、「警備員を警備するのは誰か」というプラトン以来の問題が完璧に解決されない限り次には進めないと思っているなら、それほど素晴らしくもないだろうが——、それでもまだ、フクロウ委員会のメンバーをどう選ぶのかという現実的な問題が残っている。問題となるのは、論争となっている科学に関して、フクロウ委員会がどれほどの分野的専門性を持っているべきかという点である。これまで我々は、フクロウ委員会

〔訳注6〕時間がたてば再び分離するようなまざり方をしていることをたとえている。

(106) 権力と話をする科学については、Wildavsky (1979) を参照せよ。

が、科学のすべての分野を覆いつくす、単独で成立する委員会であるかのように語ってきたが、科学論が我々にもたらす知見は、科学的専門知は狭く深いということだった――何度も繰り返すが、白衣を着た「典型的な科学者」などというものは存在しない。そうなると、フクロウを選ぶことは本当に難しくなる、なぜなら、フクロウ委員会のメンバーは、トピックごとに変えなければならないからである。

科学者メンバーとして、少数の本当に鋭いフクロウ的科学者を任命すると前提した場合、我々は、任にふさわしいメンバーを二、三人ほど――例えば、メダワー夫妻〔ピーター・B・メダワーとジーン・S・メダワー〕のような人たちを――思い浮かべることができる。その人たちは、論争の双方の立場から――三つ以上の立場がある場合は、すべての立場から――他のフクロウ的科学者たちを選抜する役割と併せて、常務委員としての任務を引き受ける一方で、専門分野では最先端で活躍していて、委員会の定足数〔会議の議決が成立するための最低限の参加者数〕に加わることができるような人たちである。そのような人を見つけることは難しいだろうが、おそらく可能だろう。

社会科学者を選ぶ場合は、科学的専門分野を深く理解している社会科学者がほとんどいないという理由から、それよりずっと難しくなるだろう。近年では、ほとんどの社会科学者は、内部からではなく、外部から科学を批判するのが常である。簡単に述べてしまえば、フクロウ委員会の社会科学者側の部分は、過疎地域であり、必ずしも最高の状態とは言えない。問題解決のためには、我々は長期的な視野で物を見る必要がある。つまり、科学の社会的研究を方向転換する必要があり、そこでは、社会学者も歴史学者がしているくらいに、技術的に深いレベルで事例研究を扱うことが期待される。長期的な視野で見た場合、我々にとって必要なのは、このような、社会の重要な機能を担えるような社会科学者がもっと多く出てくることなのである。

我々は、科学的領域や技術的領域におけるコンセンサスの本質とその強度について意思決定するために、「フクロウ委員会」という新しい制度を考案した。しかし、おそらく、実際にしなければならないことは、既存の制度の射程を調整して、社会科学と自然科学との双方から選ばれたフクロウたちがそこに居住するようにすることである。そこで、フクロウたちは、自分たちの得意とする技術的領域におけるコンセンサスの本質を規定することが仕事に含まれることを理解しており、そのコンセンサスに等級を付与することを責務と考えている。コンセンサスの等級はコンセンサスの内容と同じくらい重要である。おそらく、今の社会にこのアイデアを導入しようとすれば、一つ一つの制度毎に改革していくやり方がやりやすいだろうが、つぎはぎ的な修正で済まされてはならず、抜本的な改革がなければうまくはいかないだろう。

結論

本書の主要部分はこれで完了である。我々は、科学の形成的意志に基づいて科学を評価するという自説を述べ、科学の世界と政策立案の世界とをつなぐ架け橋となりうるような新しい制度を考案した。その中で、我々は、技術に関わる意志決定における技術的局面が、現実にどのような様相を呈しているのかを説明した。厳然たる事実を確立しながら、同時に科学の形成的意志を維持することが科学者や他の専門家たちの企図するところである。使う方法、仕事の手順などは、事例によって異なるだろうし、場合によっては、科学者コミュニティ外部の経験に基づく専門知が必要となる場合もあるだろう。こうした多様な実践を統一しているのが、関係者すべての行為を導いている、共通する一連の科学的価値である。

このようなアイデアから帰結することについても述べてきた。我々は、政治的局面という概念を彫琢し、科学と政治とが、どちらか一方に還元されることなしに対話するにはどうしたらよいかを示してきた。繰り返すが、選択的モダニズムの射程と限界とを理解するためには、規則や手続きよりも、むしろ価値が鍵概念となる。選択的モダニズムにおける政治的局面では、社会において文化的財産としての科学の重要性が認められながらも、民主主義制度がすべてに優越することが特徴である。つまり、技術的局面の重要性を認めながらも、技術的局面によって支配されるわけではないということである。それは同時に、政策決定がなされる時に、科学的助言に付与される重みを判定する人として、科学者たち自身というのは、最適な人材ではないということも意味している。なぜならば、科学というのは、科学論の第一の波の言っていたような真理製造機械などではなく、第二の波で描かれたような、複雑で、異論に満ちた、社会的実践の集合だからである。専門家の助言への新しいアプローチ――フクロウ委員会――は、科学についての新しい知見に基づいて、政策立案者や市民に、科学的コンセンサスについての可能な限りの最善の評価を提供するためのものである。その評価を得て、政策立案者や市民がどのような選択をするかは、もちろん、我々が口を挟むべきことではない。我々が主張するのは、政策立案者や市民の選択がどのようなものであれ、そこには、可能な限り最善のエビデンスの情報が与えられているべきだ、ということだけである。以上のことに、賛同するのであれば、あなたは、選択的モダニストである。

第III部　学術的文脈

第四章　学術的文脈における選択的モダニズム

これまでの章で提示された分析やアイデアは、科学と民主主義とについて考察してきた、多くの学者の議論に基づいている。本章では、我々自身が、「連続性」という価値を守っていることを示すために、我々の業績が、他の議論とどのように関連しているかを説明する。本章の内容の構成と語り方は、体裁の整った文献レビューというよりは、多分に自伝的なものになる。というのも、主に扱われるのは、網羅的で体系的な研究レビューの対象というよりは、我々自身が直接的に関わってきた学者たちや研究業績だからである。つまり、それは我々が辿ってきた学問的な道なのである。

選択的モダニズムと科学論の第二の波

科学論における様々な波をまとめていくと、科学論という複雑で学際的な領域を、それぞれの時代において流布していた、三つの大きな考え方に分類することができる。あいにく、第三の波は第二の波の後に来るということから、多くの人は、第三の波は、第二の波を否定して乗り越えようとしたのだと考えてしまう。しかし、そうではない。我々は二〇〇二年に次のように述べている。

我々の主張において大事なことは、〔第三の波の中心をなす〕専門知の規範説が、第二の波で得られた成果と矛盾しないと示すことである。第一の波と第二の波との関係は、第二の波と第三の波との関係とは違っている。第二の波は、科学について、入念な観察と相対主義的方法論（あるいは相対主義的哲学）に基づいて、詳細に記述することによって、第一の波に取って代わった。第二の波は、第一の波の科学論が知的に破綻していることを示したのである。それに対し、第三の波は、第二の波が知的に破綻していることを示してはいない。科学論という奇妙な海の中では、第三の波が建立されても、第二の波は引き続き動き続けているのである。第二の波が独力で扱おうとすると知的一貫性を保てないような一連の問題があり、それを解決するために適用される方策が第三の波である。第三の波は、第二の波の知見――つまり、科学や技術が我々が思っているほど特別なものではないという知見――を受容しながら、科学技術を支持する特別な理論的基盤を見つけるのである。(107)

多くの人は、科学論の第二の波によって次のことが示されたと考えた。それはすなわち、科学は不完全であり価値判断を含んでいるので、不完全性と政治的価値の是認とは、科学における正統な要素であるということだ。科学の地位を向上させ、科学を政治という領域から分離することは、第一の波への逆戻りのように見える。しかし、選択的モダニズムは、第三の波に属する立場であり、第三の波には、第二の波が提供する科学の記述と矛盾するものは何もない――二つの波で異なるのは、そこから何を結論付けるかだけである。

第二の波と第三の波とが矛盾しないことを具体的に示すために、「認識的不正義」という言葉を使ってみたい。「認識的不正義」とは、誠意ある認識者が認識者として認められないような状況を表すために、ミランダ・フリッカーによって造られた言葉である。フリッカーによれば、認識的不正義が生じている場面とは、あることを知っているという主張が、その情報源の社会的特徴のせいで否定されるような場合――例えば、ある証言が女性や肉体労働者やユダヤ人によってなされたときに、その証言の証拠としての価値が薄れてしまうような場合――あるいは、少数派のグループにとって、自分たちの経験をうまく表現するための確立した語り方が（まだ）存在していないような場合である。[108] この概念自体は、

（107）この引用は、「科学論の第三の波」論文（Collins and Evans, 2002:240）からのもの。分析哲学コミュニティに対する「知的破綻」という形容は、道徳的破綻を意味していないし、個々の論者の破綻を意味するものでもない。

（108）Fricker (2007).

科学の社会的研究でそれほど使われているわけではないが、有名な事例研究の多くでは、その批判の勢いが、経験に基づく専門知が排除されたり否定されたりしてきたという現実に由来しているという意味で、認識的不正義の一例として捉えることもできる[109]。例えば、次のような一連の洞察や意見に我々は完全に同意する——だいたいは第二の波に共鳴してのものである[110]——が、それについて考えてみよう。

環境問題に関する公聴会において、ピアレビュー制度のような形式的な判定基準が証拠の信頼性の基準として使用され、他の専門知に由来する判定基準が排除されるかもしれない[111]。公聴会は、平日に実施され、それによって、平日勤務の職を持つ人が参加しにくくなるかもしれない[112]。ある化学物質を安全だと判定している専門家委員会が、彼らが推奨する安全な装置やその使用の練習の機会が常に提供されるとは限らないという点を見落としているかもしれない[113]。変数や隠れた相互作用が多くなるとモデル構築が複雑になりすぎてしまうので、前提が単純化され、結果として、科学者にとっては合理的に思えるが現実世界を反映していないような前提になってしまっているかもしれない[114]。実験動物を使った実験の成果は、人間の被験者には適用できないのに、それでも推定的に人間に適用されているのかもしれないし[115]、平均的な男性向けに設計された技術や実験計画が、それに適合しない女性や子供向けに使われてしまうかもしれない[116]。予測が、振る舞いがほとんど理解できていないパラメータの予想値に依存しているにも関わらず、分析の焦点が、分布の裾部分ではなく、過去のデータの中心的傾向に当てられていて、その不確実性が十分に考慮されないかもしれない[117]。実際のところ、科学の専門家が、自分の知らないことについては、その重要性を知ろうとしないこと、そして、地位のある専門家による問題のフレーミング

〔枠組み設定〕がいかに偏向的で視野の狭いものであるかということ、これらを明るみに出したのは、STSの研究がもたらしたもっとも重要な成果だと言える。(118) こうしたことは、すべて、第二の波の内容であると同時に第三の波の内容でもある。

近年の研究において、科学が強力なビジネスの利権によって歪められることが示されているが、このこととも、選択的モダニズムは矛盾しない。もちろん、選択的モダニズムは、伝統的な科学的価値の歪みに直面しても動じない。よく知られているように、現在多くの政策領域において、洗練されたPR活動によって、専門家の知識の信望について公衆から疑義が呈されている。オレスケスとコンウェイによ

(109) 例えば Shapin (1994); Irwin (1995) を参照せよ。
(110) 「だいたい」と言ったのは、論者の中には、このように区分されるのを嫌がる人もいるからである。そういう人に対して、我々の区分を強要するつもりはない。
(111) 例えば Lynch and Cole (2005) を参照せよ。
(112) 例えば Wynne (1982) を参照せよ。
(113) 例えば Irwin (1995); Yearley (2000); Jenkins (2007); Callon, Lascoumes and Barthe (2010). を参照せよ。
(114) Wynne (1992a); Functowicz and Ravetz (1993).
(115) Demortain (2013).
(116) 自動車のシートベルトとエアバックに関連する規制の歴史については、Wetmore (2015) を参照せよ。子供や女性の怪我が報告されることによって、自動車調査員がボディーの型やサイズの幅を考慮するようになった事例については、www.ncbi.nlm.nih.gov/pmc/articles/PMC3400220. を参照せよ。
(117) Taleb (2010).
(118) Callon, Lascoumes and Barthe (2010).

る『世界を騙しつづける科学者たち』〔原題：『疑惑の商人たち』*Merchants of Doubt*〕では、まずは、タバコ産業について、続いて、防衛産業と化石燃料のロビー活動家たちについて、彼らが引退した科学者を雇い入れ、放っておくと政策立案を左右することになると思われる科学的研究に対して、批判をさせたり、評判を落とさせたりする様が描かれている[119]。タバコ産業の場合、主な策略は、タバコと癌を関連付ける研究の不備や不確実性を挙げることによって、〔タバコの害についての〕「論争」がまだ有効であるかのように保つことであった。実は、すでに長い期間にわたって、主流派の科学者コミュニティには、この議論については片方の立場〔害があると主張する側〕しか残ってはいなかったのであるが、ロビイストと専門家証言者は、公衆に対して、論争の「双方の立場」の意見を明らかにすべく雇われたのである。同じ策略が――多くの場合、同じ人物たちによって――、ロナルド・レーガン大統領の戦略防衛構想（「スターウォーズ」ミサイル防衛システム）の実現可能性に対する科学的懸念を弱体化したり、「間接」喫煙、酸性雨、オゾン層の穴、地球温暖化といった、様々な領域において、科学的にコンセンサスができている研究の評判を落としたりするために使われている。マスメディアも、それほど意図的ではないのかもしれないが、科学を歪めていて、このことは、科学技術に関する公共の意見が問題となるときには用心すべきである。

本書が主張する立場と、典型的な第二の波の分析との違いは、選択的モダニズムの下では、認識的不正義の被害は、一方的に、貧しい人たち、恵まれない人たち、政治的に権力のない人たちの側にのみ発生するのではなく、対称的に逆の側の人たちにも発生するという点である。選択的モダニズムの下では、間違った認識を持った公衆によって、エリート科学者に対して認識的不正義がもたらされる可能性もある。それと関連して、イギリスの最近の研究で、三つの主要な科学的新説――ＭＭＲワクチン、気候変動、人間のクローン技術――についての公衆の理解度について調査がなされている。

人びとの知っていることは、だいたい、その科学的学説の中で最もしつこく報道された部分と合致している。あるアイデアを繰り返し伝えたり、別のアイデアと関連付けたりするような、報道の全体的テーマ設定に比べれば、メディア報道における詳細な情報や微妙なニュアンスは、この点に関して、ほとんど何の重要性も持たない。このことは、ある種の情報は多くの人に効果的に伝わるということを示しているのだが、他方で、その結果として――たとえ、報告そのものが、全体として的確であったとしても――誤解が流布してしまうこともあるということを示している。(120)

MMRの事例では、親たちの主張には科学的にも疫学的にも何の根拠もなかったにもかかわらず、親たちが持つ懸念について、〔対抗する科学的学説と〕同等の（ほとんどの場合は同等以上の）報道がなされたのであるが、研究によって、その事例は、報道における「バランス」がいかに科学を歪曲するかということを明確に示す証拠事例となった。二〇〇二年の十月において、「現在では、MMRワクチンと自閉症とは何の関係もないことが、有力な科学的証拠によって示されている」という文章が正しいと答えたのは、標本調査の回答者のうち、たったの二三％しかいなかった。それに対し、おそらく、メディア

(119) Oreskes and Conway (2010).
(120) Hargreaves, Lewis and Speers (2003:2).

が方針として掲げる「バランスをとった報道」の影響によって、五三％もの人が、「〔MMRワクチンと自閉症の関係について〕双方の立場に同等な証拠が存在する」と考えていたのである。[121] 似たような懸念事項はオランダでも、HPV（ヒトパピローマウイルス）ワクチン〔「子宮頸癌ワクチン」とも呼ばれる〕との関係で、報告されていて、「インターネットやワクチン接種センターにおいて、ワクチン接種に反対するオランダワクチン批判協会のような団体によって広められた誤報のせいで、HPVワクチン接種が思ったほど迅速に進まなかったのである」[122]。つまり、懐疑派側は、報道界のしきたりを悪用して、「双方の」立場の話を報道するように要請することができ、そうすることによって、実際には存在すらしていない論争が活発に行われているような印象を創り出すことができるのである。

結果的に、ある意味皮肉なことであるが、懐疑派は今では新しい戦略を使い始めている。「タバコ産業研究委員会」の初期のころは、焦点は科学自体に当てられていて、科学的業績が元来持っている不確実性や懐疑性を活用して疑惑が創出されていた。しかし近年では、オレスケスとコンウェイが示したように、多くの論争は、過度の規制や国家管理から自由を守るという体裁で表現されるようになってきている。科学の中でも特に、人間由来の気候変動が起こっているという主張を支持する環境科学は、今では自由市場経済を脅かすもの、つまり、未来への進歩にブレーキをかけるものと位置付けられている。科学は――かつては民主的近代社会の中で神格化されていたのであるが――、今では、民主主義の敵役側に配置されているのである。[123] 我々は自分たちの好みの社会を選ぶべきであり、選択的モダニズムは、その選択の本質を明らかにするものである。

第二の波との違い

第二の波と第三の波とでは、科学の本質についての見解に違いはない。二つの立場はどちらも、科学が社会的営みであること、そして、知識は社会グループの内部で構築されるということを認めるのだが、その後にどうするかという点で違っているのである。第三の波の主張によれば、社会グループは、そのメンバーの持っている経験の種類に基づいて、そして、彼らが引き受けている規範や価値に基づいて、様々に異なったものに区別できる。さらに、技術に関わる意思決定において技術的局面と政治的局面とを区別し、それぞれの社会グループや個人がどこで貢献すべきかを示すことができる。この主張に基づくと、例えば、除草剤2,4,5-Tのような事例では、技術的局面もしくは政治的局面が、あるいはその両方が、もっと包摂的であるべきだったということになる。他方で、MMRワクチン論争のような事例では、そこには、有意味な技術的論争は存在していないので、求められているのは、技術的な解決ではなく、政治的な解決であるということになる。

(121) Hargreaves, Lewis and Speers (2003:42).
(122) Laurent-Ledru, Thomson and Monsonego (2011). Sheldon (2009) も参照せよ。
(123) 第一章で述べたように、かつて科学はファシズムや共産主義から民主主義を守るために使われていたが、今では科学は、国家管理や国家規制の側に配置され、かつては科学と一心同体であった民主主義社会における市民が享受すべき個人的自由を脅かすものとされている。

それに対して、第二の波の科学論では、どちらの事例についても、なるべく包摂的であるべきだということ以外を主張するのは難しい。これは、一つには第二の波が思想的に脱構築に傾倒していたことからくる結果であり、脱構築となるとどうしても境界線を際立たせるよりも境界線を破壊することに向かいがちになるし、また、その方がおさまりもよいのである。さらに、このことは第二の波に属する人たちの政治的好みにも関係している。ジャサノフが述べているように、「ほとんどのSTS学者は、科学技術の制度や実践や成果が新しいかたちで捉え直されるべきだと考えているが、それは、記述的な妥当性や分析的な明晰性のためだけではなく、権力関係を再編成するためでもある。例えば、権力の行使がより自己反省的で、より責任を伴ったもので、より包摂的で、より平等になるようにということである」[124]。問題であるのは、彼らの言う権力の再編成では、「責任を伴って」いることや「自己反省的」であることよりも、「包摂的である」ことや「平等である」ことの方が優先されてしまっているように思われることである。だから、残念なことに、しばしば第二の波の研究者たちは、マスメディアによる科学の歪曲やそれに伴う技術ポピュリズムの危険性を認めることができない。例えば、MMRワクチン論争の分析に深く関わった社会科学者たちは、自分たちが公衆を擁護したことがいかに見当違いで危険なことだったのかを認めようとはしない。それどころか、彼らは、イギリス保守党と一緒になって、医療の自由選択に対する親たちの権利を擁護しているのだが、これまでに三種混合ワクチン接種の効果を否定する科学的根拠などまったく存在していないし、値段が高く企業の儲けにもなる単独接種ワクチンは、公衆衛生措置としては効果が小さいことを示唆する科学的根拠はたくさんあるのである[125]。

ブレント・スパー石油プラットフォームの廃棄論争では、石油プラットフォームを海中に廃棄するか陸上で廃棄するかの選択が必要となったのだが、そこでも似たようなことが起こった。現在では全ての立場の人が、プラットフォームを海中に沈めるのが環境的に最適な廃棄方法であることを認めているのだが、陸上での廃棄を促す継続的な圧力があったため、本来なかったはずの余分な害が環境にもたらされたのだった。ここで、当時なされた技術的助言が当初は陸上での廃棄を支持していながら、その後撤回されたということ自体は、問題ではない。問題となるのは、むしろ、社会科学者たちがその後も海中への廃棄に反対していて、最近では、反対の根拠が宗教じみたものになってしまっている点である——彼らによれば、ブレント・スパーの廃棄は、今後のさらなる石油リグの海洋への廃棄という「汚染」を促進することになり、さらに、その習慣が、例えば核廃棄物のような他の廃棄物問題にまで拡大されかねないということなのである。この事例は、問題の適切なフレーミング〔枠組み設定〕についての論争、特に、功利主義的な主張であれば、どんな種類のものでも許容されるのかという論争と考えることもできる。もし、功利主義的議論が重要とされるならば、そこでは、技術的助言が重要となる。もし、そうではなく、宗教じみた道徳的姿勢に基づいて政策を選ぶのであれば、問題となっている石油リグが海洋を汚染するか否かという技術的議論は必要ないことになる。このような論争において、選択的モダニズムが言えることは、宗教じみた観点からのみによる問題のフレーミングは、例えば、いくつかの石油リ

(124) Jasanof (2013:101) からの引用。
(125) 例えば、単独接種をする場合、長期にわたって何度も予防接種の予約を取らないといけないために、子供たちが保護されていない状態の期間が長くなってしまうし、子供たちが必要な予防接種をすべて受けられなくなってしまうリスクも非常に高くなるのである。

グを海に廃棄することで魚に対してどのような便益と被害があるかというような考察の可能性すら奪ってしまうということ――そして、核廃棄物の廃棄というのは、まったく違う問題であるということ――くらいである。[126]

MMRワクチンやブレント・スパーの問題における、右述のようなアプローチが許容できないと言っているのではない。むしろ、選択的モダニズムでは、関係するすべての道徳的立場や技術的助言を考慮に入れられるように、問題のフレーミングは、なるべく想像力豊かになされるべきである。情報を与えられたら、次に何をするかの選択は、やはり、政治的判断であり、政治的判断において、他の要因、とりわけ重要なのは公衆の意見や財政的コストといった要因、と併せて、専門的判断が考察されることになる。選択的モダニズムが主張することは、単純であり、公共領域での技術に関する意思決定は、特定の種類の結果に対する既定の選好によるのではなく、各々の場合に応じてアプローチされるべきだということである。先に論じた二つの事例では、問題に関与した社会科学者たちは、――自然科学の本質を知ることを本職とする専門家として――技術的合意はすでに自分たちの側にはないことを認識できたはずだし、そのことが議論における自分たちや他の人たちの思考にどのような意味を持つのかも分かっていたはずである。もちろん、そうだからといって、彼らが、一人の市民という立場で、キャンペーン活動のグループに参加したり、様々な政治的主張を支持したりすることがいけないわけではない。ここで述べているのは、社会科学者が社会科学者として何を述べられるのか、そして、何を述べるべきなのかということである。

同じ問題をもっと一般的に、共生成と市民認識論という第二の波の構成主義的アプローチに深く関連している用語を使って述べることもでき、それは、第二の波と第三の波の違いを述べることにもつながる。共生成の方がより一般的な用語であり、STSの文献において、この用語は、知識生産の実践において、我々の世界を形成している対象と、それら対象に意味を与える社会制度や規範とが、双方ともに同時に作り出されることを表現している。この捉え方の代表的な論者であるジャサノフは次のように、考え方を説明している。

公共的理性は、認識的成果であると同時に規範的成果でもある……。理性が権力を後押ししたり正当化したりする場合はいつも、権力がどのように説明責任《アカウンタビリティ》を果たすべきかという点に関する、文化に根ざした理解のあり方から影響を受けることになる。世界を統治するために世界をどのように知るべきかの判断と、それに付随する、私たちが知る限りの世界を統治する最善の方法についての判断とを切り離すことはできない。つまり、民主主義社会が、専門家の指図を受けるために、どのように調整されるのか——例えば、個人の道徳を要求するのか、公式な技術的資格を要求するのか——は、諮問委員会の構成、知見についての論争の形態や頻度、討論終結のための方策などに、影響を与える。[127]

(126) Nisbet and Fowler (1995) が引用する Huxham and Sumner (1999).
(127) おそらく、ジャサノフは、このアプローチと関連する最も有名な学者である。イギリス、アメリカ、ドイツにおける制度的な形式の違いが、それぞれに違ったバイオテクノロジーの法規を生み出したことを分析した『設計と自然』(Jasanoff 2007) は、この分野では古典となっている。引用は、Jasanoff (2021: 19) から。

この考え方が適用できるよい事例は、先に論じた、除草剤2,4,5-Tの安全性と農場作業員の事例であろう。この事例では、専門家委員会は（ある意味、利害対立調整的な司法的アプローチとは違って）、議論を比較検討して、様々な知識要求の地位を確定するために作られた。我々は、専門家委員会の仕事の中で、科学的専門知を現場作業者の専門知よりも優位におく社会的制度の是認（ある社会的階層化を追認する規範的主張）と共に、「安全に使用できる」2,4,5-Tなるもの（世界についての存在論的主張）が、共生成されるのを見ることができる。この事例では、第二の波と第三の波は、実際に起こったことの解釈においては、かなりの範囲で似たものになる。つまり、どちらの解釈でも、そのプロセスにおいて、既存の権力や身分の階層が前提され追認されることによって、参加者にとっての自然的世界と社会的世界とが同時に構築されるのである。そして、どちらの解釈でも、結果は農場作業員にとって不当なもので、より反省的で包摂的な専門知の定義によって、農場作業員はもっと重視されなければならないことになる。仮にそうなっていたとしたら、存在論的特徴付けも規範的特徴付けも、違ったもの（例えば、2,4,5,Tは「危険」であり、現場作業員は認識的に科学者と同等である）となっていただろう。

それに対して、MMRワクチン事例では、第二の波と第三の波とで、アプローチは違ってくる。第二の波では、科学的証拠がほとんどない中でこのような大論争がどうして起こったのかを記述的に分析することは、十分に可能――かつ正統――である。その分析では、科学や政府組織の信頼性（の欠如）、メディアの役割、一九九〇年代の市民認識論における個人の証言のもつ力などについて何かが述べられるだろう。共生成論者の言い方であれば、科学を含めた伝統的な専門知の源泉や権威が信頼を失い、徐々に危険だと思われていくサイクルがさらに繰り返されていく様子が記述されるだろう。第三の波でも、科学論争の記述に関しては、第二の波と同じなので、起こっていることの記述としては、すべてが認められる。違いが明らかになるのは、その次にどうしたらよいかが問われたときである——つまり、「当為〔どうすべきか〕」を、人が探しているときである。

第二の波の純粋な信奉者ならば、その後には何も続かないと主張するだろう。対称的で中立的な記述が提供されて、特定の時間と場所とにおいて公共的な基準が規定される様子が説明されたのであるから、それ以上付け加えることは何もない。実際には多くの場合で、第二の波の分析が、ＭＭＲワクチンが「危険な」ものだということを正当化し、さらにそれを事実として固定するために使われ、既存の制度は攻撃されるべきで、大衆紙で十分に人気があれば誰でも専門家の一人として扱われてよいという規範的秩序を固定化するのに使われた。それに対して、第三の波の唱えるアプローチをとる選択的モダニストなら次のように主張するだろう。農場作業員の事例とは違って、ＭＭＲワクチンに反対するエビデンスは存在せず、ここで論争のために作られた道徳的秩序と知識的秩序を、支持することはできない。簡単に言うと、選択的モダニストは、様々な社会に存在する様々な形態の共生成を記述することだけが使命ではなく、ある特定の形態の共生成に賛成することも使命だと考えている。ここに、第二の波の分析家のほとんどが、過去五十年以上にわたって起こってきた科学の本質の理解における革命の帰結として考えたことと、選択的モダニズムとの間の明確な違いがある。(128)

(128) エイズ治療運動家についてのエプスタインの研究のまとめ方の〔第二の波と第三の波との〕違いについて、次を参照せよ。Collins and Evans (2002) and Callon Lascoumes and Barthe (2010).〔訳注：エイズ治療運動家の事例については、『我々みんなが科学の

第一の波		第二の波		第三の波	
哲学	行為	哲学	行為	哲学	行為
科学は完全であるか完全になりうる	科学を育成する	科学は不完全であり完全にはなりえない	科学の不完全性を受け入れ取り入れる	科学は不完全であり完全にはなりえない	科学は完全になりうるかのように行為する。科学を選択し科学を育成する
科学は価値独立的であるかそうなりうる	科学を育成する	科学は価値独立的にはなりない	価値を受け入れる。利害関係を選択し推奨する	科学は価値独立的にはなりえない	達成はできないとしても価値独立性を志す。利害関係を認識することにつとめ、なるべく影響をなくす
科学は非政治的であるかそうなりうる	科学を育成する	科学は非政治的にはなりえない	科学を別の手段による政治の延長であると認めて政治を選択する	科学は非政治的にはなりえない	達成はできないとしても政治的中立性を志す。政治的バイアスを認識することにつとめ、なるべく影響をなくす
結果は確証されうる	科学を育成する	理想は達成されえない		理想は損なわれる	確証をめざす
科学的法則は反証可能である	科学を育成する	理想は達成されえない		理想は損なわれる	反証をめざす
実験は再現可能である	科学を育成する	実験者の悪循環		実験者の悪循環	再現をめざす
マートンの科学の規範		規範は破られる	規範を忘れるか逆規範を導入する	規範は破られるが中心的である	規範を志す

表４・１　科学論の第三の波——哲学と行為〔点線は訳者による〕

本書の前半部分で説明されたように、選択的モダニズムでは、たとえ第二の波の研究成果が受け入れられたとしても、科学の形成的意志は変わるべきではないとされる。我々は、科学的仕事をしているときには、たとえそれが実現不可能だとしても、科学的価値に執着すべきなのである。[129] 第二の波のもとで発見された論理的欠陥を見ても、科学が生活形式として特別でなくなったなどと考えてはいけない。何よりも、社会科学者は、生活形式は論理的規則のようなものの集合ではないと知っていなければならない。第三の波は、この間違いを正し、専門知は経験から生まれること、そして、科学を重要な文化的資源にしているのは、その経験の束に宿っている諸々の価値であることを強調する。三つの波の哲学と、そこから示唆される、技術的局面での行為とを、表4・1に示した。注意すべきであるが、第二の波では、科学外的価値によって新しい行動が奨励されるため、科学は腐敗してしまう。それに対し、第三の波では、科学の形成的意志が守られ、それによって、特別な文化的制度としての科学の役割が守られる。その制度の中でメンバー一人一人の行為を通じて、一つの道徳的ビジョンが支持され、具体化されるのである。表4・1では、第三の波の哲学がほとんど第二の波の哲学と同じであることを示すとともに、第三の波のもとでの行為を示した。

専門家なのか』でも論じられている（Collins 2014a, 五六―五八頁）。事例についての詳細は、『解放されたゴーレム――科学技術の不確実性について』（H・コリンズ、T・ピンチ、村上陽一郎・平川秀幸訳、ちくま学芸文庫、二〇二〇年。Collins, H. and Pinch, T., *The Golem at Large: what you should know about technology*, Cambridge University Press, 2002.）を参照されたい。〕

（129）Collins (1996) を参照せよ。

学術的な先駆者と同時代人

まず挙げるべきは、ウォルター・リップマン、ジョン・デューイ、ユルゲン・ハーバーマス、ジョン・ロールズらで、最近では、ヘザー・ダグラス、フィリップ・キッチャーなどが、公共領域における民主主義の役割と専門家制度の役割との最善のバランスをどうとるかという問題を扱った大きな議論をしている。ここで、これらの論者たちの主な考え方について、我々の立場との類似点や相違点に注目しつつまとめてみたい。

政治理論とSTS

最近では、幾人かの論者によって、STSが推進した社会構成主義的科学観と政治哲学との結びつきが明らかにされている。例えば、フラーは、反対意見の表明が許されるだけでなく、むしろ積極的に奨励されるという意味で、「共和主義的な」科学観という概念を提唱している。しかし、既に述べたように、政策立案に専門家の助言を使う場合には、この考え方では問題がある。原則的に、異論はいつまでも出続けるので、ほとんどの場合、将来的な研究による変化の可能性には目を瞑って、決断を下すことが必要なのである。我々の知る限り、フラーは、この問題を解決しようとは考えておらず、むしろ、終わりなき懐疑論の可能性を推奨したいようである。結果として、フラーが描く、ピーター・デュースバーグの運命（HIVとエイズについての主流的見解に異を唱えたために公的な研究費を獲得できなくなってしまった）と、ジョン・ボクリスの運命（私的な支援者からの潤沢な支援で常温核融合の研究をした）との「コントラスト」は、コントラストではまったくない。どちらも、既に賞味期限を過ぎた科学を探究していて、どちらも、公共の研究費を強くは要求していない。そして当然、どちらも、自分が望む限りその研究を続けることができる身分であり、たまたま、ボクリス教授は幸運で、常温核融合が実現した場合の報酬の莫大さが投資家を引き寄せただけである。

科学と民主主義とを論じたもう一つの注目すべき試みは、政治的リベラリズムと、科学的専門知が自由民主主義にもたらす問題とに焦点を当てている。例えば、このテーマではおそらく最も著名な論者である、スティーブン・ターナーの論じるところでは、「二〇世紀の国家は、……自ら率先して自動車の鍵を放棄するアルコール依存者に似て」、個人が自分からは敢えて提案しないような指針や規則を、専門家の団体や委員会に提案させている[130]。ターナーは、専門知の問題の構造的な解決は、自由民主主義の本質の変革をうながすと考えている。「議論による統治」というかつての理念は、現代の条件下では、ほとんど無意味なものとなっている[131]。結果として、政治的リベラリズムには二つの選択肢が与えられることになる。一つは、ジェームズ・コナントが提案するように、準司法的な性質を持った形式化された制度をつくり、そこで、市民やその代表者たちの前で専門的な議論がなされ、吟味されるようにすること、もう一つは、政治的意思決定を専門家委員会にさらに委任することであり、こちらの方は、テクノ

（130） Turner (2003:131).
（131） Turner (2003).

クラシーを拡大させ民主主義を退行させることになる。

ターナーの見解のうちで、我々が同意できる部分は、スペシャリスト専門知の大部分には、素人の市民はアクセスできないということと、科学の本質について公共の理解が進むことは望ましいことではあるが、理解が進んだからといって、市民が自分達の生活に影響を与える科学領域の専門家になれるわけではないということである。市民に対して望みうる最善のことは、専門家に対して何を委任することができ、何を委任すべきかについて、よりよく判断できるようになることである。ターナーを読む限り、彼はこの点に関して、少なくとも確実に我々よりは、悲観的である。彼の見解によれば、もっとも起こりそうな未来像は、専門知が自身の統治権限を継続的に拡大していき、リベラリズムの理念はこれまで以上に辺境へと追いやられていくというものだ。多分、ターナーは、我々の提案した改訂版の専門家諮問委員会、つまり、フクロウ委員会についても、市民の参加に水を差す専門家集団が、また一つできたくらいに考えるだろう。もし、フクロウ委員会が政府に何をすべきかを進言するだけのものであったら、確かにターナーの言う通りだが、フクロウ委員会の役割は、まったく違う。フクロウ委員会は、専門家に委任してもよい（または、専門家の意見を取り入れてもよい）ことは何なのか、そして、専門家のコンセンサスを完全に拒絶する可能性を含めて、純然たる政治的議論のテーマとして残ることは何なのかを、市民や政策立案者に対して明らかにするのである。フクロウ委員会の仕事は、——何よりも——専門知の本質と、専門知の様々な有効性とについて明らかにすることである。

この意味で、我々はおそらく、科学と政治との混在を意識した代議制度論を展開しているマーク・ブラウンの立場に近い。ブラウンの主張によれば、代議制度という概念は、一つのフォーラムや一つのプロセスでは済ますことができないような、様々に異なる意志や実践があることを見えなくする。むしろ、本物の民主主義のシステムに必要なのは、市民が「様々な種類のつながりにアクセスし、それによって、様々な形式の代表制度にアクセスできる」ようにすることであり、それぞれのアクセスはそれぞれの基準に従って評価されるべきである。[132] 我々は、次のようなブラウンの分析に反対しない。科学と民主主義とは資源を共有しているが、目指すものがまったく違うので、一方を他方に還元することはできず、双方の完全性を維持することが重要である、等々。我々の思うに、ブラウンと我々で異なるのは、我々には、専門知の内実と射程範囲とを公衆や政策立案者に対して明示するような、具体的な政策提言をする準備があるという点である。

ジョン・デューイとウォルター・リップマン

一九二〇年代にあったデューイ－リップマン論争に関して、二一世紀の選択的モダニズムにとって重要なのは、二人の論者が公衆の役割について、そして、公衆が民主主義的な生活に参加する能力について、どのように理論化しているかという点である。[133] 二人に共通する出発点は、マスメディアの巨大化とともにますます複雑化していく産業社会の圧力によって、民主主義のシステムが壊れてしまうのではないかという危惧である。

(132) Brown (2009:203).
(133) 本節の内容の多くは、カーディフで二〇一二年二月に開催された、SEESHOP 6で提示された、ジーン・グッドウィンの論文によっている。ウォルター・リップマンの仕事を我々に教えてくれた彼女に感謝したい。

どちらかというと悲観的なリップマンは、二つの問題を指摘している。情報の過多とメディアの不正確さという問題である。情報過多の問題は、重要な社会問題を理解するために必要となる情報が多様で複雑であるという問題である。リップマンの議論の本質は、公共の議論が常にいくつもの論点を含んでいることから、一般の人には、それらのすべての論点の各々について、技術的に適切な判断ができるような専門家になるための時間も能力もないということだ[134]。別の言い方をすれば、リップマンは、技術の発展によって、民主主義の理論が想定しているような全能的な市民などはもう存在しないと述べているのだ。『幻の公衆』で彼は次のように書いている。「公共の問題は私の主要関心事であり、私はほとんどの時間をその観察に費やしているのであるが、民主主義の理論において自分がなすべきことに時間を使えてはいない。つまり、現在何が起こっているかを知ったり、自治体が抱えている諸々の問題に対してどのような意見を述べたらよいかを考えたりすることに時間を使えていない[135]」。

さらによくないことに、ほとんどの市民が意見形成のために依拠する情報源は、どうしても、限定的で部分的なものになってしまう。特に、リップマンが問題にしているのは、市民が知りうることについて、どうしても、新しい物語が取捨選択されたり改編されたりしてしまうことによる影響である。近年では、インターネットの持つ統制不可能な性質により、リップマンの懸念はさらに深刻になっていて、情報がますます大量かつ多様になることで、取得可能な情報をふるい分けたり評価したり統合したりする作業が、これまでにも増して難しくなってきている[136]。

もちろん、リップマンもデューイも、技術的スペシャリストの見識が、口承コミュニティのメンバーであることによっているということを理解していなかったはずで、したがって、彼ら二人が、「インターネット上の情報」とスペシャリスト的理解との間の構造的な相違について分かっていたはずもない。それでも、リップマンは正当に次のように主張している。一般市民が、自分達で努力や経験を積むことによって何かの専門家になる可能性はあるかも知れないが、彼らがすべての領域で専門家になるには時間が足りない。

リップマンは、分析の結果、完全な情報を持つ能動的な市民という民主主義の理想は実現しないと結論する。彼は、適切に情報に基づいた判断をするに足るスペシャリスト専門知を行使できるのは専任の専門家のみであるということを政策立案者や市民が分かった上での、判断の分業に賛成している。そうなると、政治家や公衆の役割は、専門知の行使という極めて重大な仕事を誰に任せるかという点について、社会的に最善の判断をすることである。このように専門家に仕事を委任してしまうと、問題のフレーミング〔枠組み設定〕についても解決についても専門家に完全なる権限を与えてしまうリスクがあるため、リップマンが、当時の論者たち（や近年の論者たち）から、民主主義への敵対者とみなされたことは驚くに足りない(137)。

(134) Collins and Evans (2007) で説明したように、このような状況では、市民は、専門的判断の代わりに、誰を信頼すべきかについて、社会的判断を下すことになる。Evans (2011) も参照せよ。
(135) Lippmann (1927)〔一四―一五〕から。
(136) Giddens (1990) を参照せよ。
(137) これは、彼の業績についての、どちらかというと手厳しい読み方である。もう少し共感的な読み方については、Jansen (2008, 2009); Schudson (2008) を参照せよ。

逆にジョン・デューイによれば、市民は、政策論争に対して、もっと深く参加したり、情報に基づいて対応したりする能力を持っている。デューイによれば、「公衆」なるものは問題によって生まれる。つまり、ある政策や変化によって影響を受けた複数の個人が、新しい状況を組織化したり新しい状況に反応したりするときに、「公衆」というものが生まれるのである。[138] 公衆をこのように定義することには、二つの意味が含まれている。一つは、公衆は一つではなくたくさんあるということ。もう一つは、それぞれの公衆に関して、すべての市民がすべてにおいて積極的なメンバーである必要はないということである。つまり、公衆というのは、それが関わっている問題の盛衰に応じて、発生しては消え、編成されては改編され、拡大したり縮小したりするものなのである。STS的な観点では、論争のデューイ側に共感を持ちやすいだろう。デューイの言う「公衆」は、科学技術的問題への対応で活躍する「素人専門家」のグループという考えと、いくつかの点において似ており、後者の概念はSTSの事例研究でもよく取り上げられるものである。[139] しかし、このような公衆による技術的な貢献と、もう一つの技術的貢献、つまり、スペシャリスト的なローカルノレッジや、健全なローカルな差別化（「ローカルな差別化」については、表1・1で示したコリンズとエヴァンズの「専門知の周期表」を参照せよ）へとつながる貢献とを混同するのは危険である。もう一つ危険なのは、このような公衆の技術的貢献を、スペシャリスト的な利害関係やローカルな利害関係などと混同することであり、後者は単に、政治と権力の普通の動きに過ぎない。小グループが問題に出会うなかで発展させていく技術的専門知と、小グループが特定の場所で生活したり働いたりすることで獲得するローカルノレッジとは、どちらも科学技術の領域に属しているが、特殊領域の利権やローカルな利害関係は、それが技術的な知の獲得をうながすことはあるかも知れないが、それ自体は、純粋に政治の領域に属するものである。

熟議民主主義的な市民権についてのデューイの楽観的な見方は、さらに重要である。デューイはリップマン流の問題の定式化を認めるが、デューイの解決法は、技術的専門家に対して、民主主義が直接的に関与するというものである。デューイによれば、能動的に関与することによってのみ、市民は、専門家の仕事を導いたり、専門家に責任を問うたりすることができる。デューイは専門家について次のように述べている。「専門家の持つ専門性というのは、政策のフレーミング〔枠組み設定〕や執行において示されるわけではなく、政策が依拠すべき事実を発見したり、教えたりすることにおいて示されるのである」[140]。この考え方では、市民は、関連するスペシャリスト専門知に依拠して、情報に基づいて判断を下すことが、能力的にも権力的にも可能である。

リップマン－デューイ論争は、アメリカ社会が直面していた難問をどう診断するかについてのものだった。デューイは、問題についてのリップマンの診断は受け入れるが、問題への対処法については反対する。リップマンの代議制度型の民主主義のモデルには、すべての市民が含まれてはいるが、まばらにすべてが含まれているだけである。このモデルでは、公選による公職者が、スペシャリスト専門家の仕事を監督し、専門家の側は、政治家の利益関心に対抗するために必要なカウンターバランス〔バランスをとるための逆側のおもり〕を提供することになる。専門家が失敗したら、公選の公職者はその専門家を解雇することができ、

(138) デューイとリップマンとを両方ともに論じた説明については、Marres (2005) を参照せよ。
(139) 例えば Irwin (1995); Epstein (1996); Ottinger (2013) を参照せよ。
(140) Dewey (1954:208)〔二五五〕。

公選の公職者が失敗したら、投票者が〔投票によって〕その公職者を解雇することができる。[141] この点において、選択的モダニズムはリップマンの立場に近い。それに対してデューイは、もっと熟議型の民主主義モデルを好ましいと考えていて、そのモデルでは、市民グループ——公衆——は常に、自分たちと関係する問題についての論争に参加している。そこで公衆は、専門家から提供された情報を使って問題を議論する。その専門家は公衆が選んだ専門家である場合もあれば、そうでない場合もあり、公衆は、議論に基づいて、専門家の見解の正統性を承認したり拒絶したりする。このように見てみると、リップマン－デューイ論争というのは、単なる民主主義についての論争ではなく、「公衆」という概念をどう定義するかについての論争でもある——リップマンに従えばそれは「みんな」のことであり、デューイに従えばそれは、「具体的に参加しているグループ」のことなのである。[142] どちらの定義にもそれぞれ利点はあるが、例えば、ある問題に特別な利害関係を持つ市民による特定のグループが、全体としての公衆を代表しているとみなされてしまう場合においては、話は複雑になる。[143] 例えば、よく目立つ特定の中流階級が、公衆そのものであるかのように捉えられることがよくあるが、実際には、彼らは単に「一つの公衆」に過ぎず、場合によっては純粋に政治的な利権に動かされていることもある。こうした混乱は、科学の社会的研究における近年の論争でも見られる特徴である。

　まとめると、我々は、リップマンもデューイも正しいと言うことができる。リップマンは、すべての市民が参加する権利を持つという意味で正しいことを言っているのだが、専門知が経験と密接に関係しているとしたら、異なるグループに属する人は、貢献もそれぞれ異なる方法でしなければならないことになるだろう。もちろん最低限のこととして、すべての市民は、専門知や経験のあるなしに関わらず、民主主義的な権利として、政策論争に参加はできる。しかし、デューイも次の点では正しい。参加する公衆というものは、特定の状況の中で、自分たちに影響する問題への反応によって規定され、形成されるべきであり、彼らは、より直接的に自分たちの見解を提示できなければならない。リップマンとデューイのどちらを選ぶにせよ、民主主義社会は、ある専門家を信頼してよいのかどうか、そして、どの専門家を信頼すべきなのかについて社会的判断を下すための方策を見つけなければならない。その点での民主主義への貢献について述べるために、そもそも本書は書かれたのである。民主主義社会の全体像や、民主主義社会の中での科学的専門知の位置づけに関係する限りにおいては、選択的モダニズムは、どちらかと言えばリップマン寄りである。なぜなら、彼は次のことを認識しているからである。専門家として民主的意思決定に参加するために必要なスペシャリスト的な情報の量はどんどん膨大になっていくため、一般的公衆にとってその量の情報を吸収することは不可能である。しかし、個別の論争テーマに話を移すと、デューイの「公衆」概念の方がおそらくより重要である。なぜなら、そこで公衆というグル

(141) Schudson (2008).

(142) Collins and Evans (2002) の公刊以降の議論において、拡大の問題を論じることが民主主義に対する攻撃だとみなされるときに、おそらく何度も繰り返されてきた混同である。

(143) NIMBY (Not In My Back Yard) 問題がよい例である。もう一つ、地理的分布を無視して参加する公衆を規定した例として、イギリスの「GM Nation?」論争がある。公開の公共集会の参加者から集められたデータと、全人口からサンプル抽出して集められたデータの比較で示されたことは、積極的な参加者（つまり、公共集会に来ていた人によって自覚的に出されたサンプル）は、総体としての公衆に比べて、有意に、より懐疑的であるということだった。例えば Pidgeon et al. (2005); Horlick-Jones et al. (2007) を参照せよ。

ープは、利害関係を持ったエリートや全人口の一部分を代表するものであり、一般的な公衆とは違うものであることが念頭におかれているからである。

自由民主主義についてのロールズの考察

ロールズの政治的リベラリズム論の出発点となるのは、どのような民主主義社会においても、複数の異なる見解が存在し、それらは、合理的かつ誠意をもってそれぞれの市民グループによって主張されているという観察である。その複数の見解をロールズは「包括的教説」と呼ぶが、それらの見解のうちどの見解も、全員に受け入れられることはないため、社会的統合の基盤となることはできない。そうなると、支配的な一連の価値――ロールズによれば、自由や平等や公正といった価値――が存在しなければならず、自分たちに好きなように振る舞う自由を与えるのであれば、他人にも、その人自身の信念や習慣に従って、同じような選択をすることが許されねばならないという根拠によって、すべてのグループはその価値を受け入れなければならないことになる。つまり、ロールズ流の政治的リベラリズムに課される唯一の制限は、いかなる包括的教説も、自由、平等、公正という中核的価値を侵すことはできないということである。このように中核的価値と包括的教説とを区別することは、中核的価値が本質的である公式な政治的領域と、複数の包括的教説のモザイクからなる多様な背景的文化との間の区別につながっている(144)。

ロールズにとって、包括的教説の標準的な具体例は、宗教と政党であるが、科学や世俗的信念も包括的教説として扱われている。つまり、自由民主主義において、科学も世俗主義も、公共政策の基盤となることはできない。当然、科学だけを公共政策の基盤とすれば、ある種のテクノクラシーになってしまう。[145]

しかし、ロールズの科学の扱い方は多義的である。ロールズは、選択的モダニズムと同様に、政治的意思決定とその他の意思決定とを区別する。著作において、ロールズは主に、自由、平等、公正という基礎的問題に関係する政治的意思決定に注目している。選択的モダニズムは、背景的文化において競合している利害関係とは切り離されるべき、公式の、ある意味自律的な、政治の領域を守るべきだという点ではロールズと似ている。[146] しかし他方で、ロールズは、政治的リベラリズムの枠内において、科学に対し、知識の形態として特別な地位を与えていて、他の「ありきたりの」包括的教説とは違う扱いをしている。科学の持つ他と違う役割は、公式な政治の領域内で下される意思決定のあり方に対してロールズが制約を課すときに明らかになる。ロールズによれば、政策立案者のような公共的な権威が自分たちの選択を正当化するための唯一の正統な方法は、公共的理性を引き合いに出すことである。[147] すなわち、

(144) このことは、ロールズの説において、政治的領域が比較的高い自律性を持つことを意味している。なぜなら、政治的領域は、特定の社会グループの支持に依存するのではなく、それとは異なる一連の理由に従って、独立に存立しているからである。

(145) 図で理解するために、図3・1や図3・2に、いくつかの色付きの楕円を、民主主義的価値とずれて重なるように加筆してみてほしい。それが、キリスト教的価値だったり、資本主義的価値だったり、フェミニズム的価値だったりするわけである。

(146) 加えて我々は、政治的局面は民主主義の原理によっていることを前提としているが、その点について、詳しくは限定していない。つまり、原理的に考えれば、政治的局面が民主主義以外のやり方で動いていることもありうるのである。この点はロールズの見解と矛盾しない。彼は、一つの形態の政治的リベラリズムにこだわらずに、様々な形態の政治的リベラリズムについて話した方が、理解が深まると考えていた。例えば Collins and Evans (2002, 2007); Evans and Plows (2007) を参照せよ。

(147) 実際には、ロールズは、包括的教説の用語で表現された正当化がすべて公共的理性の用語で表現されたものに書き換えることができるという条件があれば、この制約は緩められてもよいと示唆している。

「特定の政治活動に参加している市民は、市民的礼節の義務を負っている。つまり、公共の価値と公共の基準とに訴えることによってのみ、基本的な政治的問題に対する自分の考えを正当化できる」[148]。ここで、「公共の価値」とは、共有された政治的価値である自由、平等、公正のことであり、「公共の基準」とは、すべての理性的市民が認めることができるような理由付けと証拠付けの原理のことである。重要なことは、この公共の基準には、常識、一般的に知られた事実、しっかりした研究に基づいた異論の余地のない科学的結論も含まれるということだ。言い換えると、ロールズにとって、公共政策が、例えば宗教的教説に基づいていることは（少なくとも、その宗教的教説を公共的理性の一つの形態として言い換えられない場合には）間違っているのだが、政治的意思決定が科学的結論を重視することは間違ってはいない――実は、むしろ要請されている――のである[149]。もちろん、ロールズは我々が科学について知っていることを知らなかった、つまり、彼は、不確実性や異端論争を見られるような大きな視野を手に入れていなかった。だから、ロールズは第一の波の科学モデルで語っていたと言ってもよい。今では、我々は、政策立案者が「異論のない」科学という部類に入るような何かを見つけることは難しいということを知っている。しかし、選択的モダニズムのもとでは、この問題はフクロウ委員会によって解消され、そのフクロウ委員会は、「一般的に知られた事実」の領域に入るような技術的コンセンサスについて、よりニュアンスに富んだ説明をしてくれる。こうした小さな修正点を除けば、我々はロールズの見解とかなりの部分で共通するという、ダリン・デュラントの意見は正しい[150]。

ハーバーマスと熟議民主主義

ロールズと同様、ハーバーマスは熟議民主主義の主導者であるが、選択的モダニズムとの関係性は少し違っている。ハーバーマスの説明は社会学的である。彼にとっては、民主的決定は、市民の共通了解に適合したやり方で説明できる場合にのみ正統性を持つ。しかし、注意すべきであるが、ハーバーマスは、「効力のある集団的意思決定を下すわけではない、組織化されていない、『野生の』、脱中心化された（中心によって調整されていない）公共領域における非公式の議論と、選挙、立法府の意思決定、省庁や裁判所の管理といった、より公式な政治的プロセスとを」区別している。[151] ロールズと同様に、ハーバーマスも、市民の日々の政治的思考と集団的意思決定が下されるプロセスとを区別している。選択的モダニズムとの関連で重要なのは後者のプロセスのみである。選択的モダニズムは、公式な政治的役割としての政治参加の枠外で市民が何をなすべきで何を考えるべきかについては、規範的なことを述べるつもりはない。[152]

（148）Wenar (2013). ロールズにとっては、公共的理性の教説は、基本的な政治的問題や公職に就いているものの声明に最も強く適用される。それ以外の設定や他のテーマとの関連においては、市民は何を選択しようと自由に理由付けをしてよい。しかし、ロールズは、公職に関連した行為をするとき（例えば、選挙管理をするとか、あるいは、単に投票するとか）、市民は、公共的理性に従わねばならないと主張している。

（149）この点においては市民認識論とも似ている。なぜなら、例えば、公共的理性とされるもの――証拠に基づく基準や常識的信念――が場所によって変わることはまったく構わないからである。このことはロールズと矛盾しない。ロールズは、別の箇所で、公正、平等、正義といった基本的価値でさえ、違う場所にいけば違って解釈されうること、他にもたくさんのヴァージョンの政治的リベラリズムがあり、自分の言っているのはそのうちの一つに過ぎないことを述べている。

（150）Durant (2011) を見よ。

（151）Cohen (1999:399).

ハーバーマスとロールズとを区別する決定的な点は、「コミュニケーション的行為」の概念である。市民の見解が重要なものになるのは、市民が公共領域における議論のなかで支持を集めたり、影響力を拡大したりして、集団的政策決定の基盤となるような共通了解を創り出すことによってである[153]。つまりハーバーマスにとっては、日々の市民の生活世界が、民主主義システムの中心部なのである。生活世界において、公式な政治プロセスで判定されるべき問題が構成され、そして、問題の解決法が正統化されるのである。

より限定して述べると、ハーバーマスの主張では、生活世界は、「すべての社会にとって重要な問題を見つけ出し、問題の可能な限りの解決に貢献し、価値を解釈し、善き根拠を創り出し、それ以外の根拠を無効化する……ことに特化した[154]」つながりのネットワークを基盤としている。しかし、近代社会の複雑さにより、問題の解決法考案の責任は、公式の政治制度が引き受けねばならない。公式の政治制度は、生活世界から「湧き出して」きた問題に対処しなければならず、情報を収集し意思決定に至るためにはスペシャリスト専門知に頼る必要があり、市民に合理的だと思われなければならない。ハーバーマスの熟議民主主義の考え方では、意思決定者によって提案された選択肢は、熟議への貢献の一つであり、新しい重点や関心を創り出すような共通の展望へとつながるものである。このようにして、何が必要であるか、何が受け入れ可能な解決法とみなされるかの決定については、市民の手に委ねられている[155]。

ハーバーマスの提唱する、プラグマティズム的な民主主義のモデルと、専門知と民主主義との間の関係についての選択的モダニズムの理論との間に共鳴関係があるのは明らかである[156]。図3・1と図3・2を参照してほしい。ロールズにならえば、そこに、公式の政治システムと広範な生活世界との区分を見ることができる。市民と政治的領域との間の関係については、ハーバーマスの方がロールズよりも詳しく説明しているが、[157]〔ハーバーマスとロールズと選択的モダニズムとの〕それぞれのモデルに関して根本的に両立不可能な点はない。実は、〔ハーバーマスと選択的モダニズムの〕二つのアプローチは、問題関心と結論と

(152)〔一八七頁〕つまり、選択的モダニズムは明確に、市民が最善の専門家の助言を探すことや自分の私生活においてその助言に基づいて行為したりすることを推奨するが、そうすることが強制できるとも、強制すべきだとも考えていない。選択的モダニズムが言いたいことは、市民は、自分が専門家でない場合は、スペシャリスト的で技術的な専門家であろうとしてはいけないということだけである。それ以外の点では、市民は自由に自分の包括的教説に従ってよいし、人によっては、医者の言うことを聞かなかったり、特定の食品を忌避したり、占星術を信じたりしてもよいのである。

(153)この意味で、ハーバーマスはロールズと異なっている。コミュニケーション的行為は、かなりの程度の共通了解と合意を前提としており、ロールズ流の政治的リベラリズムでは、共有されるのは、無知のベールとその背後で合意されている基本的価値のみである。

(154)Habermas (1996:485)〔下巻、二六五〕。

(155)このような二車線的なアプローチは、ロールズの政治的リベラリズムと構造的に類似しており、最も特徴的なのは、生活世界(ロールズの呼び方で言えば背景的文化)と公式な政治システムとの区別である。〔ハーバーマスとロールズの間には〕違いもあり、特にこの二つの要素が相互にどう関連するかという点では違っている。ロールズは、政治システムを比較的自律的なものとして、日常生活の包括的教説とは切り離して定義しており、基本的に、二つの要素のつながりについては何も言っていない。それに対して、二つのつながり方こそが、ハーバーマスにとっては中心的問題であり、生活世界のコミュニケーション的行為と政治システムの出す結果との間の相互交信こそが、政策立案者に正統性を付与しているのである。だから、ロールズにとっては、ハーバーマスの理論は包括的教説の一つに他ならない――それは、社会的関係がどのように秩序付けられるべきかを説明する包括的な「あらゆることについての理論」なのである。

(156)「プラグマティズム的 pragmatistic」という言葉は、ハーバーマスが使った言葉である。Habermas (1970:66)〔一四四〕を参照せよ。

(157)ロールズの場合、選択的モダニズムは、最終的には、公共的理性の構成要素となることは忘れてはならない。

においては、似通ったものになるのである。

ハーバーマスの最も有名な現代社会批判は、生活世界の植民地化や政治の科学化についての懸念であり、どちらも、選択的モダニズムが否定するテクノクラシーの一側面と考えることができる。ハーバーマスによれば、公式の政治システムにおける正統な統治的合理性が、非公式の領域におけるコミュニケーション的合理性を排斥し、市民の有機的で非公式な言説を駆逐してしまい、政治的領域や統治的領域に対して正統性を付与するという市民の権利を破壊してしまうとき、生活世界の植民地化が起こる。言い方は違っているが、選択的モダニズムも、専門家の仕事の役割を維持しながらも、市民の言説を専門家の仕事よりも上位に位置づけている。ハーバーマスが植民地化や科学化といっているのは、本当は政治的局面に属しているような問題に対処するために、いい加減に構成された技術的局面を正統性なく使用することに他ならない。しかし、ハーバーマスにならえば、もし政治的領域が、それによって自身の生活に影響を受ける市民たちの目から見て正統性を持たねばならないならば、〔政治的局面と技術的局面という〕二つの異なる世界は、より適切で密なるつながりを持たねばならないのである。

他方で、選択的モダニズムの鍵となる考え方は、科学的価値は現代社会の本質的構成要素の一つであり、政策論争のなかで専門家の助言は適切に提示されなければならないというものである。選択的モダニズムは、専門家の助言を最も適切に提示することができる制度について関心を持つだけで、論争や意思決定のプロセスがどのように組み合わされるべきかについては多くを語らない。ハーバーマスは、そのような制度に到達できる唯一のメカニズムはコミュニケーション的行為であると主張していて、ロールズは他にもたくさんのやり方があると主張しているので、この点では、選択的モダニズムはロールズに近いと言える。

ヘザー・ダグラスと目標としての「価値独立」の理念

科学が「価値独立的」であるという考えは、かつては、科学者と科学哲学者とにとっての常識であった。近年の科学哲学の仕事においては、科学が価値から独立しているということは、少なくとも理想的な状態であればそうだということも含めて、神話に過ぎないことが示されている。科学政策の批判といえば、かつては科学論の独壇場であったが、最近では、哲学の文献の中でも頻繁に見られるようになってきている。ヘザー・ダグラスは、戦後の科学論における「価値独立」というコンセンサスが持つ二つの問題点を指摘している。第一に、価値からの独立という理念は、科学においては「なにをしてもよい」という議論ではない。むしろ、価値独立の理念とは、研究の論拠の選択や評価において、「科学外的」な価値を排除することを意味している。科学的研究をどのように実行するかを選ぶことは、それ自体が、ある「認識的価値」の表明なのだから、このような立場を「価値独立的」と呼ぶのは、誤解を招く言い方である。だから、彼女は、「価値独立の理念は、正確に言えば、『科学的思考をする時は科学内的な価値』に従うという理念である」と述べる[158]。

第二の問題は、ダグラスによればより深刻な問題であるが、右述のような価値独立の理念の修正版を使うためには、科学と科学者とが社会的に隔離されているという前提が必要であるという点だ。STS

（158）Douglas (2009:45).

の分野の人なら誰にでもお馴染みの議論にそって、ダグラスは、この前提は間違っていて、かつ無益であると主張する。特に、科学における社会的文脈を否定してしまうと、社会的価値によって科学が形成されるさまを批判的に考察することができなくなってしまう。

ダグラスは、自分の主張を述べるさいに、認識外的価値が科学を誘導するさいに果たす二つの異なる役割を区別している。直接的な役割と間接的な役割である。直接的な役割を果たしている場合、価値のみが、何かをしてもよいとかしてはいけないというときの正統な理由となっている。特定の研究プロジェクトを禁止する倫理調査委員会の決定は、価値判断が直接的に研究実践に適用される公式のプロセスの一例である。一般的に、このような価値の直接的な適用は、習慣的に、倫理的立場について自覚的に考えることなしになされている。研究者が特に何も考えずに自分の専門領域のガイドラインに従っている場合などがその例である[159]。選択的モダニズムはこの点については何も主張をしない。

間接的な役割の方は少し複雑である。この場合では、認識外的価値は伝統的な認識的価値と共に働く。例えば、政策的結論を出すためには偽陰性の結果よりも偽陽性のリスクを重視しなければならない場合に、どの程度の、そして、どのような確実性が要求されるのかといったことを決める場合である。そのような場合には、使われるべき統計的有意性のレベルや標本の大きさは、どこまでが許容可能なリスクなのかについての道徳的判断によって決まる。このように、科学が、認識的であれ認識外的であれ価値にまみれているということは、第二の波の社会科学者たちにとっては周知のことであり、したがって同様に、選択的モダニズムとも矛盾しない。問題は、そのような洞察をふまえてどう行動するかということであり、そこが、各立場によって違ってくるのである。

選択的モダニズムとダグラスの立場との違いを明らかにするためには、二つの立場の議論を導いている、「政策関連科学」の代表例について見てみることがよい出発点となるだろう。ダグラス自身がはっきり述べているように、彼女は、自分の科学についての議論を科学全体に適用できるようにしてはいるが、価値の間接的役割の重要性は、科学が政策立案に深く関連するに従って増してくる。

エビデンスが十分であるかを評価するためには、間接的役割を果たす価値が必要である。この種の評価において認識的価値のみが重視される科学研究の事例もあるだろうが、それは、単に私が説明してきた規範を単純化した事例であるというだけで、科学者として追及すべき理想的事例というわけではない。そのような「純粋な科学」というのは、倫理や社会との関連を明示的には伴っていない特殊な場合における科学であり、科学研究者が自身の社会との関連に気付いたときに、即座に、より一般的な事例に切り替わるのである。[160]

言い方を変えると、ダグラスは、科学者が自分で政策を立案したり、直接的に政策と関わっていることが明白な科学を遂行したりするときの、「正統性の問題」を扱っているのである。[161] ただし、ダグラス

(159) その基準は時によって変わりうるし実際に変わっている。かつては倫理的だとされていた研究が後に非倫理的だとされることもある。何が倫理的に許容可能かの判断は、受け入れ側の社会の文化的環境によって変わるもので、科学自体に内在的な価値ではない。
(160) Douglas (2009:113–14).
(161) Collins and Evans (2002, 2007).

は、重力波物理学や宇宙論のような「純粋な」科学と、環境や健康や農業の科学のような社会的関連を伴った科学とを区別しようと努力している。それに対し、選択的モダニズムでは、すべての科学が、経験に基づく専門知も含めて、同じように扱われる。選択的モダニズムの発生の由来は、純粋科学における論争の研究、つまり、科学者の専門職コミュニティにおいて、異端派がどう扱われるのかとか、境界線はどう維持されるのかとか、コンセンサスはどう形成されるのかといったことについての研究である。それによって、〔選択的モダニズムとダグラスの立場という〕二つのアプローチは、科学と価値との関係について出発点はかなり似ているにもかかわらず、帰結する行為に関して言えば、かなり違った方向性を持つことになる。

ダグラスにとっての問題は、政策立案を導いている科学実践において、価値の間接的役割に相応の重みを付与することが、いかにして保証されるかということである。彼女の出発点は、科学的助言者は、自分の分析が誤っていたときの帰結を考慮するにあたって、無謀であってもいけないし、無気力であってもいけないということだ。彼女の主張では、第一に、科学者といえども、他の普通の人に課されている一般的な道徳的責任、つまり、用心や適正な注意をすべしという道徳的責任から放免されているわけではない[162]。第二に、「合理的な予見」という道徳的責務が存在することを認めた上で、その責務を遂行するのに最も適した位置にいるのは、他ならぬ科学者自身である。つまり、当該の専門家コミュニティで合意されたことが合理的か否かは、その分野の科学者のうちの一人に予見してもらうのが一番理に適っているのである。

科学者に対して、自分の仕事のもたらす帰結について考慮するように求めるということは、彼らに対して完璧な予見を求めることを意味していない。予期していないこと、予見していないことは必ず起こる。予見されていない帰結の責任を科学者に負わせるのは合理的ではない。ただし、科学者コミュニティ内の同僚科学者たちに対して立てた合理的に期待できる予見について、科学者が基本的な水準の考慮をするように期待することは合理的である(163)。

ダグラスは、この点に関して科学者コミュニティの自律性を主張してはいるものの、そのままでは、価値の間接的役割が全面的に保証されるために十分ではないと考える。それは、重要な省察をするために必要な道徳的想像力が、現行の科学者コミュニティの中には見られないからである。認識外的価値を科学的助言にうまく統合するためには、少なくとも、二つの新しい制度的実践が必要である。第一に、科学者コミュニティ自体における、人口層的かつ文化的な多様性を高めねばならない。この主張は、出発点となる主張であり、知的コミュニティがより多様になれば、より広い範囲の吟味がなされるようになり、それによって、そのコミュニティが生み出す「客観性」も増大する(164)。しかし、それだけでは、ダ

(162) 似たようなことを彼女は、Douglas (2007) に所収の「価値独立的な科学という理想を拒絶する」で次のように述べている。「自分の行為の社会的帰結と倫理的帰結と間違いの可能性について考えていなければならないという責任は、科学者から別の人に委託できるものではない。それをすれば、研究の自律性は深刻なまでに失われることになる」(p. 130)。
(163) Douglas (2009:84).
(164) Longino (1990); Harding (2006).

科学者になるということは、他とは違う一連の特別な価値を保持することに他ならないからである。ダグラスは次のようにポイントをまとめている。「科学者が保持している中心的価値の多くは、彼らが科学者になる訓練を受けている間に培ったものであり、それによってのみ、科学者コミュニティは一般的公衆から区別することができる……。つまり、多様な人口層からなる科学者コミュニティでも、広範なる公共の価値とは衝突するような価値を持っているかもしれないのだ(165)」。

つまり、文化的に多様性を持つ科学者コミュニティであっても、そのコミュニティの科学的価値によって、市民やステークホルダーが重要だと考えていることを無視するようなやり方で、エビデンスとリスクについての意思決定の枠組みが決まるのであれば、正統性の問題は深刻な問題となる。こうした問題を避けるために、ダグラスは、分析 - 熟議手法を多用して、科学者、ステークホルダー、市民が共同して、社会が全体として支持している認識外的価値によって、科学者の仕事が導かれるようにすることを推奨している。市民やステークホルダーは、どのようなエビデンスが集められているのかとか、どのような前提がなされているのかとか、どのようなリスクが認識されているのか、等々の懸念事項を明瞭に表現することができる。それが、プロセスの「熟議」部分を担うことになる。プロセスの分析の部分は、関連する科学者コミュニティによって遂行され、彼らは自分たちの認識的基準にそってリスクを評価し、それに関連してエビデンスや方法についての決定を下す。分析と熟議のサイクルは何度か繰り返されることもあり、その都度新しい分析は次なる熟議の対象となり、新しい問いが挙げられることになる。ダグラスは次のように説明している。

分析において判断が必要なときとは、比較検討しなければならない不確実性がある場面である。そこでは、間違っていた場合に何が起こるかが重要となり、熟議的方法で議論がなされねばならない……。熟議には、判断の必要性が明確になる前から既に始まっている場合を除いて、公衆のメンバーをプロセスの中に入れることによって、専門家の小グループ以外からのメンバーを含めるようにするべきである（なぜなら、専門家グループというのは歪んだ価値を持っていることもあるからである）。このプロセスは、専門家の判断の民主主義的な説明責任《アカウンタビリティ》という考えを支えることになるが、熟議が分析に圧力をかけたり、分析に対し特定の答えを出すように要求したりはできないので、専門家の仕事の高潔さを脅かすことにはならない[166]。

言い方は違うが、この見解は、選択的モダニズムと多くの部分で共通している。例えば、分析と熟議との区別は、選択的モダニズムにおける技術的局面と政治的局面との区別に似ている。同じように、技術に関する意志決定において技術的問題を設定する仕方が重要であるということは、選択的モダニズムでも共通していて、その問題〔フレーミングの問題〕こそが、ＳＴＳの政策関係の研究の多くで扱われている正統性の問題の基礎をなすものである。

しかし、先述のように、〔選択的モダニズムとダグラスの立場とでは〕依拠する科学モデルが違っているた

(165) Douglas (2009:172–3).
(166) Douglas (2009:163).

め、科学内での意見対立について、異端派や周辺科学の役割について、「分析 - 熟議」プロセスの分析部分のメンバーを限定する必要性について、それぞれどう考えるかという点では、かなり違ってくる。第二の波の多くの論者と同様に、ダグラスは、科学における価値の重要性を認識しており、そのことは、技術的問題への価値の影響を改善するためのメカニズムとして、より多くの市民参加を考えるという傾向につながっている。しかしながら、その中で彼女は、この分析 - 熟議プロセスの影響力の限界についての考察をしていない。

科学内での意見の対立や不一致の本質を理解することから始めてみよう。選択的モダニズムは、核集合〔訳注7〕の中にいる科学者やその他の専門家が善き市民であることなど期待していない。逆に、核集合内の論争は、「威風堂々」たる人々の奇抜さや偏執を特徴としていて、彼らは自分たちが、そしてだいたいの場合自分たちだけが、厳然たる真理を見つけているという確信を持ち、その確信が縦糸と横糸になって、健全なる科学が形成されているのである。ことさら特別な場合でなくとも、ほとんどの科学者は、我々が「ワシ」のようだと思う行為をするし、そうあるべきである。もちろん、科学的専門職全体と社会全体との間の境界線をなくしていくことに――それがよい社会であるかぎり――反対はしないが、小さな核集合の中で仕事をしていて、自分の仕事が社会的な影響を持っているような科学者がすべて、公刊に向けて論文を投稿する前に、リスクと便益の最適なバランスについて市民やステークホルダーに伺いをたてるなどということは期待できないし、期待してはいけない。そんなことを科学者はしていないし、その科学者が主に政策立案者の助言者として働いていでもいない限り、すべきことでもない。もちろん、政策立案者の助言者としては、先述のような仕事が、その人の専門知にとって中心的なこととなる。

社会的に重要な核集合が、いつも、社会的に高い意識を持った科学者たちによって満たされているべきだなどということは、市民に役割を割り振るためにさいころを振って、そのさいころに何かを期待するのと同じである。(167)

いずれにせよ、リスクと便益の計算は、非常に難解かつ複雑な仕事で、そのためには様々なスペシャリスト専門知が必要である。さらに都合の悪いことに、少なくとも政策立案者の観点から見ると、科学という専門職の内部にある基準は、必ずしも、社会変化のリスク評価のために必要な基準ではない。この問題についてのよい事例が統計の使い方である。多くの科学分野において、結果の公表のために必要な統計的規準は、九五%のレベルであり、一般的にそれは、「このような結果が偶然出てくるのは、一〇〇回中五回しかない」ということを意味している。しかし、九五%の結果の意味することが分かるためには、一回の実験ではなく、その分野全体の集合的活動について知っていることが必要である。(168) それ

〔訳注7〕ここで「核集合 core-set」と言われているのは、当該の専門分野の貢献的専門家のみからなる比較的少人数の専門家グループのことである。この中での論争の進み方は、外部での進み方とはまったく違っていて、それを理解できないと我々は科学論争の本質を見誤ることになる。これは、第三の波の科学論の鍵となる考え方である。「核集合」の概念について、本書の原注92においても参考文献が挙げられているが、『我々みんなが科学の専門家なのか?』(Collins 2014a) の特に一一一—一一四頁の参照が便利である。

(167) さらに言えば、ある種の科学的才能や創造性は、普通の市民との共通感覚が欠如しているところで生まれるのかも知れない。

(168) 公表のための統計的基準は、物理学では、5σ〔訳注:σは標準偏差、前につく数が大きいほど結果の信頼性が高い〕であり、一九六〇年代に経験の結果として3σから改善されたにも関わらず、さらなる要求がされることも時々ある。Franklin (2013) を参照せよ。Collins (2013a: ch. 5) では、このような厳しい基準の意味が、思われているより明快ではないことの理由が示されてい

なりに影響力を持つ有意でない結果の多くが公表されないままで、公表された論文には九五%分のよい結果だけが載せられることになれば、それが悪名高い「お蔵入り問題 file-drawer problem」である。一回の実験、あるいは数回の実験の結果が陽性であっても、最終的な統計的有意性はゼロであることもありうる。「試行数ファクター trials factors」、あるいは、「どこでも効果 look elsewhere effect」として知られていること、つまり、自分や他人の実験室において実験者が統計的除外を行ない、それによって、一回ないし少数回の陽性の結果の統計的有意性が相殺されてしまうこともある。(169) 近年、既に確立されたと考えられてきた諸々の効果について、それを実験で再現できないということが度々起こっていることから、こうした問題は、抽象的な思考事例などではなく、現実の問題であることが明らかになってきている。(170)

ポイントは、ある実験の意義を評価するために必要な専門知は、小さい核グループの実験者の中には見当たらないかもしれないということだ。そのため、選択的モダニズムは、既存の科学者コミュニティではなく、科学的専門知に加えて必要となる他の専門知も含んだ新しい制度に、専門的コンセンサスの評価をさせることを推奨したのである。含まれる専門知の中には、「科学で何が起こっているか」についての社会科学の専門知があり、その専門知は、関連する専門知をどの社会グループが持っているかを知ったり、彼らの実践がどれくらい科学の基準に従っているかを理解したりするために貢献できる。タボ・ムベキの事例をみてみよう——この事例は、選択的モダニズム的な分析のための模範的事例の一つである。この事例において、重要な問題は、どのようにして異端派科学を特定するのかということである。ムベキ大統領と大臣たちは、必要な専門知がなかったために、それができなかったのであるが、すぐに分かるように、社会科学者と医学者とによる、フクロウ委員会のような諮問委員会があれば、まさに、言い立てられていた論争が実は「賞味期限」切れのものだったことが分かるために必要な「注意と努力義務と合理的予見と」を提供できたはずなのである。対照的に、分析‐熟議アプローチだったら、デュースバーグやマリスといったノーベル賞受賞科学者たちの意見を排除することはできなかっただろう。彼らの見解を真面目に捉えてはいけないことに気付くことは難しく、(ワクチン反対運動の歴史が示しているように、) おそらく、どんな熟議制度であろうと、そこで、彼らの声は最も説得的な声として扱われてしまっていただろう。デュースバーグのような科学者の側から言えば、彼らは、誠実さをもって、自分たちが危険な干渉だと考えているものの使用を止めようとして、運動を続けているのである。(171) この

(169) Ioannidis (2005) によれば、「2σ」レベルの結果——物理学以外の科学では標準である——のうちの半分くらいは信頼できない。フクロウ委員会は、ランダムな間違い、構造的な間違い、試行数ファクター、お蔵入り効果、母集団における異常な分布等々の相互関係について分かっていなければならない。科学におけるワシたちの多くに関して、彼らは公表のための圧力に直面して統計を処理するという意味で信頼できないことが示されているが、公平な言い方をすれば、これは難しい問題である。

(170) これらの問題についての議論は、Collins (2013a: ch. 5) を参照せよ。

(171) Ioannidis (2005). を参照せよ。

(172) この主張は、Selinger, Thompson and Collins (2011) で予想されていたものだ。その論文でトンプソンが、ダグラスに似たかたちで主張しているところによれば、遺伝子組換え作物を罵倒する科学者の行為は非道徳的である。なぜなら、遺伝子組換え作物によって多くの栄養やビタミンバランスが提供されて、発展途上国において多くの人命が救われたかもしれないのに、その命は、現状では失われているからである。コリンズの主張では、もし、遺伝子組換え作物に反対する科学者が本当に遺伝子組換え作物が危険だと信じているなら、その導入に可能な限りの力で反対することは彼らの責務である。どちら側で幸福のバランスをとるかを決めるのは、政治家の仕事である。選択的モダニズムでは、科学のバランスを決めるのはフクロウ委員会で、幸福のバランスを決めるのは政治家の仕事だということになる。

ように心底から対立している複数の立場がある場合に、そこから政策を作り出すためには、善良なる意志があるだけでは足りず、長期間にわたって解決されないと思われる不確実性に直面したときに「最善の決定」を見つけるための理論的根拠が必要であり、その理論的根拠を得るためには、科学で起こっていることについての、高いレベルでの理解が必要となるのである。[172]

関連してもう一つ、選択的モダニズムがダグラスと違っているのは、選択的モダニズムは、科学それ自体には、非常に狭い範囲の価値しか結び付けていないという点である。科学的価値がそのまま社会の価値になってしまったら、科学が特別性を失ってしまう危険がある。このことは、分析－熟議手法の議論では特に分かりやすい。というのも、そこで全体に共通する考え方は、科学における認識外的な価値判断を、民主的に構成された組織の価値判断となるべく密接に連携させることだからである。選択的モダニズムのもとでは、科学は、それ自体として価値を持ち、他とは違う特別な生活形式として擁護される。ダグラスの立場では、特別に科学だけの特徴となっている価値に、一般的な社会的価値を付加することが奨励されるが、それでは、科学を科学たらしめている価値の重要性を薄めてしまうことになってしまう。

我々が良性の民主主義だけを考えているうちは、この違いは、大した違いにはならない。しかし、第一章で触れたように、社会が、嫌悪すべきと考えられる価値を特徴とするようなものであったら、ダグラスの分析はあまりうまくはいかない。我々は、科学者に対して、そうした嫌悪すべき価値を掲げ、その社会において「善き市民」とみなされるような行為をすることを求めはしないだろう。歴史において、我々は、そのような場合になにが起こるのかを見てきた。選択的モダニズムも、科学的価値を社会から隔離はしないが、そこでは、社会が科学の価値を大切に守ることが奨励されるのである——選択的モダニズムは、科学を社会から守り、権力やアイデアの分立構造を作り出し、社会が間違った方向に行ってしまったときには、科学的価値によって社会が導かれる可能性を作り出すのである。この緊張感は、まさに、ヨーロッパのファシズムがその頂点だったころに、科学が道徳的リーダーシップを果たすのだという考え方を導いていたものである。

ここで述べておかねばならないが、選択的モダニズムの見解では、結論として、極度に不道徳な科学実験——例えば、科学的知識を得るために人間を拷問したり殺したりといったことを含むような実験——も科学として認められ、しかも、その実験が普遍主義、確実性等々の価値に従って遂行されている限り、高潔な科学として認められる。選択的モダニズムにおいても、そのような科学は忌まわしいものとされるのであるが、その理由は、その実験が科学の定義の範囲内に含まれないからではなく、その実験が人間の行為として忌まわしいからである。つまり、それは科学ではあるが、不道徳な科学なのである。それほど極端でない現実的な例を出すと、今日多くの人々が動物実験について強い意見を持ち、賛成したり反対したりしている。選択的モダニズムは、その問題に特別な見解を持たないし、持ちえない。もちろん、社会一般が明確に動物実験反対に傾いたなら、そのような未来社会に生活する個人として我々は、科学者が動物実験を廃止することをうれしく感じるかもしれないが、そのことは、選択的モダニズムとは何の関係もない。それは、我々の生活している社会の価値が変化しただけであって、それ以

(172) この種の考え方がうまくいくことの具体例は、Collins, Ginsparg and Reyes-Galindo (2016) を参照せよ。

降起こるかもしれない忌まわしい動物実験は、もう科学実験としては認められないということではない。

繰り返すが、選択的モダニズムには、それ自体としては、すべての市民的価値を擁護しようという野心はない。第二章で述べたように、善き社会というのは、科学の中にある価値に加えて他の多くの価値に依拠している。同様に、科学も、それ自体としては、すべての社会的価値や道徳的価値や美的価値を守ることはできないし、科学がそれをすべきだと、選択的モダニズムが主張するわけでもない。むしろ、選択的モダニズムの目的は、普遍主義、利害無関係性、組織化された懐疑主義、目的開放性といった価値を守ることに限定されている。選択的モダニズムが目指すのは、広く社会に対して文化的資源を提供するような科学である。先にあげた諸価値の防波堤として科学が機能するためには、科学を社会的圧力から隔離するしかないのだが、ダグラスの枠組みでは、全体としての社会から科学を分離できなくなってしまう。つまり、ダグラスと違って、選択的モダニズムは、科学を定義づけるような諸価値と、科学が、自分の埋め込まれている社会から受け入れたり共有したりしている価値とを明確に分離するのである。

そうなると、次の問題はテクノクラシーである。選択的モダニズムのもとでは、テクノクラシーは否定され、民主主義が技術的専門知より上位に位置付けられる。他方で、ダグラスは、その点について、もう少し曖昧である。彼女によれば、政策的助言につながるような技術的資源を持っているのは科学者のみであるが、その助言は、分析‐熟議メソッドを通じて市民によって監督されねばならない。対照的に、選択的モダニズムでも、科学者は政策立案を任せられるほどには信頼されておらず、任せられるのは進言のみであるが、その進言は、科学を評価するためのスペシャリスト専門知からなる上位の機関——フクロウ委員会——によって媒介される。政治——したがって市民——は、政治的局面に集中し、フクロウ委員会が推奨する技術的助言や政策的進言をすべて拒否することもでき、その際に課される制約条件は、助言や進言を拒否したということが明確に示されねばならないということだけである。我々と違って、ダグラスならば、科学を再定義して、明示的に、科学の日々の仕事へと社会的価値を流し込もうとするだろう。そうすることで、技術的局面と政治的局面との区別はなくなり、科学の専門家によって提供される政策助言において、外在的（つまり科学外的）な政治性が、ますます重要で正統なる役割を果たすことになる。ここでも、対照点を明らかにするために適した事例を選ばないといけない。経済学の助言の事例に関して、ダグラスのモデルだとどうなるだろうか。この場合、彼女のアプローチは経済学者に対しあまりに強い権力を与えることになってしまうが、選択的モダニズムでは、政治的理由によって経済学の助言をくつがえすことはそれほど難しいことではない。というのも、ダグラスは、社会的価値が科学の実践に影響を及ぼすこと（間接的価値）を許容しており、科学コミュニティから出てきたコンセンサスを等級付けようとは考えておらず、政治的局面に対し、非常に強いコンセンサスであろうともくつがえせるような絶対的権利を与えていないからである。

まとめると、ダグラスの立場は、出発点においては選択的モダニズムと近いのだが、そこからの実践的な帰結を考えると相違が目立ってくる。例えば、選択的モダニズムと比べて、ダグラスは、科学の結果により大きな重要性を付与している。特に、それが分析‐熟議プロセスによって調整されているときには、なおさらである。ダグラスは、独自の価値体系としての科学的価値の特別性や重要性をほとんど重視していない。彼女は、（フクロウ委員会のような委員会にではなく）科学者に、科学的知識の陳述の決定権をより多く与え、それに比べて、政治家には、専門家の意見を拒否する余地をあまり与えないことによって、我々とは違った地点で、科学者と社会とのバランスをとっているのである。

フィリップ・キッチャー

これと一見、類似した議論は、市民パネルの役割に関連して、最近のフィリップ・キッチャーの業績にも登場している。ただし、そこでは、結果はテクノクラシーに向かっている。科学と社会との関係についてのキッチャーの分析は、次の二つの書籍として出版されている。二〇〇一年に公刊された『科学、真理、民主主義』、二〇一一年に公刊された『民主主義社会における科学』。キッチャーの全体的な目標は、彼が合理的な知識だと考え、かつ認識的に他より優れた形式の知識だと考えている、科学の擁護であり、同時に、社会のニーズに合わせて科学の仕事を軌道修正することである。この目的のために、『科学、真理、民主主義』では、「秩序ある科学」という考えを展開し、まず市民が専門家から、可能性について教えてもらい、その後、市民が可能性の選択肢から優先順位をつけて選択するとした。この考えは、ダグラスの分析における直接的価値の役割に、かなり似ているし、選択的モダニズムにおける、研究助成金の枠組みを設定したり、助成先の優先順位をつけたりする政治的局面の役割にも似ている。

『科学、真理、民主主義』で、キッチャーは、そのような「秩序ある科学」を、どうしたら民主主義社会に取り込めるかを論じている。そこで彼は、専門家が、知識となることを要求している科学的知識を公共の知識として認定して保証するという、科学法廷の考えにかなり近い考えに至っている。ただし、その認定のプロセスは公衆によって正統なものとされなければならないという認識によって、調整はされている。キッチャーについてのレビュー記事において、マシュー・ブラウンは、認定と透明性とが持つ二つの役割について、次のようにまとめている。

> 科学的主張を公共の知識として認定するためには、当該のコミュニティの研究者たちがその主張は十分に正しく、十分に有意であると断定している必要がある……。主張が「十分に正しい」かどうかは、精密さと正確さとに関係した基準によって決まる――つまり、結果はどれくらい真理に近いか、手続きは真理の生成に適したものか、といったことで決まる。この決定には価値判断が入り込んでいる……。秩序だった認定のためには、その価値判断が、理想的な保証のテストを通過していることが必要である。理想的な透明性は、当該の研究者コミュニティを信頼するに十分なくらいに、公衆が知識生産の方法を評価できるかどうかに関係している。透明性の喪失は、科学的権威の喪失と大いに関係している。[173]

キッチャーが本当に知識要求への判定を科学者のみに任せているかどうかは、論点となる。また、「当該の研究者コミュニティ」というフレーズには、経験に基づいた専門家も含まれているのかも知れないが、キッチャーは明示的にそうは言っていない。ここで述べておくべきであるが、公共の認定――理想的な保証による認定――の基準というのは、ロールズ流の思考実験の一つで、そこでは結論は、「それが理想的な対話によって承認された場合にのみ」受け入れられる。「その際の理想的な対話とは、

(173) http://ndpr.nd.edu/news/29284-science-in-a-democratic-society.〔リンク切れ〕

現在も未来も含めた、すべての人間（場合によっては感受性をもったすべての動物）の間で、完璧なる相互関与という条件下において、あらゆる人が価値ある人生を送るための本当の機会均等を目指して交わされる対話のことである」[174]。

この理想がどれだけ現実において適用できるのかは分からないが、与えられた手がかりから示唆される見解は、選択的モダニズムとはかなり相容れないものになる。多分、この考えは、気候変動や神の創造説の議論への応答において（あるいは、少なくとも、その二つを扱うのに適したものとして）作られたものであろう。というのも、キッチャーの見解では、その二つに関しては、公衆の知識認定が間違って行われているからである。このように、例えば、キッチャーは市民パネルを強く支持しているのだが、その支持は、欠如モデル〔市民は専門家よりも知識や判断力が不足しているので、何らかの方策でそれを補う必要があるという考え方〕の考え方に基づいたものであり、つまり、市民は自分の理解の不足を補うために、そしておそらく、専門家が正しい理由を理解するために市民パネルに参加するとされるのである。対照的に、選択的モダニズムでは、上でも述べたように、科学への支持につながるか否かにかかわらず、市民が政治的局面に参加することには価値があり、参加の考え方としても、キッチャーが示唆しているようなトップダウン型の情報の流れではなく、対話が推奨される。

彼の専門家優位の前提は、気候変動を議論する部分では、いっそう明確である。そこでキッチャーは、専門家が選択肢を出し、政策立案者がその中から一つを選ぶという標準的テクノクラシーモデルを超えて、科学の専門家がそのまま決定してしまうべきだと主張している。その主張によれば、科学が価値中立的でないのであれば、そこでの価値としては、最高レベルのスペシャリスト専門知の、つまりは科学者たちの、価値が適用されるのが最善である。キッチャーは次のように述べる。「たとえ、ある科学者がこの問題に長く関わりすぎたために、明らかに不正確な評価を提供したとしても、我々は、本当に、自分たちの判断が――あるいは他の誰かの判断が――、その科学者と同等のものだなどと思うだろうか」[175]。

この立場は、選択的モダニズムが提唱する、最小限の基本姿勢と大きく違っている。選択的モダニズムの見解では、科学者や専門家がそのような政策決定を担うことは決してないし、政策立案者は、最高度に合意されている専門家の助言であろうとも、それを受け入れる義務はない。むしろ、政策立案の決定権は、公選による代表者に委ねられており、専門的助言者の役割は、科学的コンセンサスの内容と強度について説明することで、その説明に基づいて政策立案者が自分の選択をするのである。

マーク・ブラウンが述べているように、確立された専門知の役割を擁護し支持しようとするあまりに、キッチャーの立場は、あいまいで矛盾に満ちたものになってしまっている[176]。一つ例をだすと、キッチャーの主張によれば、政治的コンセンサスにそわないような結果について、科学者がその発表を差し止めることは許容される。なぜなら、その差し止めは、その情報が政策に反対する者たちの手に渡った時に、彼らが引き起こすであろう政治的妨害を予見して（そして、それを防ぐため）の行為だからである[177]。し

(174) http://ndpr.nd.edu/news/29284-science-in-a-democratic-society.〔リンク切れ〕
(175) Kitcher (2012:33–4).
(176) Brown (2013).
(177) 直接引用してはいないが、おそらくキッチャーは、メール漏洩によって起こった「クライメイトゲート」論争のことが念頭にあるのだろう。そうだとしても、このような対処によって物事が改善されるかは分からない。実際に、クライメイトゲート事件への適切な対応としては、より透明性を求めること、つまり、最先端の科学の遂行に伴う困難について、より開かれた理解を目指すべきだと主張することも可能である。〔訳注：クライメイトゲート事件については、本書の注26を参照せよ。〕

かし、そうした行為は、選択的モダニズムの科学の規範に反する行為であり、科学界の「ワシ」に対して、自分たちがよいと思う政策を立案できるような、あまりに大きな自由を与えることになってしまう。そしてそれは、テクノクラシーの前兆である。

まとめ

本節では、選択的モダニズムが、様々な民主主義の理論や原理と矛盾しないことを示してきた[178]。主張をするなかで、我々は、デュラントにならって、民主主義に対する熟議的アプローチに焦点をあて、自分たちのアプローチがロールズの立場に最も近いと認めた[179]。デュラントと同様、我々も選択的モダニズムは、異なる「諸立場」を平坦な認識論的基盤から生まれたものとして扱う、アイデンティティ政治〔特定のアイデンティティに基づく集団を社会的抑圧から救うために行われる政治〕に由来するアプローチとは相容れないものだと考えている。当然ながら、多様な社会的立場は、多様な経験や多様な専門知を生み出し、それらの内のいくつかは、特定の文脈のなかで特別に重要なものとなるが、多様な社会的空間において多様な科学があるなどということはあり得ない。

選択的モダニズムでは、専門的な助言は、専門家によって提供されるべきだと主張されるが、近年の熟議制度を巡る政治理論の展開も大いに支持される。そこでは、様々な形態や場所における熟議と代表制度について議論されている[180]。その意味で、STSと政治理論との間の関係については、選択的モダニズムは、他のほとんどの学術的見解とそれほど矛盾しない。つまり、代表制度、権限、説明責任《アカウンタビリティ》といった民主主義の古典的問題は、一つのフォーラムで処理されるものではなく、時間と空間とを広く使ったプロセスの中で処理されることを保証しておく必要があるということだ。選択的モダニズムは、そのような広がった関係性を、サンドウィッチモデルで捉えている（図3・3を参照せよ）。

最後に、我々の示してきたことによれば、選択的モダニズムは、科学哲学における近年の多くの成果とも矛盾しない。特に、知識の社会的性質を理解している立場や、専門家の知識をより詳しく調べていくことを価値あることとする立場とは矛盾しない。違っている点は、科学を、認識論的基盤ではなく、道徳的基盤において価値付けるという決断である。また、行われるべき実践的行為に関する結論についても大きく違っている。

（178）民主主義論の入門的概観については、Held (2006) を参照せよ。
（179）Durant (2011).
（180）例えば、Mansbridge et al. (2012) を参照せよ。

第五章　制度的変革

過去数十年の科学論は、公共領域での技術に関わる意思決定のための新しい制度への関心を喚起してきた。社会科学者や自然科学者たちと共に非専門家のステークホルダーと市民とが重要な役割を担う異種混交的なフォーラムは、多くの興味を引いてきた。[181] このような、いわゆる「ハイブリッドフォーラム」が必要である認識的理由は、専門的な技術的知識という伝統的な知の源泉では扱う範囲が狭すぎて、議論されるべき問題点の全体を扱えないからである。[182] こうした「政策的転回」の影響は、ロウとフリューワーの一連の論文でまとめられている。二〇〇四年と二〇〇五年に書かれた論文で、彼らは、一〇〇種類以上もの市民関与のメカニズムを挙げていて、さらにそれらを、意思疎通、相談、参加などの区別に基づいて、十四の異なったアプローチタイプに分類している。[183]

このような注意喚起が、政策立案者たちからも注目されてきていることは特筆すべきだろう。イギリスでは、多くの場合、貴族院科学技術委員会が二〇〇〇年に出した報告が指標となる文書とされるが、他にもイギリスの政策文書や政策提言のいくつかが、似たように、公共の関与に賛成の立場をとっている。[184] より重要なことだが、イギリスや他国において、こうした考えが実践に移されていることを示す証拠もいくつか存在する。この革新の動きのメニューに、選択的モダニズムは、新しい制度化をもう一つ付け加える。以下で、そのメニューを提示して、フクロウ委員会という制度と、他の既出の制度とを比較してみたい。

市民パネル、市民陪審、コンセンサス会議

市民パネル、市民陪審、コンセンサス会議は、熟議民主主義のアイデアに依拠していて、参加者として比較的少数の市民を招集する。[185] 招集された市民は、一連の専門家たちのプレゼンテーションで問題点

(181) この活動の価値についての批判的反応については、Rayner (2003) を参照せよ。
(182)「ハイブリッドフォーラム」の用語の由来は、Callon, Lascoumes and Barthe (2010).
(183) Rowe and Frewer (2004, 2005).
(184) House of Lords (2000). Evans and Plows (2007) は以下を挙げている：Royal Commission for Environmental Pollution (1998); House of Lords (2000); Gerold and Liberatore (2001); Hargreaves and Ferguson (2001); Parliamentary Office of Science and Technology (2001); Office of Science and Technology (2002); Wilsden and Willis (2004); Council for Science and Technology (2005). Hagendijk (2004) も参照せよ。
(185) 市民陪審や関連する方法論の基礎となる原則についての議論は、例えば、Grundahl (1995); Glasner and Dunkerley (1999); Guston (1999); Wakeford (2002); Evans and Korchetkova (2009). を参照せよ。

について勉強し、集団としての共通見解を持つために、聞いたことについて自分たちだけで議論する。手続きにもよるが、市民パネルは、これまで参加していた専門家を罷免したり、新しい専門家を選考したり、多数派のみでない少数派の意見も含んだ報告書を提示したりといった選択肢をとることもある。市民パネルや市民陪審の目的は、素人の市民グループから情報に基づいた意見を得て、当該の科学がもたらす問題点についてよく知っている市民が何を望むのかを、技術に関する意思決定の政治的局面において提示することである。つまり、市民陪審というのは、スペシャリスト的専門家による助言の代替物ではなく、それが代替するのは、情報に基づかない公共の意見である。例えば、MMRワクチンの事例での、主流派メディアによる組織的な科学への誤解によって誘発された大衆迎合的な要求のようなものである。

このアプローチの最も発展した事例は、ヨーロッパ諸国において、特にオランダやスカンジナビア諸国でよく見られるが、コンセンサス会議や市民陪審のようなものは、オーストリア、カナダ、フランス、日本、ニュージーランド、韓国、イギリス、アメリカなどの国においても開催されている(186)。選択的モダニズムの観点から見ると、市民陪審やそれに似た制度は、アップストリームの流れを媒介する制度としてうまく機能するようである。市民は問題となっている科学について、その有望性もリスクも含めて、知識を得ることができる。もちろん、そうした市民が、証言をするスペシャリストのコミュニティと同等の理解を獲得できることは期待できないが、法廷の陪審員の場合のように、その判断が形成される過程を根拠に、意思決定者が真面目に受け取ることができるような、思慮に富み情報に基づいた判断に、市民が至ることは十分に期待できる(187)。

構成的技術アセスメント

構成的技術アセスメント（ＣＴＡ）は、双方向的技術アセスメントや参加型技術アセスメントも含めた、技術アセスメントのアプローチの一つである。それらのアプローチは、各々いくつかの点で相違はあるものの、社会的な学習を促進する点や、市民や使用者の関心を早い段階で設計プロセスに埋め込む点で共通している。ヨハン・ショットとアリー・リップによれば、「これら一連のアプローチの特徴は、総合的な技術評価の哲学と我々が見なしている次の諸点に関与していることである。すなわち、社会が新技術を扱うときの試行錯誤学習の人間的コストを減らすこと、そして、そのために、可能的影響を予見したり、その予見的洞察を意思決定や各アクターの戦略に反映したりすることである[188]」。

ＣＴＡの起源は、一九八〇年代の半ばに『オランダ技術評価機構 Netherlands Organization of Technology Assessment』――後に『ラテナウ研究所 Rathenau Institute』と改名――で築かれ、その発生は、技術アセ

(186) オランダに関しては、Bijker, Bal and Hendriks (2009), Den Butter and Ten Wolde (2011)、スカンジナビア諸国に関しては、Andersen and Jæger (1999), Zurita (2006), Nielsen, Lassen and Sandøe (2007)、その他の国に関しては、Guston (1999); Purdue (1999); Einsiedel, Jelsøe and Breck (2001); Goven (2003); Nishizawa (2005); Seifert (2006); Dryzek and Tucker (2008). を参照。少なくとも本書公刊の時点における、より完全なリストとしては、Rowe and Frewer (2004, 2005) を参照せよ。

(187) Evans and Plows (2007); Evans (2011).

(188) Schot and Rip (1997:251).

スメントの構築や使用において鮮やかな転換点となっている。この新しいアプローチは、技術アセスメントのテクニックを意思決定において使用することと、特にSTSの領域では、技術アセスメントがより広範な社会的文脈の中で考えられる必要があるという認識とを含んでいた。このことが、翻って、技術アセスメントを「ダウンストリーム」の活動から「アップストリーム」の活動へとシフトさせる効果をもたらし、使用者やステークホルダーや市民が、技術を評価するために使われる基準の開発や評価をすることによって、設計プロセスに影響を行使できるようになったのである[189]。

CTAやそれと関連する技術アセスメントのアプローチは、それが具体的方法自体への関与ではなく、評価の哲学への関与であるから、広範にさまざまな手法の中で道具として使うことができる。つまり、CTAは、熟議型ワークショップ、フォーカスグループ、対話集会、シナリオ分析等々のような、多様なグループが自分たちの見解を表現できる手法を通じて遂行されるのである。重要なことは、エンドユーザー（や場合によっては使用者でない者）が、まだ設計が修正可能で、設計に多くの選択肢が与えられている段階で、自分たちの懸念事項について詳しく述べる機会を持つということである。そうすることで、後に続く設計においても、より多様で、よりニーズを反映した価値を取り込めるようになるという考え方である。この意味で、CTAは、技術アセスメントの新手法というに留まらず、テクノクラシー的でない新しい技術政策のための、一つの主張なのである[190]。

この手法はかなりの柔軟性を持つため、それが広範な話題に適用できることは驚くに足りない。ただし、特に適しているのは、設計の優先度を決めるときに市民やステークホルダーに明確な役割が与えられている、都市設計や都市計画のような環境に関わる問題である。そのように使われているCTAの具体例を次に挙げる。

・ロッテルダム港の開発についての広い範囲にわたる公聴会が、通常の計画段階の前に開催された。その目的は、政府が公衆の意見を真剣に考慮していないという意見に対して正面から対応することによって、その後の開発の正統性を高めるためであった。それは、「教科書通り」のCTAの実施ではなかったものの、そこには、参加者の範囲を広げ、そもそも新しい港が本当に必要なのかという点までも含めた、広い範囲の選択肢や懸念を考慮しようという明確な意図があった[191]。

・ナノテクノロジーのような新興テクノロジーが、可能的な消費者や使用者によってどのように評価されるかを理解するために、シナリオワークショップが使われた。ここでは、問題となっている技術はまだ開発段階であり、今後の道筋はまだ決まっていないので、CTAのアップストリーム的な性質が重要になってくる。この場合、CTAは、どのようなリスクと便益とが発生し、どのようにすればリスクや便益が軽減されるかを予測するための手法を提供してくれる。もちろん、CTAがもたらす決定的に重要な知見は、市民や使用者によって考えられるリスクは、科学研究者が認識しているリスクとはかなり違っているということである[192]。

(189) Schot (1998). 以下も参照せよ。Rip, Misa and Schot (1995); Grin, van de Graaf and Hoppe (1997).
(190) Schot (1998).
(191) Schot (1998).
(192) Rip and te Kulve (2008).

・新しい病理診断検査の価値を評価するために、CTAの方法論が健康管理の分野に使われた。この場合、ジレンマは、有望な革新的技術について、その効果のエビデンスが限られているために不確実であることが避けられない場合に、それをいつ現場で使用してもよいか、ということである。CTAを使えば、新しい方法の導入の初期段階について評価することが可能であり、同時に重要なのは、新しい方法とともに発生する新しい知識を踏まえた上で技術評価を修正することが可能である。(193)

選択的モダニズムの視点から、CTAの動機となっている諸々の原則について反対することはほとんどない。技術が日常生活の送り方を変える含意を持つ場合、それについての決定のために必要な専門知は、ますます至る所で重要となる。もちろん、だからといって、すべての市民が皆、それぞれの設計シナリオにおける環境的影響のモデル化に必要な統計計算ができるべきだと言っているのではなく、どのシナリオがモデル化されるべきかとか、そのモデルの結果をどのように意思決定で使うべきかを判断するにあたって、市民は正統な利害関係を持つのだと言っているのである。同様に、CTAのプロセスのために、市民や使用者が、ナノテクノロジーや遺伝子検査を開発するスペシャリスト専門家になる必要はない。必要とされるのは――この点は選択的モダニズムも賛同するが――、新しい技術が特定の社会的文脈のなかでの使用のために設計されるとき、その社会的文脈がどのように機能するかを、それを変えてしまう前に、理解しておくことである。

ただし、具体的な詳細から一歩引いて考えてみると、CTAと選択的モダニズムとの間には、いくつか相違点がある。第一に、CTAは技術についてのもので、科学についてのものではない。技術と科学とは、知のあり方としては、違うものではないが、その生産物と消費者との間の関係は違っている。科学の生産物について、その分野の基準にしたがって判定する位置にあるのは、他の専門家〔科学者〕であるが、技術がしっかり仕事をしているかを判定するのは、使用者である。[194] だから、CTAのような参加型のアセスメントプロセスは効果的に働く――つまり、公衆というのは、そもそも定義上からして、技術の使用者としては専門家なのである。もちろん、当該の人工物を製作するためには、別の専門家も必要であることは言うまでもない。第二に、CTAというのは、関連する広範な社会グループが設計プロセスに貢献できるように保証することで、正統性の問題に対処しようとするものであり、本質的に、アップストリームの関係を仲立ちする制度である。

市民科学

市民科学というプロジェクトは、二つのタイプに分けられる。一つは、科学者によってはじめられ、科学教育の形態をとったり、非科学者を科学研究に貢献するために招く招待プロジェクトの形態をとったりするものである。このプロジェクトでよくあるのは、科学者自身では集められないようなデータを

(193) Retèl et al. (2009).
(194) そこが正統な解釈の場所である。Collins and Evans (2002, 2007) を参照せよ。

集めてもらうためのボランティアを募集したり、大量のデータ処理をするために個人のコンピュータの処理能力を活用したりすることである。この種の市民科学のよく知られた例として次のものがある。

・コーネル大学鳥類学研究所では、気候変動から鳥類の病気に至るまでの広い範囲にわたって、アマチュア鳥類学者が集めたデータが、当該の分野の科学研究者によって分析される。[195]

・SETI@home は、個人のコンピュータを共同科学研究に使おうという最初の試みである。市民は、あるプログラムをダウンロードするのだが、そのプログラムは、彼ら自身のPC上で動き、地球外生命体の痕跡を見つけるために電波望遠鏡のデータを解析するのである。[196]

もう一つの種類の市民科学プロジェクトは、反対や異議申し立ての要素を含むものである。こちらのプロジェクトでは、「市民による」科学というだけでなく、「市民のための」科学という面が強調されている。[197] 場合によっては、「サイエンスショップ」の例のように、市民が自分たちの代理として技術的専門家を雇って、彼らにデータを集めてもらったりもする。他にも、確立された制度や専門知に対して、特定の領域で生活したり働いたりすることによって市民が持つに至った専門知をもっと認めるように要求するようなものもある。典型的な具体例は、健康や環境の問題の周辺に多く、公的機関が否定している危害の証拠を提供するために、住民グループや患者グループが、証拠となるローカルなデータを集める「大衆疫学」なるものも発生している。[198] 草の根キャンペーン活動の展開において、ローカルな参加者は、確立された専門家が有効で信頼あるものと受け入れてくれるような、アクセス可能で手頃な証拠を生成する方法を見つけるために、注目すべき創意と機知を発揮する。さらに、市民グループの側が、例えば、玩具のロボット犬を、環境汚染レベルをモニターする移動センサーに造りかえるといった、新しいスキルや専門知を開発することもある(199)。

選択的モダニズムは、すべての種類の市民科学の動きを支持する。選択的モダニズムの目的は、科学の価値を、それ自体として重要なものとして宣伝することであり、市民の科学活動への参加を奨励することは、科学の価値を浸透させたり共有したりするための方策の一つとなる。しかし、そうだからといって、すべての市民科学者が、高度な専門家であるということにはならない。高度なスペシャリスト専門知を獲得するためには、非常に長い時間と多大な労力が必要である。アマチュアスポーツとプロスポーツとの類比が分かりやすいだろう。アマチュアとしてスポーツに参加していても、プロスポーツの特徴であるような技能や価値への称賛を受けてもよいのだが、そこで世界記録に手が届くとは誰も信じてはいない。アマチュアスポーツやアマチュア演劇やアマチュア芸術などに価値があるのとまったく同じように、アマチュア科学にも価値がある。それは市民の生活を豊かにするし、より重要なことだが、大

(195) さらなる情報については www.birds.cornell.edu. を参照せよ。
(196) さらなる情報については http://setiathome.berkeley.edu. を参照せよ。
(197) この規定は、Irwin (1995) で使われたものに近い。
(198) Brown (1987); Wynne (1992a); Epstein (1996); Popay and Williams (1996).
(199) これは、ナタリー・ジェレミジェンコの「野性犬」プロジェクトである。詳しい情報は、www.nyu.edu/projects/xdesign を参照。〔リンク切れ〕

切な文化的実践を維持することになるのである。もしアマチュア科学が、プロフェッショナル科学の本質的価値を社会に普及するのに役立つのならば、それは間違いなく、よいものである。

公開討論会と公聴会

今では、公開討論会や公聴会は、科学が関連する政策立案の普通の要素の一つとなっていて、アメリカでは、法的に要請されてもいる。公聴会というのは、構造的整備がされていないことと、政府が文書を出してそれについての回答を照合するくらいのことしかしていないので、熟議型のイベントとは言えない。場合によっては、特定の領域や人口層から情報を得るために、討議グループのような、より構造化されたイベントが実施されることもある。[200] イギリスで最大の公開討論会は、「GM Nation?」討論会〔遺伝子組換えに関する公開討論会〕であり、二〇〇三年の夏に、農業環境バイオテクノロジー委員会（二〇〇一年）の助言によってイギリス政府の助成で実施されたものである。「GM Nation?」討論会は、いくつかの公共会議からなり、そのなかには、中央で組織されたものもあるが、ほとんどは地域で作られた集まりである。それらの集まりにおいて、評価記入用紙が集められ、個人として同じフォームに記入して投稿できるようにウェブサイトも作られた。さらに、「狭く深く」を旨とするフォーカスグループが招集され、自発的に形成された討議グループと並行して議論がなされ、独立した評価はレバーヒューム・トラスト〔研究や教育の目的とした活動を助成する、イギリスで最大規模の助成団体〕からの助成を受けた。全般的に、「GM Nation?」討論会の参加者は遺伝子組換え作物の便益に関してかなり懐疑的だったが、他方で、他の調査（例えば、「狭く深くフォーカスグループ」や、評価のための大規模調査など）では両義的な調査結果が出た(201)。

ＳＴＳの研究で、これらのフォーラムにはかなり問題があったことが示されている。第三章で述べたように、問題のフレーミング〔枠組み設定〕、議論するのが許されていることは何か、意見がどのように募られたか、等々はすべて、公衆の意見の形成に影響を与える(202)。また、これらの実施の目的が、実は、権力者が市民の懸念を聴いてそれに回答するためではなく、既に決定している政策に正統性を付与する広報キャンペーンのための情報収集だったのではないかという疑念――だいたいにおいて、理に適った疑念である――もある(203)。選択的モダニズムは、こうした懸念を共有してはいるが、素人市民〔原注17を参照〕が、こうした論争の技術的側面にどこまで有意義に貢献できるかという点に関して、可能性の限界があるとも考えている。また、こうしたイベントが、公衆が自分たちの偏見を吹聴する機会になってしまうという現実的リスクもある。このような理由から、我々としては、情報に基づいた意見が必要ならば、最善の策として、より熟議が可能なフォーラムを作るべきであると主張したいが、それによって問題が解決するかは分からない(204)。

(200) Irwin (2001); Horlick-Jones et al. (2007).

(201) GM Nation? の最終報告は、次で公開されている。Department of Trade and Industry (2003). 公開討論会の独立的な評価については、Horlick-Jones et al. (2007) を参照せよ。Pidgeon et al. (2005) では、GM Nation? 討論における調査項目の分析がなされている。

(202) 例えば Irwin (2001) を参照せよ。

(203) ヨーロッパにおける公共参加についての、ＳＴＳ的観点での概観は、次を参照せよ。Hagendijk and Irwin (2006); Horst et al. (2007).

(204) Evans and Plows (2007).

科学技術への公衆の参加

厳密に述べれば、技術に関わる意思決定プロセスの一部ではないが、一般的な公衆の科学技術への参加の醸成については、ここで述べておく意味があるだろう。スコットランドでは、『ジェネレイション・スコットランド Generation Scotland』として知られる長期的な医療プロジェクトがあり、家族のつながりのデータに重点をおいた遺伝子データベースの作成を目指している。プロジェクトには、医療科学と社会科学との両方の研究者が参加しており、彼らは自分たちのプロジェクトを「スコットランドの人々との共同プロジェクト」と記述している。(205) この文脈において興味深いことは、プロジェクトの正式な立ち上げの中でも、その後の運営の中でも、社会科学者が重要な役割を演じたことと、公聴会が重視されたことである。(206) 公衆によって作成されたデータの使用は、これまでも科学の一部であったし、選択的モダニズムはそれについては特に何も述べることはない。

政策助言者としての専門家

最も民主的なシステムにおいては、専門家は、政策立案者に助言を与えるために使われる。決定が専門家に委ねられることもあるが、ほとんどの場合は、専門家は助言を与えるのみで、決断するのは政府である。[207] 批評家が主張してきたように、こうした問題についての伝統的な考え方はたいてい、第一の波の科学モデルに基づいている。[208] そのモデルによれば、政策プロセスへの専門家の関与は一般的に問題ないとみなされ、論争や問題があるとすれば、それは、制度的設計が間違っているのではなく、公衆の理解が間違っているとされる。そうなると、政策側の反応は、論争における公衆の存在感をなるべく薄めて、科学の持つ自然認識論的権威を取り戻すという形態をとることになる。

分かりやすい例は、前章でも少し触れた「科学法廷」である。カントロヴィッツの提案に端を発した、科学法廷の目的は、政策に関わる技術的知識について科学者コミュニティ内ではまだ論争がなされている段階でも、政治家に対して、ある程度のコンセンサスに達している科学的知識を提供することであった。法廷をまねた制度として考案され、活動的な科学者たちが弁護士として振る舞う一方で、多様な科学的背景を持った熟練科学者たちが裁判官の役割を担った。[209] 科学法廷で生成された、コンセンサスに基づいた助言は、政策的決定に取り込まれた。科学法廷と選択的モダニズムとの決定的な違いは、カント

(205) www.generationscotland.org/index.php?option=com_content&view=article&id=52&Itemid=124.〔リンク切れ〕
(206) Haddow, Cunningham-Burley and Murray (2011).
(207) 本節の記述は、マーティン・ワイネルの業績に深く負っている。
(208) 例えば以下を参照せよ。Lane (1966); Ezrahi (1971); Krimsky (1984); Collingridge and Reeve (1986); Wynne (1989, 1992b); Fischer (1990); Millstone (2009).
(209) Kantrowitz (1967).

ロヴィッツが、科学法的のプロセスの結果はその後の政策の基盤になると考えていた点である。「科学と政治とが混じり合った意思決定において科学的要素と科学外的要素とは一般的に分離できないと言われる。もちろん、最終的な政策決定はそれが基づいている科学的情報と切り離すことができないのは事実である[210]」。逆に、選択的モダニズムでは、政策立案者には、意思決定に至るときに専門家のコンセンサスに従うべきだということは要請されていない――政策立案者に要請されているのは、堂々と、誠実に、公然と事実に向かいあうことだけである。

政策立案者への助言において科学者をどのように使うかについて、似たような論点を含む、最近の議論に、ピールケ・ジュニアが提案する「誠実な仲介者」モデルがある[211]。それは、専門家が政策立案者に対応する仕方によって区分される、科学助言者の役割の四つの理想型の中の一つである。このモデルは、カントロヴィッツと似た前提のもとで考えられていて、誠実な仲介者は一般的には学際的なグループであり、それが、政策立案者に様々な選択肢を示し、そこから一つを選んでもらうのである。選択的モダニズムは、ピールケの関心には同調するが、重要な点で少し違っている。例えば、選択的モダニズムでは、専門家が政策的進言を提供する必要はなく――専門家間のコンセンサスについてまとめることが彼らの第一の責務であり、その意味では、ピールケの「科学的調停者」と似ている――、政策立案者は、自身が望む場合には、専門家の助言を拒絶することができる。他方で、おそらくピールケも賛同するであろう、フクロウ委員会があることによる重要な帰結がある。フクロウ委員会は、ピールケの言うところの「ステルス代弁者」、つまり、専門的知識の状況を偽って提示して特定の政策を唱道しようとする専門家が成功するのを防いでいるのである。

結論

ひょっとしたら、ここであげた様々なフォーラムは、本当の意味のラディカルな代替案を回避するために、市民参加の印象を創り出しているだけなのかもしれない(212)。それでも、参加型で熟議型の制度が増えることはよいことである。公共の調査が既得権益に「占領」されることについての初期のSTSの批判は、今でも重要である(213)。選択的モダニズムは、科学と政治とを明確に分離するという点で特徴的である。STSに誘発された議論の典型的なものでは、公衆と専門家との間の境界線を曖昧にするために、ハイブリッドフォーラムのアイデアが使われる。逆に、選択的モダニズムは、両者について、それぞれに特有の役割と責務とを明示的に区別する。フクロウ委員会には、現在のハイブリッドな制度に既に多くの貢献をしている、経験に基づいた資格のない専門家たちも含まれるが、一般的公衆はそこに含まれない。公衆は、アップストリーム的な熟議型フォーラムに参加することになる。おそらく、そのフォー

(210) Kantrowitz (1967:763).
(211) Pielke (2008).
(212) Irwin (2001:4). ナノテクノロジーと技術革新に対する責任についての、イギリス庶民院調査委員会の委員長によるナノ陪審 Nano-Jury の報告に対する反応について、エヴァンズは似たような経過を見ている。
(213) Wynne (1982); Irwin (2001).

ラムは右述と似たハイブリッドなものになるだろうが、ここでは、そのフォーラムは、専門家のコンセンサスとその限界についての情報に基づいた評価によって補助されている。さらに、もちろん、最終的に政策を決定する通常のダウンストリーム的な政治プロセスにおいては、公衆が自分の役割を果たすことに変わりはない。

第Ⅳ部　マニフェスト

第六章　選択的モダニズムと民主主義

我々は民主主義社会が科学に関わる意思決定を下すときには、科学的知識から始めるべきだと主張してきた。民主主義は常に科学技術よりも上位にあるのだから、社会は、意思決定の仕上げとして科学的知識を使ってはならない。しかし、科学技術から出てきた明確な政策的含意を社会がくつがえそうとする場合には、民主主義社会はそれを明示的かつ説明責任《アカウンタビリティ》を伴った仕方でやらなければならない。民主主義社会は、政策決定を受け入れやすくする目的で、科学を無視したり、科学の主張を曲解したりしてはならない。政治的領域が科学技術を支配するべきであるが、その支配は、毅然とした政治的責任の引き受けと、有権者への説明責任《アカウンタビリティ》を果たすことに裏打ちされている。科学の出す調査結果の曲解によって、有権者への説明責任《アカウンタビリティ》が薄められることがあってはならない。

しかし、科学と民主主義との関係性については、もっとたくさん言うべきことがある。科学的な価値は民主主義的な価値である。科学が民主主義社会にとって重要であるのは、科学が、それ自体の存在によって民主主義を支えているからである。存在の仕方の見本を見せることによって、民主主義社会を導いているのは、専門職の制度であり、そうあるべきなのである。科学であることとそれ自体によって、そして、科学の生活形式を実践していることによって、科学は民主主義の存在の仕方に内実を与えている。もちろん、「科学」という一般的見出しの下に登場していながら、その理想的モデルに沿っていないものも多くあるが、我々は希望を持ち続けられると信じているし、科学のみが理想を実現するための、ほとんど唯一の可能性を持つものだと思わせてくれるような科学のエートス――つまり、お金や物質的財産ではなく、真理を求めるというエートス――に基づく分析的理由もある。

　科学に基づく社会というアイデアは新しいものではない。その社会は文学においては、ユートピアとしてと同じくらい、ディストピアとして登場する。ここでの我々の試作品の内実は、マートンの科学の規範が暗に示していた民主主義的政治性と似ているが、我々は科学ではなく、規範を出発点とする。また、精神としては、反証主義的科学モデルを使って、いわゆる、科学的に再設計された社会へとつながる歴史理論に対抗しようとしたポパーに近い[214]。ここには、ジョン・デスモンド・バナール流の、科学に基づくユートピア的社会主義のようなものはまったくないし、オルダス・ハクスリー流のディストピア的な『すばらしい新世界』のようなものもまったくない。科学によって、我々には、財産と知識とを生み出す打ち出の小槌〔原語は、cornucopia で、ゼウスの授乳に使われた角、「豊穣の角」と呼ばれる〕が手に入り、それが我々の物質的欲求を満たしてくれ、精神的病気や身体的病気を治してくれるなどということを主張したいわけではないし、オムレツを作るために二、三個の卵が無駄になることは覚悟したうえで、社会を根底から設計し直せば、確実にユートピアになるようにする方法を提供できると主張したいわけでもない。我々は、そうした夢から覚めて、あまり面白くはないが、それほど危険でもない世界に居る。そこには科学が人間性を破壊する怖れはない。

もちろん、善き社会というのは、科学に関連した価値の他にも、多くの種類の価値に依存してできている。科学によって提示される価値以外にも様々な価値が存在するし、好みやマナーといった美的価値もある。科学における道徳的価値と民主主義における道徳的価値とは重なっている部分がある一方で、善き社会というのはまた、宗教的な視点や、まだ価値が腐敗していないような世俗の制度にも依存するべきである。本書では、我々は科学的価値と民主主義的価値との共通の基盤について焦点をあてている。すでに説明したように、科学と民主主義とが重なる部分を持つというアイデアの元となっているのは、ロバート・マートンである。表2・2の第八、九、十行は、もともと民主主義の価値と一致しているマートンの〔科学の〕規範である。本書の読者は、科学の形成的意志を受け入れているうちは安心していられるだろうが、もし、科学者が他の人の業績をその人の人種や宗教によって抑圧する（普遍主義から

(214) マートンを参照するときに古典的なのは、「民主主義的秩序における科学と技術」(Merton 1942) で、後に、「科学の規範的構造」(Merton 1979) と改題されている。カール・ポパーの『開かれた社会とその敵』(Popper 1945) や『歴史主義の貧困』(Popper 1957) は、科学の分析を使って、歴史の科学は不可能であることを示している。つまり、歴史理論に基づいた全体主義的国家は、社会の大量な再組織化を科学的に正当化することができない。選択的モダニズムは、いくつかの規範に関して、マートンとは違っているし、一番明らかなのは、科学の規範が科学の有効性に基づくとしていない点でマートンとは違っている。選択的モダニズムは、科学を「論理」ではなく生活形式として捉える点でポパーとは違っている。マートンにならって言えば、反証主義の規範を含めた科学の規範は、科学の後に来るものではなく、科学より前にあるものなのである。

の逸脱）とか、他の人の業績を自分の利害関係によって抑圧する（利害無関係性からの逸脱）とか、自分の業績を批判者に見せることを拒絶する（組織化された懐疑主義からの逸脱）とか、自分の業績を公開することを拒絶する（共有主義からの逸脱）といったことを聞いたら、ぞっとすることだろう。人は、どうして他の科学ではなく自分の科学を選び、また、どうして他の社会ではなく自分の社会を選ぶのだろうか。こっそりとした秘密厳守の社会は、権威主義的なものになり、情報は管理され、知識が権力の道具となるだろう。そこでは、独裁者のような者が一人ですべての情報を管理し、支配者に対する批判を非合法化しようとするだろう。民主主義社会では、人民が政府に反対の投票をした場合や、人民が政府を批判することで投票が実施された場合などに、政府が交代する可能性が開かれていなければならない。ジョージ・オーウェルの『１９８４』は、秘密厳守となった社会の実例をフィクションとして描いたものだが、北朝鮮などは現実世界の実例を提供していると言える。それに対し、民主主義社会では、公共の領域における説明責任《アカウンタビリティ》と透明性が優先されねばならない――どちらも、ある程度は共有主義に依存している。そして、人は、はたして、自分の社会が普遍主義的でないものになってもよいと思うだろうか。その人に帰属される性質に従って人民を区分するような民主主義社会を想像できるだろうか。実際には多くの社会でそれは行われているのだが、本書の読者、少なくとも、その中でも選択的モダニストは、そのような社会を善き社会であるとは言わないし、民主主義社会であるとも言わないだろう。利害無関係性に関しては、話はそれほど簡単ではないかもしれない。利害無関係性は、科学にとって本質的である。そうであるからこそ、我々は、雇われ科学者が、タバコ会社や石油会社の利益になるように調整された調査結果を出していたことを知ったときに、まっとうに、あきれかえったのである。[215] 他方で、民主主義の仕事の一つが、複数の特定の利害関係間の調整をすることであるというのは想像できることだ。それでも、政府のメンバーの特定の利益のために国を運営することが民主主義の仕事でないのは確かだろう。それこそが、「贈収賄」と呼ばれるものである。

他の価値についても続けて行こう。民主主義社会の設計というものは、決して終わりのない作業である。つまり、民主主義社会というのは、ある計画に基づいて最終版として決定されるなどということはないのである（表2・2の第十六行）。民主主義というものは、常に改善がなされうるものであり、常に変化することが許されていなければならず、つまり、目的開放的である。目的開放性と関係することだが、民主主義は、個人が大衆に対して際立っていなければならないという意味で、個人主義的でなければならない（第十四行）。善き社会では、人種、信条、社会的偏りに関係なく、人は誰の意見にも耳を傾けねばならない。人は、異端派の意見が正しくて多数派が間違っているかもしれないということについて、たとえ、そのときに具体的にどう振る舞うかは明確でなくとも、受け入れなくてはならない。善き社会というのは、科学においても、政治においても、クーンの言う「本質的緊張」――個人と多数派との間の緊張関係――なしには存在しえない。その社会は、コンセンサスによって統治されることになるが、そのコンセンサスは、常に個人からの異議申し立てが可能で修正も可能でなければならない。

(215) 純粋な第二の波の科学モデルでは、科学者が商業的利益のために雇われるということに反対することは難しい――つまり、それは、利益に導かれて科学を遂行する一つの方法であることになるからである。

最後に、民主主義においては専門知が重要な役割を果たさなくてはならない。さもなければ、人が自分のスキルを高めるために投資する意味がなくなってしまうだろう（第二行）。いかなる分野でも、よい分析のためには、高いレベルの職人的熟練や経験が必要であり、そうした能力のうちで、知識を生み出したり知識を批判したりすることに優れたものもある。つまり、民主主義社会は、専門家に対し、より一般的に言えば経験に対し、特別な役割を与えなければならないのである[216]。善き社会では、専門家たちの見解は公然と提示されるが、その見解は政治的にくつがえされることもある。つまり、専門家というのは、狭い自分の専門領域においてのみ専門家なのであり、このことを確認しておくことは、その先にあるテクノクラシーを防ぐための防波堤となる。政治的選択をするためのスペシャリスト専門家などというものは存在しないのである。

次に民主主義のための具体的な帰結が続く。というのも、選択的モダニズムにおいて技術が関わる意思決定に不可欠の要素である科学や技術の専門知は、ある特定の社会制度のもとでなければ力を発揮できないからである。だから、選択的モダニズムでは、特定のスタイルの民主主義を優先する。民主主義は、エビデンスを作り出すこと、エビデンスについて考察すること、エビデンスの使用や濫用についての政治的説明責任《アカウンタビリティ》を持つことなどを大事にしなければならない。エビデンスが生成されるためには時間が必要だし、現行の科学のコンセンサスの意味を評価したり、それに従ったり、それを拒絶したりするためにも時間が必要だし、政治家が自分の決定を説明する前には、調査結果について判断するための一定の期間が必要である。民主主義には様々な流儀があるが、選択的モダニズムが優先するのは、技術的論争に時間と場所とを割くようなシステムであり、技術的論争の結果が人目に晒されたり、考察されるために時間と場所とを割くようなシステムである。そして、選択的モダニズムと第三の波とは、技術的ポピュリズムに反対するだけではなく、すべての種類の極端なポピュリズムに反対する。科学技術が真実を見つけるためには、非常に長い時間が必要であり、それよりは短い時間で済むものの、政策決定に資するような、だいたいのコンセンサスを形成するためにも、結構な時間がかかる。つまり、制度として、技術的コンセンサス形成と、さしあたりの政治的選好とは切り離さないといけない。このことは、社会が良心を失っているときには、恐ろしいほど当然のこととなる。[217]

さて、この六つの項目――普遍主義、利害無関係性、組織化された懐疑主義、目的開放性、個人的意見と大衆的意見との緊張関係、専門知と経験とを高く評価して育成すること――の中に、善き民主的社会と科学の形成的意志との間の重なり部分があるはずである。つまり、選択的モダニズムは、ある種の「科学主義」――科学を資源としてだけでなく、我々の文化の中心的要素と考えるような科学主義――として記述することもできるのである。[218] しかし、選択的モダニズムは、過去五十年にわたる科学の批判

(216) 先に説明したが、――スティーブン・ターナーのように――専門知というのはスペシャリスト的な本質によって元来、公共の管理に反抗的であるという点で、自由民主主義に対して特別の課題を提起している、と主張するものもいる。このことは、第四章で論じた。
(217) 注意すべきだが、選択的モダニズムが扱っているのは、厳然たる事実についての科学的コンセンサスや意見の不一致である。選択的モダニズムは、少なくともこの段階では、科学研究の方向性については、ほとんど何も言うことはない。そのような「アップストリーム」的な問題に関する選択的モダニズムの立場については、本書の第三章において、科学と社会の「サンドウィッチモデル」という標題のもとで詳しく論じた。
(218) これは、『専門知を再考する』(Collins and Evans 2007:10〔一三〕) で「科学主義4」とされたものである。そこでは科学主義が

的分析の提供する情報に深く基づいているため、その他の種類の科学主義には断固として反対する。
本書がしなければならないのは、民主主義における科学の中心的役割を確立することである。本書は、一九六〇年代から一貫した基調であり続けている、科学の文化的地位の腐食を、ある程度、修復しようとしてきた。[219] しかし、我々は、文化的勢力図の再編成の結果出てくる現実的な疑問に答えようとしているだけであって、単純に一九五〇年代以前に戻ろうとしているわけではない。誰が科学の専門家であるかを誰が決めるのか。科学の専門家の意見が一致しないときに我々はどうすればよいのか。テクノクラシーを生み出さないように、科学を健全なやり方で重視しながら、意思決定するような制度を設計するにはどうしたらよいのか。我々の解決策は、フクロウ委員会である。残念ながら、また一つ委員会が増えるのであるが、興味深いことに、その委員会は、過去五十年以上をかけて得られた社会科学的知見と、科学とを融合させて、技術が関係する政策立案のために解決されねばならない社会科学的問題を解決するために作られた委員会である。その問題とはつまり、何が科学者コミュニティにおける現行のコンセンサスなのかという問題である。この問題は科学的問題ではない。というのも、そこでは「何が科学的、あるいは技術的な厳然たる真理なのか」が問われているのではないからである。問われているのは、「科学者と技術者が現在のところ何を信じていて、彼らはそれをどのくらい強く信じているか」である。この問いが、明確かつ公然と答えられたなら、後は政治の話である。フクロウ委員会への貢献者として、社会科学者は、問題を明らかにするだけでなく、問題の解決にも参加するのである。[220]
本書の議論全体の基盤は、非常に頼りない――つまり、民主主義に対する選好と、科学的価値に対する選好と、その二つの価値が大部分で一致しているという認識である。この基盤は、これ以上の正当化ができない、一つの選択である。この選択が魅力的でないならば、本書自体も魅力的ではないだろう。さらに、その選択は、科学の生活形式についての特定の記述に依拠していて、その記述は、ほとんどの科学が現実にしていることとは一致しないというのであるから、本書の議論の全体は、それが素朴過ぎるという非難に対しては対抗できない。さらに悪いことに、その素朴さとは、過去五十年の「科学論」を特徴づける、科学についての多くの鮮やかで詳細な研究から目をそらすことでもあるのだ。我々が求めているのは、科学の可能性である。つまり、科学だけは、他の多くの専門職制度とは違って、至る所にある金銭的圧力や政治的圧力に直面しても、自分の価値の腐敗から逃れられるかもしれないという可能性である。この素朴さの基盤には、日々の科学者の活動を二つのタイプに分類するという手法がある。つまり、「偶然的」な活動と、世界内存在のあり方を形成するような活動——「形成的意志」——とへ

次のように定義されている。**科学主義1**：科学的方法や科学的推論に関する何らかの標準的モデルに、杓子定規にこだわること。**科学主義2**：科学原理主義：すべての問題に対する唯一の健全な答えは、科学や科学的方法のうちに見出されるはずだという狂信的な見解。**科学主義3**：科学の専門家によって厳格に設定された「命題的問題」だけが、公共領域における科学技術が関わる論争への唯一の正統なアプローチだとする見解。この見解は、そうした問題が政治に埋め込まれていることに目を向けない場合が多い。**科学主義4**：科学は資源としてだけでなく、我々の文化の中心的要素としても扱われるべきだとする見解。科学主義1から科学主義3までは、選択的モダニズムでは却下される。

(219) 変化する「時代精神」についての分かりやすい説明は、Collins (2014a) を参照せよ。〔訳注：「時代精神」という概念は、『我々みんなが科学の専門家なのか？』(Collins 2014a) で何度も登場する鍵概念である。〕

(220) 一九七二年に作成され一九九五年に廃止されたアメリカ技術評価局（ＯＴＡ）の仕事と似ている。ＯＴＡの役割は、議会に対し、自分たちが見つけられる限りの最善の科学的及び技術的コンセンサスに基づいて、萌芽的技術についての情報を提供することで、その報告は公開されている。ＯＴＡの歴史について詳細は、Sadowski (2015) を参照せよ。

の分類である。また、この素朴さの基盤には、形成的意志の持つ二つの特質についての主張がある。第一に、科学の全体としての目的は、真理の探究である。つまり、たとえ、次々に欺瞞行為が見つかっても、そして、たとえ、世俗的報酬につられて次々に科学的活動が歪曲されているとしても、我々は科学について、他の多くの専門職に対しては言わないような調子で、次のように言うことができる。すなわち、そのような歪曲を許すことは、そのまま、科学をやめることに等しい、と。かつては、芸術や宗教についても我々は同じことを言うことができたが、この二つについては、今でもそう言えるとは思えない。ところが、真理の探究は、科学の概念そのものと一体化しているので、科学を天職とする者、今でもそう考えている者は、真理の探究以外の目的は、自身の実存の否定と捉えざるを得ないのである。第二に、我々社会科学者が何を言おうとも、科学者というのは、研究に十分な時間があれば、そして、十分に努力をすれば、最終的には、自分が厳然たる真理を見つけられるということを確信している。このことを科学者たちが信じている限り、彼らが自分たちの価値体系を保持することは、彼ら自身の方法論によって要請されているのである。

素朴さに賭けてみてはどうだろうか

今日の世界において、このようなことは、すべて絵空事に過ぎないのだろうか。この文章は、重力波の最初の検知についての誇らしげな発表の十一日後に書かれたものだ。コリンズは、重力波を検知しようとする試みを、それが始まった一九六〇年代から追っている。彼は、一九七二年にフィールドワークを始め、それ以来ずっと続けている。重力波検出の科学は、コリンズが見続けてきた四三年間にわたって、先の素朴な記述にある科学の特徴を忠実に実行している。いくつかの誠実でないと思えるような行為――ときどき大げさな宣伝をしたり、過去数カ月の出来事の時期尚早な発表を切望するジャーナリストを欺いたり――はあるが、たいしたものではない。それ以外のすべての行為については、そして、今では奇妙なまでに楽天的に思える右述の報告にしても実のところは、真理の探究への意志に基づいた行為なのである。それ以外の理由で人がそんなことをするはずがない。

科学を遂行していると宣言し、自分が科学的行為と呼ぶものに基づいて自分の判断を下すことができるコミュニティと、積極的に科学と政治との境界線をなくそうとしているコミュニティとの間のコントラストは、本書の主題の一つである。科学について研究している社会科学者の間では、「この主張は、他よりも科学的であるからよい主張である」などという正当化に出会うことはほとんどなく、(時には隠れた)政治的立場によって正当化されるような知識生産行為に出会うことの方が多い。学者たちは、常に科学論争と「科学戦争《サイエンス・ウォー》」との間の境界線を維持するために戦っている。科学論争というのは、真理を見つけるために行われるもので、科学戦争は、弁護士や政治家がするように、論争に勝つために行われるものである。科学論争というのは、自分の敵の立場をなるべく完璧に理解することから始まり、最終的には、自分自身に対して、そして、(実現する望みはほとんどなくても)敵に対して、その人のどこが間違っているのかを示すことを目的とする。科学戦争というのは、敵と議論するために行われるのではなく、外部の聴衆に向けて行われるもので、科学論争では失点につながるような、敵の立場の曲解は、むしろ有効な戦術となる。科学の社会的研究においては、この違いを維持することは特に難しくなる。なぜなら、そこでは、科学は、真理探究行為ではなく説得術と捉えられているからである。

科学は一九六〇年代以降、「破壊」され続けてきたのかもしれないが、本書が主張するのは、我々が科学的価値を拒絶するなら、それなりの危険を覚悟しなければならないということだ。そして、科学的価値を拒絶することは危険であるから、我々は、もう一度それを高く掲げなければならないということだ。秘密裡に遵守されている価値は、公然と高く掲げられ称賛される価値よりも壊れやすい。ある意味では本書は、我々が科学について普段から分かっているが、ことさら述べるまでもないことを、改めて述べているだけである。新しいのは、その述べ方である。この宣言は、社会科学者だけでなく、自然科学者に対しても向けられている。我々は、文字通り、今でも科学的価値を高く掲げて実践している自然科学者たちがいることを見つけてはきたが、それが、科学者コミュニティにおいて一般的であるとは言い難いということも知っている。我々が科学者にお願いしたいことは、専門職の一つとして、社会において指導的役割を果たすことであり、つまり、自分自身がなすべきことに対する使命を自覚し、世俗的な制度からの誘いを拒否することである。それは大変な重荷である。

本書は、科学と科学的価値についてのものであるが、全体的な主張は、一般的に通用する含意を持っている。それはつまり、相対主義の論理を容赦なく使用することでは、しっかりした実践的結論は出てこないということだ。正と誤は、論理よりも強いものであり、相対主義的アプローチでの分析によって、どのような生活の仕方も他のすべての生活の仕方と同様に善であるなどということが帰結されてはならない。何よりも、本書のもとになっている認識は、我々を、選択を下すことから解放してくれるものなど、最終的には何もないということである。学者である本書の著者たちは、「あれ」よりも「これ」をしたり考えたりすることの正当化や理由を探しながら、日々の生活を送っていて、小さなことで成功をする。しかし、学会に次ぐ学会、戦争に次ぐ戦争、暴虐に次ぐ暴虐の中で、分かることは、本当に大事なことが関係する場面では、理性は何も説得してくれず、選択が必要だということだ。本書は、その選択のうちの一つについて本質を明らかにし、科学の功利性よりも深い理由によって、科学的な生活を中心に据える社会を擁護するために書かれた。お分かり頂けると思うが、このような考え方を理解するための鍵は、たとえ科学の出す結果がひび割れて役に立たないとしても、科学を擁護できるかと考えることである。考え方のこつは、たとえ科学自体が機能していないとしても、機能するような科学の擁護を考えることであり、科学に、民主主義の地位を奪わないで、民主主義を傍らで支えるような役割を与えることである。

訳者あとがき

本書は、Harry Collins & Robert Evans, *Why democracies need science*, Polity Press, 2017 の全訳である。著者のハリー・コリンズとロバート・エヴァンズは、イギリスの科学社会学者で、二人ともに現在、イギリス・ウェールズのカーディフ大学（Cardiff University）の教授職を務めている。両著者ともに現代の科学技術社会論（ＳＴＳ）の代表的論者として著名であり、特に近年においては、本書のテーマでもある科学論の「第三の波」の提唱者としてよく知られている。また特にコリンズは、かつて、科学的知識の社会学（ＳＳＫ）の勃興期（本書の用語で言えば、科学論の「第二の波」の主潮流）において中心的役割を果たしたことでもよく知られている。

コリンズ、エヴァンズの業績（邦訳既刊のみ）

二人の著者、コリンズとエヴァンズは、二人の共著はもちろん、それぞれの単著や他の人との共著など、これまでに多くの著作や論文を公刊している。現在、邦訳が出ているものは、コリンズがトレヴァー・ピンチ Trevor Pinch との共著で出した著作が二冊（いわゆる「ゴーレムシリーズ」）、コリンズの単独の著作が一冊、コリンズとエヴァンズの共著による著作が一冊である。次に、原著の刊行年順に邦訳既刊の四冊を挙げる。その他の著作や論文に関して、また、邦訳各書の内容については、各書そのものにあたることはもちろん、拙訳の『我々みんなが科学の専門家なのか？』の訳者あとがきに少し詳しく説明してあるので、そちらも参照されたい。

なお、本書の訳語については、既訳を参照しつつも、文脈に合わせて変更したものもある。また、後述するように本書の前編にあたる『我々みんなが科学の専門家なのか？』を参照してほしい箇所には、その旨を訳注で示したので参考にして頂ければ幸いである。

H・コリンズ、T・ピンチ、福岡伸一訳、『七つの科学事件ファイル――科学論争の顚末』、化学同人、一九九七年（Collins, H. and Pinch, T., *The Golem: what everyone should know about science*, Cambridge University Press, 1993）。

H・コリンズ、T・ピンチ、村上陽一郎、平川秀幸訳、『解放されたゴーレム――科学技術の不確実性について』、ちくま学芸文庫、二〇二〇年（Collins, H. and Pinch, T., *The Golem at Large: what you should know about technology*, Cambridge University Press, 2002.『迷路のなかのテクノロジー』（化学同人、二〇〇一年）の文庫版）。

H・コリンズ、R・エヴァンズ、奥田太郎監訳、和田慈、清水右郷訳、『専門知を再考する』、名古屋大学出版会、二〇二〇年（Collins, H. and Evans, R., *Rethinking expertise*, University of Chicago Press, 2007）。

H・コリンズ、鈴木俊洋訳、『我々みんなが科学の専門家なのか？』、法政大学出版局、二〇一七年（Collins, H., *Are we all scientific experts?*, Polity, 2014）。

本書の概要と重要な諸概念について

本書は、科学論の「第三の波」の立場を一般に向けて説明するために書かれた連作的な二冊の著作のうちの後編にあたる著作であり、前編に相当するのが、既に邦訳のあるコリンズ単著の『我々みんなが科学の専門家なのか？』である。

著者たちの提唱している、科学論の「第三の波」は、大雑把に「専門知論」と「選択的モダニズム」という二つの要素に分けることができ、『我々みんなが科学の専門家なのか？』が専門知論の部分の説明であったとすれば、本書は「選択的モダニズム」の部分の説明だといえる。

各部や各章の内容については、本書の「序文」で詳しく記述されているので、そちらに譲り、ここでは本書を読むうえで重要と思われるポイントをいくつか挙げておきたい。

《科学論の「第三の波」と「選択的モダニズム」》

本書の内容の重要な部分を把握するためには、まずは、科学論の「第三の波」とは何かという点について、そして、その「第一の波」と「第二の波」との関係について的確に理解しておく必要がある。科学を称賛する「第一の波」と、科学を批判する「第二の波」に続き、科学を擁護するのが「第三の波」であるが、最も重要な（そして、間違えてはならない）ことは、「第三の波」が「第二の波」の成果をすべて受け入れるという点である。このことは、本書でも随所で述べられており、著者たちにとって、誤解なく伝えたい重要なポイントであることが伺える。「第二の波」は「第一の波」の科学像を否定することから始まっているのだが、「第三の波」は「第二の波」の科学像を肯定することから始まるのである。

それは、『我々みんなが科学の専門家なのか？』でも度々強調されていたことである。そこでは、一九五〇年代までの「第一の波」の科学論が、一九六〇年代以降の「第二の波」に変わっていく様子が、時代精神の変遷にあわせてたどられた。権威に対する反抗を可能にした「六〇年代」という時代の雰囲気の中で勃興した科学論の「第二の波」は、「第一の波」における特権的な知識の源泉としての科学像を否定するために、科学者たちの実践の現実を詳細に描き出し、結果として、科学は、知識生産における特権的な方法ではなく、価値中立的でもないことが示された。それ以降、現代にいたるまで、様々な事件を経て、科学の権威は徐々に失われてきたわけであるが、そこに登場する「第三の波」は、「第二の波」の成果のほとんどすべてを継承しながら、科学の地位を再び高めるという難事業に挑戦することになるわけである。

ありていにいえば、科学が役に立たなかったとしても、科学が自然への特別なアクセス方法にもとづく知識生産の特権的な方法でなかったとしても、科学が価値中立的でなかったとしても（そして、「第二の波」によれば、これらすべては仮定ではなく事実なのであるが）、我々は科学を「選ぶ」のである。それが「第三の波」の、そして「選択的モダニズム」の基本的立場である。

《『我々みんなが科学の専門家なのか？』で残された宿題》

『我々みんなが科学の専門家なのか？』では、様々な事件や事例にそくして、科学論の「第二の波」から「第三の波」への移行について説明がなされたのだが、その最後に、いくつかの宿題が残されることとなった。第一の宿題は、我々はなぜ科学を選ばねばならないのかという、どちらかというと根本的な問いへの答えである。そして、もう一つのより実践的な宿題が、公共領域での科学技術に関わる意思決定において、科学や専門知と民主主義とは、具体的にどのような関係にあるべきなのかという問いへの答えである。それらの問いに答えるために、本書で展開されるのが、「選択的モダニズム」といわれる立場である。

第一の問いは、主に、本書の第一章と第二章で答えられている。ポイントとなるのは、科学が役に立つとか、科学が真理に近いという理由からではなく、科学が道徳的に善であるという理由から科学を選ぶというアイデアと、科学者たちというグループのメンバーによって共有される「形成的意志」に基づいて科学を捉えるというアイデアである。「形成的意志」とは、あるグループのメンバーに共有されることによって、そのグループを形成する基盤となっている志《こころざし》のことであり、本書では、この概念を科学に適用しながら、科学がなぜ道徳的に善なるもので称賛されるべきものなのかが説明されることになる。

第二の問いは、主に、第三章で答えられている。そこでは、科学における「内在的政治性」と「外在的政治性」とを区別し、科学技術に関わる意思決定における「技術的局面」と「政治的局面」とを区別した上で、科学や専門知を民主主義社会の中で我々はどのように使うべきなのか、そのためにどのような制度が必要なのかが説明されている。

《フクロウ委員会》

その中で、本書の鍵となるアイデアとして登場するのが、「フクロウ委員会」という制度である。「フクロウ」は、複数の方向を見ることができる鳥類であり、ここでは、社会科学的な科学の捉え方を理解している科学者と、科学の内実を知っている社会科学者の比喩として使われている。

具体的に、「フクロウ委員会」の仕事は、科学者コミュニティの現行のコンセンサスの状況を、つまり、「技術的局面」におけるコンセンサスの状況を忠実に「政治的局面」に提供することである。その際に、コンセンサスの内容とあわせて、コンセンサスの「等級」が重要となる。つまり、「フクロウ委員会」は、問題となっていることについて、現行の科学者コミュニティにおいて、どのようなコンセンサスが、どの程度の強さで存在するのかを「政治的局面」に伝えるのである。「フクロウ委員会」から、コンセンサスの内容と等級が提供されたら、それに基づいて「政治的局面」において政策的意思決定がなされるということになる。

《選択的モダニズムはテクノクラシーではない》

この「フクロウ委員会」と関連して非常に重要なポイントが、選択的モダニズムとテクノクラシーとの関係である。科学を擁護し、科学の専門家の特別性を維持するという立場は、ともすると、民主主義に対して科学が優越し、科学によってすべてが決定されるようなテクノクラシーへと向かう考え方だと捉えられかねない。しかし、「選択的モダニズムは、テクノクラシーではない」。第三章内の一節の標題にもなっているこの点は、著者たちが最も慎重に議論を進めている重要ポイントの一つであり、第三の波や専門知論に触れたものが間違えてはならない点でもある。

簡単に述べれば、本書で著者たちは、科学という専門知を擁護し、その民主主義的プロセスからの分離独立を推奨しているが、彼らが主張しているのは、単純に、政治家や一般市民が科学者たちの言うこと（科学者コミュニティのコンセンサス）に従うべきであるということではない。むしろ、その逆である。まず前提として、政治家は科学者たちの言うことを無視して政策的意思決定をしてはならない。しかし、たとえ、最高度に強い科学者コミュニティのコンセンサスがあったとしても、政治家には、それに従う義務はない。つまり、政治家は科学者たちのコンセンサスがどうあろうと、一つの条件さえ守れば、それに従わなくてもよいのである。その条件というのは、コンセンサスがくつがえされた政治的プロセスが公開されねばならないということである。つまり、科学的コンセンサスの内容が等級とともに政治家に伝達されたこと、そして、その上で、政治家が政治的判断によってそれをくつがえしたことが、透明性をもって公開されねばならないということである。このような仕組みによって、民主主義はいかなる場合でも科学に優越することが保証されることになり、選択的モダニズムは、テクノクラシーには決してならないことになる。

《具体例について》

右のような条件が何を意味しているかは、その条件がどのような場合に崩れるかを考えてみると分かりやすい。例えば、政治家が、自分の決定した政策を市民に受け入れてもらうために、現行において弱い科学的コンセンサスしかないのに、強固な科学的コンセンサスが存在するかのように市民に説明したり、また逆に、科学者コミュニティではかなり強固なコンセンサスが存在するにも関わらず、論争が続いているような説明をしたりする場合がそうである。どちらも、政治家が、科学者コミュニティに従っている体裁を取り、意思決定の責任を科学者コミュニティに押し付けていることが問題なのである。（もちろん、そうしたことが起こらないように、科学者コミュニティのコンセンサスの内容と等級を判定するのが、「フクロウ委員会」の仕事であることは言うまでもない。）それに対して、政治家が科学者コミュニティのコンセンサスに従わずに政策を決めることは、もしそのことが公開されていれば、それ自体としては、問題とはならない。当然のことであるが、政治家の意思決定については、事後的に、民主主義のプロセスの中で判定がなされることになる。

こうした民主主義と専門知との関係性についての考察枠組みは、科学的専門知と政策的判断が関わる、様々な現実の問題に直接的に適用することができる。例えば、この数年大きな話題となっている、感染症の流行と市民の社会活動の規制に関して、そして、様々な種類のワクチン接種に関わる政策に関して、また他にも、環境負荷に関する科学的調査と政策決定の関係等にも適用できる。それをすることは、選択的モダニズムを理解するための応用練習になるのはもちろんであるが、それによって、読者が、これまでと違った観点から科学技術に関わる政策決定の経緯を捉えるきっかけになれば、本訳書の果たすべき役割の多くは達成されたといえるだろう。

＊

最後に、本訳書の重要性を理解して、編集を担当して下さった法政大学出版局の前田晃一氏に心よりの謝意を表したい。

翻訳についての責任はすべて私一人にある。間違いはあるかもしれないが、原著の面白さと有効性を損なっていない訳になっていることを願っている。

二〇二一年冬　熊本市にて

鈴木俊洋

索引

注の場合は掲載頁数の後に＊を付けている。

タ行

ナ行

ハ行

参考文献

Agriculture and Environment Biotechnology Commission. 2001. *Crops on Trial: A Report by the AEBC*. London: Agriculture and Environment Biotechnology Commission.

Andersen, I. E. and Jæger, B. 1999. Scenario Workshops and Consensus Conferences: Towards More Democratic Decision-making. *Science and Public Policy*, 26(5): 331–40.

Antonsen, Marie and Nilsen, Rita Elmkvist. 2013. Strife of Brian: Science and Reflexive Reason as a Public Project. An Interview with Brian Wynne. *Nordic Journal of Science and Technology Studies*, 1(1): 31–40.

Berger, P. L. 1963. *Invitation to Sociology*. Garden City: Anchor Books.〔『社会学への招待』水野節夫・村山研一訳、ちくま学芸文庫、2017 年〕

Bijker, Wiebe E., Bal, Roland and Hendriks, Ruud. 2009. *The Paradox of Scientific Authority. Cambridge*, MA: MIT Press.

Bloor, D. 1983. *Wittgenstein: A Social Theory of Knowledge*. London: Macmillan.〔『ウィトゲンシュタイン――知識の社会理論』戸田山和久訳、勁草書房、1988 年〕

Brint, S., 1990. Rethinking the Policy Influence of Experts: From General Characterizations to Analysis of Variation. *Sociological Forum*, 5(3): 361–85.

Brown, Mark B. 2009. *Science in Democracy: Expertise, Institutions, and Representation*. Cambridge, MA: MIT Press.

Brown, Mark B. 2013. Review of Philip Kitcher, *Science in a Democratic Society*. Minerva, 51: 389–97.

Brown, P. 1987. Popular Epidemiology: Community Response to Toxic Waste-induced Disease in Woburn, Massachusetts. *Science, Technology, & Human Values*, 12(3/4): 78–85.

Brush, Stephen G. 1974. Should the History of Science Be Rated X? *Science*, 183 (4130): 1164–72.

Butler, Judith. 1999. 'Bad Writer' Bites Back. *New York Times* op-ed, 20 March.

Callon, Michel, Lascoumes, Pierre and Barthe, Yannick. 2010. *Acting in an Uncertain World: An Essay on Technical Democracy*. Cambridge, MA: MIT Press.

Carr, E. Summerson. 2010. Enactments of Expertise. *Annual Review of Anthropology*, 39(1): 17.32. doi:10.1146/annurev.anthro.012809. 104948.

Cohen, J. 1999. Reflections on Habermas on Democracy. *Ratio Juris*, 12(4): 385–416.

Collingridge, D. and Reeve, C. 1986. *Science Speaks to Power: The Role of Experts in Policy Making*. New York: St Martin's Press.

Collins, Harry M. 1975. The Seven Sexes: A Study in the Sociology of a Phenomenon, or the Replication of Experiments in Physics. *Sociology*, 9(2): 205–24.

Collins, Harry M. 1982. Special Relativism: The Natural Attitude. *Social Studies of Science*, 12: 139–43.

Collins, Harry M. 1984. Concepts and Methods of Participatory Fieldwork, in C. Bell and H. Roberts (eds.), *Social Researching*. Henley-on-Thames: Routledge, 54–69.

Collins, Harry M. 1985. *Changing Order: Replication and Induction in Scientific Practice*. Beverley Hills and London: Sage.

Collins, Harry M. 1992. *Changing Order: Replication and Induction in Scientific Practice*. 2nd edition. Chicago: University of Chicago Press.

Collins, Harry M. 1996. In Praise of Futile Gestures: How Scientific is the Sociology of Scientific Knowledge?, in *The Politics of SSK: Neutrality, Commitment and Beyond*: Special Issue of *Social Studies of Science*, 26(2): 229–44.

Collins, Harry M. 2001. Crown Jewels and Rough Diamonds: The Source of Science's Authority, in Jay Labinger and Harry Collins (eds.), *The One Culture? A Conversation about Science*. Chicago: University of Chicago Press, 255–60.

Collins, Harry M. 2004a. *Gravity's Shadow: The Search for Gravitational Waves*. Chicago: University of Chicago Press.

Collins, Harry M. 2004b. Interactional Expertise as a Third Kind of Knowledge. *Phenomenology and the Cognitive Sciences*, 3(2): 125–43.

Collins, Harry M. 2007. Mathematical Understanding and the Physical Sciences, in Harry M. Collins (ed.), *Case Studies of Expertise and Experience*: Special Issue of *Studies in History and Philosophy of Science*, 38(4): 667–85.

Collins, Harry M. 2009. We cannot live by scepticism alone. *Nature*, 458(March): 30–1.

Collins, Harry M. 2010. *Tacit and Explicit Knowledge*. Chicago: University of Chicago Press.

Collins, Harry M. 2011. Language and Practice. *Social Studies of Science*, 41(2): 271–300.

Collins, Harry M. 2012. Performances and Arguments. *Metascience*, 21(2): 409–18.

Collins, Harry M. 2013a. *Gravity's Ghost and Big Dog: Scientific Discovery and Social Analysis in the Twenty-First Century*. Enlarged edition. Chicago: University of Chicago Press.

Collins, Harry M. 2013b. Three Dimensions of Expertise. *Phenomenology and the Cognitive Sciences*, 12(2): 253–73.

Collins, Harry M. 2014a. *Are We All Scientific Experts Now?* Cambridge: Polity.〔『我々みんなが科学の専門家なのか？』鈴木俊洋訳、法政大学出版局、2017 年〕

Collins, Harry M. 2014b. Rejecting Knowledge Claims Inside and Outside Science. *Social Studies of Science*, 44(5): 722–35. doi:10.1177/0306312714536011.

Collins, Harry M. 2017. *Gravity's Kiss: The Detection of Gravitational Waves*. Chicago: University of Chicago Press.

Collins, Harry, Bartlett, Andrew and Reyes-Galindo, Luis. 2016. *The Ecology of Fringe Sci-*

ence and its Bearing on Policy. http://arxiv.org/abs/1606.05786.
Collins, Harry M. and Evans, Robert. 2002. The Third Wave of Science Studies: Studies of Expertise and Experience. *Social Studies of Sciences*, 32(2): 235–96.
Collins, Harry M. and Evans, Robert. 2003. King Canute Meets the Beach Boys: Responses to the Third Wave. *Social Studies of Science*, 33(3): 435–52.
Collins, Harry and Evans, Robert. 2007. *Rethinking Expertise*. Chicago: University of Chicago Press.〔『専門知を再考する』奥田太郎監訳、和田慈・清水右郷訳、名古屋大学出版会、2020 年〕
Collins, Harry M. and Evans, Robert. 2014. Quantifying the Tacit: The Imitation Game and Social Fluency. *Sociology*, 48(1): 3–19.
Collins, Harry M. and Evans, Robert. 2015a. Expertise Revisited, Part I: Interactional Expertise. *Studies in History and Philosophy of Science Part A*, 54(December): 113–23. doi:10.1016/j.shpsa.2015.07.004.
Collins, Harry M., and Evans, Robert. 2015b. Probes, Surveys, and the Ontology of the Social. *Journal of Mixed Methods Research* (December). doi:10.1177/1558689815619825.
Collins, Harry M., Evans, Robert, Ribeiro, Rodrigo and Hall, Martin. 2006. Experiments with Interactional Expertise. *Studies in History and Philosophy of Science Part A*, 37(4): 656–74.
Collins, Harry M., Evans, Robert and Weinel, Martin. 2016. Expertise Revisited, Part II: Contributory Expertise. *Studies in History and Philosophy of Science Part A*, 56(April): 103–10. doi:10.1016/j. shpsa.2015.07.003.
Collins, Harry M., Evans, Robert, Weinel, Martin, Lyttleton-Smith, Jennifer, Bartlett, Andrew and Hall, Martin. 2015. The Imitation Game and the Nature of Mixed Methods. *Journal of Mixed Methods Research* (December). doi:10.1177/1558689815619824.
Collins, Harry M., Ginsparg, Paul and Reyes-Galindo, Luis. 2016. A Note Concerning Primary Source Knowledge. *Journal of the Association for Information Science and Technology*. http://arxiv.org/ abs/1605.07228.
Collins, Harry M. and Kusch, Martin. 1998. *The Shape of Actions: What Humans and Machines Can Do*. Cambridge, MA: MIT Press.
Collins, Harry M. and Pinch, Trevor. 2005. *Dr Golem: How to Think about Medicine*. Chicago: University of Chicago Press.
Collins, Harry M., Weinel, Martin and Evans, Robert. 2010. The Politics and Policy of the Third Wave: New Technologies and Society. *Critical Policy Studies*, 4(2): 185–201.
Collins, Harry M., Weinel, Martin and Evans, Robert. 2011. Object and Shadow: Responses to the CPS Critiques of Collins, Weinel and Evans' 'Politics and Policy of the Third Wave'. *Critical Policy Studies*, 5(3): 340–8.
Council for Science and Technology (CST). 2005. *Policy Through Dialogue*. London: CST.

www.cst.org.uk/reports.

Darling, Karen M. 2003. Motivational Realism: The Natural Classification for Pierre Duhem. *Philosophy of Science*, 70(December): 1125–36.

Demortain, D. 2013. Regulatory Toxicology in Controversy. *Science, Technology & Human Values*, 38(6): 727–48.

Den Butter, F. A. and Ten Wolde, S. 2011. The Institutional Economics of Stakeholder Consultation: Reducing Implementations Costs through 'Matching Zones'. Tinbergen Institute Discussion paper TI 2011.162/3. Amsterdam and Rotterdam: Tinbergen Institute.

Department of Trade and Industry (DTI). 2003. *GM Nation? The Findings of the Public Debate*. London: DTI.

Dewey, J. 1954. *The Public and its Problems*. Athens, OH: Swallow Press. (Original work published 1927)〔『公衆とその諸問題——現代政治の基礎』阿部齊訳、ちくま学芸文庫、2014 年〕

Douglas, Heather. 2007. Rejecting the Ideal of Value-Free Science, in Harold Kincaid, John Dupré, and Alison Wylie (eds.), *Value-Free Science? Ideals and Illusions*. Oxford and New York: Oxford University Press, 120–39.

Douglas, Heather. 2009. *Science, Policy and the Value-Free Ideal*. Pittsburgh: University of Pittsburgh Press.

Douma, Kirsten F. L., Kim Karsenberg, Marjan J. M. Hummel, Jolien M. Bueno-de-Mesquita and Wim H. van Harten. 2007. Methodology of Constructive Technology Assessment in Health Care. *International Journal of Technology Assessment in Health Care*, 23: 162–8. doi:10.1017/ S0266462307070262.

Dryzek, J. S. and Tucker, A. 2008. Deliberative Innovation to Different Effect: Consensus Conferences in Denmark, France, and the United States. *Public Administration Review*, 68(5): 864–76.

Dupré, John. 1995. *The Disorder of Things*. Cambridge, MA: Harvard University Press.

Durant, Darrin. 2011. Models of Democracy in *Social Studies of Science. Social Studies of Science*, 41(5): 691–714.

Durkheim, Émile. 1915. *Elementary Forms of the Religious Life*. London: George Allen and Unwin.〔『宗教生活の基本形態——オーストラリアにおけるトーテム体系』（上・下）山崎亮訳、ちくま学芸文庫、2014 年〕

Durkheim, Émile. 1958. *Professional Ethics and Civic Morals*. Glencoe: Free Press.〔『社会学講義——習俗と法の物理学』宮島喬・川喜多喬訳、みすず書房、1974 年〕

Einsiedel, E. F., Jelsøe, E. and Breck, T. (2001). Publics at the Technology Table: The Consensus Conference in Denmark, Canada, and Australia. *Public Understanding of Science*, 10(1): 83–98

Epstein, Steven. 1996. *Impure Science: AIDS, Activism, and the Politics of Knowledge*. Berke-

ley: University of California Press.

Epstein, Steven. 2011. Misguided Boundary Work in Studies of Expertise: Time to Return to the Evidence. *Critical Policy Studies,* 5(3): 323–8.

Evans, Robert. 1999. *Macroeconomic Forecasting: A Sociological Appraisal.* London: Routledge.

Evans, Robert. 2007. Social Networks and Private Spaces in Economic Forecasting, in Harry Collins (ed.), *Case Studies of Expertise and Experience*: Special Issue of *Studies in History and Philosophy of Science*, 38(4): 686–97.

Evans, Robert. 2011. Collective Epistemology: The Intersection of Group Membership and Expertise, in Hans Bernhard Schmid, Daniel Sirtes and Marcel Weber (eds.), *Collective Epistemology.* Heusenstamm: Ontos Verlag, 177–202.

Evans, Robert and Crocker, Helen. 2013. The Imitation Game as a Method for Exploring Knowledge(s) of Chronic Illness. *Methodological Innovations Online*, 8(1): 34–52. doi:10.4256/mio.2013.003.

Evans, Robert and Collins, Harry M. 2010. Interactional Expertise and the Imitation Game, in M. E. Gorman (ed.), T*rading Zones and Interactional Expertise Creating New Kinds of Collaboration, Inside Technology*. Cambridge, MA: MIT Press, 53–70.

Evans, Robert and Kotchetkova, Inna. 2009. Qualitative Research and Deliberative Methods: Promise or Peril? *Qualitative Research*, 9(5): 625–43.

Evans, Robert and Plows, Alexandra. 2007. Listening Without Prejudice? Re-Discovering the Value of the Disinterested Citizen. *Social Studies of Science,* 37(6): 827–54.

Eyal, Gil. 2013. For a Sociology of Expertise: The Social Origins of the Autism Epidemic. *American Journal of Sociology*, 118(4): 863–907.

Ezrahi, Y. 1971. The Political Resources of American Science. *Science Studies*, 1(2): 117–33.

Fassin, Didier. 2007. *When Bodies Remember: Experiences and Politics of AIDS in South Africa*. Berkeley: University of California Press.

Fischer, Frank. 1990. *Technocracy and Politics of Expertise*. Newbury Park, London and New Delhi: Sage.

Fischer, Frank. 2000. *Citizens, Experts, and the Environment: The Politics of Local Knowledge*. Durham, NC: Duke University Press.

Fischer, Frank. 2009. *Democracy and Expertise: Reorienting Policy Inquiry*. Oxford: Oxford University Press.

Fischer, Frank. 2011. The 'Policy Turn' in the Third Wave: Return to the Fact-Value Dichotomy?' *Critical Policy Studies*, 5(3): 311–16.

Forsyth, Tim. 2011. Expertise Needs Transparency Not Blind Trust: A Deliberative Approach to Integrating Science and Social Participation. *Critical Policy Studies*, 5(3):

317–22.

Franklin, Allan. 2013. *Shifting Standards: Experiments in Particle Physics in the Twentieth Century*. Pittsburgh: University of Pittsburgh Press.

Fricker, Miranda. 2007. *Epistemic Injustice: Power and the Ethics of Knowing*. Oxford: Oxford University Press.

Functowicz, Silvio O. and Ravetz, Jerome R. 1993. Science in the Post-Normal Age. *Futures*, 25(7): 739–55.

Geertz, C. 1973. *The Interpretation of Cultures*. New York: Basic Books.〔『文化の解釈学』（I・II）吉田禎吾ほか訳、岩波現代選書、1987 年〕

Gerold, Rainer and Liberatore, Angela. 2001. *Report of the Working Group 'Democratising Expertise and Establishing Scientific Reference Systems'*. Brussels: European Commission. http://europa.eu.int/comm/ governance/areas/group2/report_en.pdf.

Giddens, Anthony. 1990. *The Consequences of Modernity*. Cambridge: Polity.〔『近代とはいかなる時代か？——モダニティの帰結』松尾精文・小幡正敏訳、而立書房、1993 年〕

Glasner, P. and Dunkerley, D. 1999. The New Genetics, Public Involvement, and Citizens' Juries: A Welsh Case Study. *Health, Risk & Society*, 1(3): 313–24.

Goodman, Nelson. 1968. *Languages of Art: An Approach to a Theory of Symbols*. Indianapolis, IN: Bobbs-Merrill.〔『芸術の言語』戸澤義夫・松永伸司訳、慶應義塾大学出版会、2017 年〕

Gorman, Michael E. 2002. Levels of Expertise and Trading Zones: A Framework for Multidisciplinary Collaboration. *Social Studies of Science*, 32(5.6): 933–8.

Gorman, Michael E., and Schuurbiers, Daan. 2013. Convergence and Crossovers in Interdisciplinary Engagement with Science and Technology, in K. Konrad, C. Coenen, A. Dijkstra, C. Milburn and H. van Lente (eds.), *Shaping Emerging Technologies: Governance, Innovation, Discourse*. Berlin: Akademische Verlagsgesellschaft, 7–20.

Goven, J. 2003. Deploying the Consensus Conference in New Zealand: Democracy and De-problematization. *Public Understanding of Science*, 12(4): 423–40. www.ruhr-uni-bochum.de/kbe/Korean_Consensus.html.

Grin, J., van de Graaf, H. and Hoppe, R. 1997. *Technology Assessment through Interaction: A Guide*. The Hague: Rathenau Institute.

Grundahl, J. 1995. The Danish Consensus Conference Model, in S. Joss and J. Durant (eds.), *Public Participation in Science: The Role of Consensus Conferences in Europe*. London: Science Museum, 31.40. http://people. ucalgary.ca/~pubconf/Education/grundahl.htm.

Guston, David H. 1999. Evaluating the First U.S. Consensus Conference: The Impact of the Citizens' Panel on Telecommunications and the Future of Democracy. *Science, Technology & Human Values*, 24(4): 451–82.

Guston, David H. 2001. Boundary Organizations in Environmental Policy and Science: An Introduction. *Science, Technology, & Human Values*, 26(4): 399–408.

Habermas, Jurgen. 1970. *Toward a Rational Society: Student Protest, Science, and Politics.* Boston, MA: Beacon Press.〔本文で引用されているのは以下の論文：「政治の科学化と世論」、『イデオロギーとしての技術と科学』長谷川宏訳、平凡社ライブラリー、2000 年〕

Habermas, Jurgen. 1996. *Between Facts and Norms*, trans. William Rehg. Cambridge, MA: MIT Press.〔『事実性と妥当性——法と民主的法治国家の討議理論にかんする研究』（上・下）河上倫逸・耳野健二訳、未來社、2002 年、2003 年〕

Haddow, G., Cunningham-Burley, S. and Murray, L. 2011. Can the Governance of a Population Genetic Data Bank Effect Recruitment? Evidence from the Public Consultation of Generation Scotland. *Public Understanding of Science*, 20(1): 117–29.

Hagendijk, R. P. 2004. The Public Understanding of Science and Public Participation in Regulated Worlds. *Minerva*, 42(1): 41–59.

Hagendijk, Rob and Irwin, Alan. 2006. Public Deliberation and Governance: Engaging with Science and Technology in Contemporary Europe. *Minerva*, 44(2): 167–84.

Halfpenny, Peter. 1982. *Positivism and Sociology.* London: George Allen and Unwin.

Hanlon, Gerard. 1999. *Lawyers, the State and the Market: Professionalism Revisited*. Basingstoke: Macmillan.

Harding, Sandra. 2006. *Science and Social Inequality: Feminist and Postcolonial Issues*. Urbana and Chicago: University of Illinois Press.〔『科学と社会的不平等——フェミニズム、ポストコロニアリズムからの科学批判』森永康子訳、北大路書房、2009 年〕

Hargreaves, Ian and Ferguson, Galit. 2001. *Who's Misunderstanding Whom? Bridging the Gulf of Understanding between the Public, the Media and Science*. Swindon, Wilts.: ESRC.

Hargreaves, Ian, Lewis, Justin and Speers, Tammy. 2003. *Towards a Better Map: Science, the Public and the Media*. Swindon, Wilts.: ESRC.

Held, D. 2006. *Models of Democracy*. 3rd edition. Cambridge: Polity.〔『民主政の諸類型』中谷義和訳、御茶の水書房、1998 年。原書第 2 版の翻訳〕

Holton, Gerald. 1978. *The Scientific Imagination: Case Studies*. Cambridge: Cambridge University Press.

Horlick-Jones, Tom, Walls, John, Rowe, Gene, et al. 2007. *The GM Debate: Risk, Politics and Public Engagement*. London: Routledge.

Horst, Maja, Irwin, Alan, Healey, Peter and Hagendijk, Rob. 2007. European Scientific Governance in a Global Context: Resonances, Implications and Reflections. *IDS Bulletin*, 38(5): 6–20.

House of Lords. 2000. *Science and Society: Science and Technology Select Committee, Third*

Report. London: HMSO. www.parliament.the.stationery-office.co.uk/pa/ld199900/ldse-lect/ldsctech/38/3801.htm.

Huxham, Mark and Sumner, David. 1999. Emotion, Science and Rationality: The Case of the Brent Spar. *Environmental Values*, 8(3): 349–68.

Ioannidis, J. P. A. 2005. Why Most Published Research Findings are False. *PLoS Medicine*, 2(8): e124, 696–701.

Irwin, Alan. 1995. *Citizen Science: A Study of People, Expertise and Sustainable Development*. London and New York: Routledge.

Irwin, Alan. 2001. Constructing the Scientific Citizen: Science and Democracy in the Biosciences. *Public Understanding of Science*, 10(1): 1–18.

Jansen, Sue Curry. 2008. Walter Lippmann, Straw Man of Communication Research. In David W. Park and Jefferson Pooley (eds.), *The History of Media and Communication Research: Contested Memories*. New York: Peter Lang Press, 1–23.

Jansen, Sue Curry. 2009. Phantom Conflict: Lippmann, Dewey, and the Fate of the Public in Modern Society. *Communication and Critical/ Cultural Studies*, 6(3): 221–45.

Jasanoff, Sheila. 1990. *The Fifth Branch: Science Advisers as Policymakers*. Cambridge, MA: Harvard University Press.

Jasanoff, Sheila. 1995. *Science at the Bar: Law, Science, and Technology in America*. Cambridge, MA, and London: Harvard University Press.〔『法廷に立つ科学――「法と科学」入門』渡辺千原・吉良貴之監訳、2015 年〕

Jasanoff, Sheila. 2003. Breaking the Waves in Science Studies: Comment on H. M. Collins and Robert Evans, 'The Third Wave of Science Studies'. *Social Studies of Science*, 33(3): 389–400.

Jasanoff, Sheila. 2007. *Designs on Nature: Science and Democracy in Europe and the United States*. Princeton, NJ: Princeton University Press. http://site.ebrary.com/id/10477123.

Jasanoff, Sheila. 2012. *Science and Public Reason*. London and New York: Routledge.

Jasanoff, Sheila. 2013. Fields and Fallows: A Political History of STS, in A. Barry and G. Born (eds.), *Interdisciplinarity: Reconfigurations of the Natural and Social Sciences*. London and New York: Routledge, 99–118.

Jenkins, L. D. 2007. Bycatch: Interactional Expertise, Dolphins and the US Tuna Fishery. *Studies in History and Philosophy of Science Part A*, 38(4): 698–712.

Jennings, Bruce. 2011. Poets of the Common Good: Experts, Citizens, Public Policy. *Critical Policy Studies*, 5(3): 334–9.

Kantrowitz, A. 1967. Proposal for an Institution for Scientific Judgment. *Science*, 156(12 May): 763–4.

Kitcher, Philip. 2001. *Science, Truth and Democracy*. Oxford: Oxford University Press.

Kitcher, Philip. 2012. *Science in a Democratic Society*. Amherst, NY: Prometheus Books.

Kluckhohn, R. (ed.). 1962. *Culture and Behavior: Collected Essays of Clyde Kluckhohn*. Glencoe, IL: Free Press of Glencoe.〔『文化と行動』城戸浩太郎訳、『社会心理学講座 6——文化とパーソナリティ 2』城戸浩太郎・城戸幡太郎訳、みすず書房、1958 年〕

Krimsky, S. 1984. Epistemic Considerations on the Value of Folk-wisdom in Science and Technology. *Policy Studies Review*, 3(2): 246–62.

Kuhn, T. S. 1962. *The Structure of Scientific Revolutions*. Chicago, IL: University of Chicago Press.〔『科学革命の構造』中山茂訳、みすず書房、1971 年〕

Kuhn, T. S. 1970. *The Structure of Scientific Revolutions*. 2nd edition. Chicago, IL: University of Chicago Press.

Kuhn, T. S. 1979. *The Essential Tension: Selected Studies in Scientific Tradition and Change*. Chicago, IL: University of Chicago Press.〔『科学革命における本質的緊張——トーマス・クーン論文集』(新装版)、安孫子誠也・佐野正博訳、みすず書房、2018 年〕

Kusch, Martin. 2015. Scientific Pluralism and the Chemical Revolution. *Studies in History and Philosophy of Science,* 49: 69–79.

Lakatos, Imre. 1970. Falsification and the Methodology of Scientific Research Programmes, in I. Lakatos and A. Musgrave (eds.), *Criticism and the Growth of Knowledge*. Cambridge: Cambridge University Press, 91–196.〔「反証と科学的研究プログラムの方法論」中山伸樹訳、『批判と知識の成長』森博監訳、木鐸社、1985 年、131–278 頁〕

Lane, R. E. 1966. The Decline of Politics and Ideology in a Knowledgeable Society. *American Sociological Review*, 31(5): 649–62.

Latour, B. 2004. Why Has Critique Run Out of Steam? From Matters of Fact to Matters of Concern. *Critical Inquiry*, Winter: 225–48.〔「批判はなぜ力を失ったのか——〈厳然たる事実〉から〈議論を呼ぶ事実〉へ」伊藤嘉高訳、『エクリヲ』vol. 12、2020 年、198–230 頁〕

Laurent-Ledru, V., Thomson, A. and Monsonego, J. 2011. Civil Society: A Critical New Advocate for Vaccination in Europe. *Vaccine*, 29(4): 624–8.

Lippmann, Walter. 1927. *The Phantom Public*. http://www2.maxwell.syr.edu/plegal/history/lippmann.htm.〔このサイトには現在アクセスできない。『幻の公衆』河崎吉紀訳、柏書房、2007 年〕

Longino, Helen. 1990. *Science as Social Knowledge*. Princeton, NJ: Princeton University Press.

Lynch, M. and Cole, S. 2005. Science and Technology Studies on Trial: Dilemmas of Expertise. *Social Studies of Science*, 35(2): 269–311.

Mahajan, M. 2008. The Politics of Public Health Emergencies: AIDS Epidemics in India and South Africa. Doctoral dissertation, Cornell University.

Mansbridge, Jane, Bohman, James, Chambers, Simone, et al. 2012. A Systemic Approach to Deliberative Democracy, in J. Parkinson and J. Mansbridge (eds.), *Deliberative Sys-*

tems. Cambridge: Cambridge University Press, 1–26.

Marres, Noortje S. 2005. No Issue, No Public: Democratic Deficits after the Displacement of Politics. Ph.D. thesis, Amsterdam School for Cultural Analysis (ASCA). http://dare.uva.nl/record/1/241881.

Martin, B., Richards, E. and Scott, P. 1991. Who's a Captive? Who's a Victim? Response to Collins's Method Talk. *Science Technology & Human Values*, 16(2): 252–5.

Merton, Robert. 1942. Science and Technology in a Democratic Order. *Journal of Legal and Political Sociology*, 1: 115–26.〔「科学と民主的構造」中島竜太郎訳、『社会理論と社会構造』森東吾・森好夫・金沢実・中島竜太郎訳、みすず書房、1961 年、503–513 頁。原注 46 と原注 214 で説明されている通り原論文は後に Merton, 1979 となるが、それ以前に、Sciense and Democratic Social Structure と改題され同著者の *Social Theory and Social Structure*, 1949 にも収録されている。既訳は最初の改題のもの。〕

Merton, Robert. 1976. *Sociological Ambivalence*. New York: Free Press.

Merton, Robert. 1979. The Normative Structure of Science, in Robert K. Merton, *The Sociology of Science: Theoretical and Empirical Investigations*. Chicago: University of Chicago Press, 267–78.〔Merton, 1942 の改題。〕

Millstone, E. 2009. Science, Risk and Governance: Radical Rhetorics and the Realities of Reform in Food Safety Governance. *Research Policy*, 38(4): 624–36.

Mitroff, Ian I. 1974. Norms and Counter-Norms in a Select Group of the Apollo Moon Scientists: A Case Study of the Ambivalence of Scientists. *American Sociological Review*, 39(4): 579–95.

Nelkin, D. 1971. Scientists in an Environmental Controversy. *Social Studies*, 1: 245–61.

Nelkin, D. 1975. The Political Impact of Technical Expertise. *Social Studies of Science*, 5: 35–54.

Nielsen, A. P., Lassen, J. and Sandøe, P. 2007. Democracy at its Best? The Consensus Conference in a Cross-national Perspective. *Journal of Agricultural and Environmental Ethics*, 20(1): 13–35.

Nisbet, E. and Fowler, C. 1995. Is Metal Disposal Toxic to Deep Oceans? *Nature*, 375: 715.

Nishizawa, M. 2005. Citizen Deliberations on Science and Technology and their Social Environments: Case Study on the Japanese Consensus Conference on GM Crops. *Science and Public Policy*, 32(6): 479–89.

Nussbaum, Martha. 1999. The Professor of Parody. *The New Republic Online* (TheNewRepublic.com). www.tnr.com/index.mhtml 02.22.99.

Office of Science and Technology (OST). 2002. *The Government's Approach to Public Dialogue on Science and Technology*. London: OST. www.ost.gov.uk/society/public_dialogue.htm.

Oreskes, Naomi and Conway, Erik M. 2010. *Merchants of Doubt: How a Handful of Scientists Obscured the Truth on Issues from Tobacco Smoke to Global Warming*. New York: Bloomsbury Press.〔『世界を騙しつづける科学者たち』(上・下) 福岡洋一訳、楽工社、2011 年〕

Orwell, George. 1946. Politics and the English Language. www.orwell.ru/library/essays/politics/english/e_polit.〔「政治と英語」工藤昭雄訳、『オーウェル評論集 2――水晶の精神』(新装版) 川端康雄編訳、平凡社ライブラリー、2009 年〕

Ottinger, Gwen. 2013. *Refining Expertise: How Responsible Engineers Subvert Environmental Justice Challenges*. New York and London: New York University Press.

Owens, Susan. 2011. Three Thoughts on the Third Wave. *Critical Policy Studies*, 5(3): 329–33.

Parliamentary Office of Science and Technology (POST). 2001. *Open Channels: Public Dialogue in Science and Technology*. Report No. 153. London: Parliamentary Office of Science and Technology.

Parsons, Talcott. 1991. *The Social System*. New edn. London: Routledge.〔『社会体系論』佐藤勉訳、青木書店、1974 年〕

Pielke, Roger A. 2007. *The Honest Broker: Making Sense of Science in Policy and Politics*. Cambridge; New York: Cambridge University Press.

Pidgeon, Nick F., Poortinga, Wouter, Rowe, Gene, Horlick-Jones, Tom, Walls, John and O'Riordan, Tim. 2005. Using Surveys in Public Participation Processes for Risk Decision Making: The Case of the 2003 British GM Nation? Public Debate. *Risk Analysis*, 25(2): 467–79. doi:10.1111/j.1539.6924.2005.00603.x.

Popay, J. and Williams, G. 1996. Public Health Research and Lay Knowledge. *Social Science & Medicine*, 42(5): 759–68.

Popper, Karl. 1945. *The Open Society and its Enemies*. London: Routledge and Kegan Paul.〔『開かれた社会とその敵　第 1 部――プラトンの呪文』内田詔夫・小河原誠訳、未來社、1980 年;『開かれた社会とその敵　第 2 部――予言の大潮:ヘーゲル、マルクスとその余波』内田詔夫・小河原誠訳、未來社、1980 年〕

Popper, Karl. 1957. *The Poverty of Historicism*. London: Routledge and Kegan Paul.〔『歴史主義の貧困――社会科学の方法と実践』久野収・市井三郎訳、中央公論社、1991 年〕

Popper, Karl. 1959. *The Logic of Scientific* Discovery. New York: Harper & Row.〔『科学的発見の論理』大内義一・森博訳、恒星社厚生閣、1971 年〕

Purdue, D. 1999. Experiments in the Governance of Biotechnology: A Case Study of the UK National Consensus Conference. *New Genetics and Society*, 18(1): 79–99.

Rayner, Steve. 2003. Democracy in the Age of Assessment: Reflections on the Roles of Expertise and Democracy in Public-Sector Decision Making. *Science and Public Policy*, 30:2 (June): 163–70.

Retèl, Valesca P., Bueno-de-Mesquita, Jolien M., Hummel, Marjan J. M., et al. 2009. Constructive Technology Assessment (CTA) as a Tool in Coverage with Evidence Development: The Case of the 70-gene Prognosis Signature for Breast Cancer Diagnostics. *International Journal of Technology Assessment in Health Care,* 25(1): 73–83.

Rip, Arie. 2003. Constructing Expertise: In a Third Wave of Science Studies? *Social Studies of Science*, 33(3): 419–34.

Rip, Arie and te Kulve, Haico. 2008. Constructive Technology Assessment and Sociotechnical Scenarios, in Erik Fisher, Cynthia Selin and Jameson M. Wetmore (eds.), *The Yearbook of Nanotechnology in Society, Volume I: Presenting Futures*. Berlin: Springer, 49–70.

Rip, Arie, Misa, Thomas J. and Schot, John (eds.). 1995. *Managing Technology in Society: The Approach of Constructive Technology Assessment.* London and New York: Pinter Publishers.

Rowe, Gene and Frewer, Lynn J. 2004. Evaluating Public Participation Exercises. *Science Technology & Human Values*, 29(4) (Autumn): 512–57.

Rowe, Gene and Frewer, Lynn J. 2005. A Typology of Public Engagement Mechanisms. *Science, Technology & Human Values*, 30(2) (Spring): 251–90.

Royal Commission for Environmental Pollution (RCEP). 1998. *21st Report: Setting Environmental Standards,* Cm 4053. London: HM Stationery Office.

Sadowski, Jathan. 2015. Office of Technology Assessment: History, Implementation, and Participatory Critique. *Technology in Society,* 42 (August): 9.20. doi:10.1016/j.techsoc.2015.01.002.

Schot, Johan. 1998. Constructive Technology Assessment Comes of Age: The Birth of a New Politics of Democracy. www.ifz.tu-graz.ac.at/sumacad/schot.pdf. Also published in A. Jamison (ed.), *Technology Policy Meets the Public*, PESTO papers II. Aalborg: Aalborg University, 207–32.

Schot, Johan and Rip, Arie. 1997. The Past and Future of Constructive Technology Assessment. *Technological Forecasting and Social Change,* 54: 251–68.

Schudson, M. 2008. The 'Lippmann–Dewey Debate' and the Invention of Walter Lippmann as an Anti-Democrat 1986.1996. *International Journal of Communication,* 2(1): 1031–42.

Schutz, A. 1964. *Collected Papers II: Studies in Social Theory*. The Hague: Martinus Nijhoff. 〔『社会理論の研究』(「アルフレッド・シュッツ著作集　第 3 巻) A・ブロダーセン編、渡部光・那須壽・西原和久訳、マルジュ社、1991 年〕

Seifert, F. 2006. Local Steps in an International Career: A Danish-style Consensus Conference in Austria. *Public Understanding of Science,* 15(1): 73–88.

Selinger, Evan, Thompson, Paul and Collins, Harry. 2011. Catastrophe Ethics and Activist Speech: Reflections on Moral Norms, Advocacy, and Technical Judgment. *Metaphiloso-*

phy, 42(1/2): 118–44.
Shapin, Steven. 1979. The Politics of Observation: Cerebral Anatomy and Social Interests in the Edinburgh Phrenology Disputes. *The Sociological Review,* 27: 139–78.〔「エディンバラ骨相学論争」高田紀代志訳、ロイ・ウォリス編『排除される知——社会的に認知されない科学』高田紀代志ほか訳、青土社、1986 年所収〕
Shapin, Steven. 1988. Understanding the Merton Thesis. *Isis*, 79(4): 594–605.
Shapin, Steven. 1994. *A Social History of Truth: Civility and Science in Seventeenth-Century England*. Chicago, IL: University of Chicago Press.
Sheldon, T. 2009. Dutch Public Health Experts Refute Claims that Human Papillomavirus Vaccination Has Health Risks. *BMJ*: 338.
Sorgner, Helene. 2016. Challenging Expertise: Paul Feyerabend vs. Harry Collins & Robert Evans on Democracy, Public Participation and Scientific Authority. *Reappraising Feyerabend*: Special Issue of *Studies in History and Philosophy of Science Part A*, 57(June): 114–20. doi:10.1016/j.shpsa.2015.11.006.
Stark, J. 1938. The Pragmatic and the Dogmatic Spirit in Physics. *Nature*, 141(April 30): 770–2.
Taleb, N. N. 2010. *The Black Swan: The Impact of the Highly Improbable*. New York: Random House.〔『ブラック・スワン——不確実性とリスクの本質』（上・下）望月衛訳、ダイヤモンド社、2009 年〕
Turner, Stephen P. 2003. *Liberal Democracy 3.0: Civil Society in an Age of Experts*. London and Thousand Oaks, CA: Sage.
Wakeford, T. 2002. Citizen's Juries: A Radical Alternative for Social Research. *Social Research Update*, 37: 1–5.
Wehrens, Rik. 2014. The Potential of the Imitation Game Method in Exploring Healthcare Professionals' Understanding of the Lived Experiences and Practical Challenges of Chronically Ill Patients. *Health Care Analysis*, 23(3): 253–71.
Weinel, Martin. 2007. Primary Source Knowledge and Technical Decision-making: Mbeki and the AZT Debate. *Studies in History and Philosophy of Science,* 38(4): 748–60.
Weinel, Martin. 2008. Counterfeit Scientific Controversies in Science Policy Contexts. Cardiff School of Social Sciences. www.cardiff. ac.uk/socsi/research/publications/workingpapers/paper-120.html.
Weinel, Martin. 2010. Technological Decision-making under Scientific Uncertainty: Preventing Mother-to-child Transmission of HIV in South Africa. Unpublished Ph.D. thesis, Cardiff University.
Welsh, Ian. 2000. *Mobilising Modernity: The Nuclear Moment*. London: Routledge.
Wenar, Leif. 2013. John Rawls, in Edward N. Zalta (ed.), *The Stanford Encyclopedia of Philosophy,* Winter 2013 edition. http://plato.stanford.edu/archives/win2013/entries/rawls.

Wetmore, Jameson M. 2015. Delegating to the Automobile: Experimenting with Automotive Restraints in the 1970s. *Technology and Culture,* 56(2): 440–63.

Wickson, F. and Wynne, B. 2012. The Anglerfish Deception. *EMBO* Reports, 13(2): 100–5.

Wildavsky, Aron. 1979. *Speaking Truth to Power*. Bosto, MA: Little, Brown.

Wilsden, James and Willis, Rebecca. 2004. *See-through Science: Why Public Engagement Needs to Move Upstream*. London: DEMOS, Green Alliance, RSA and Environment Agency.

Winch, Peter G. 1958. *The Idea of a Social Science*. London: Routledge and Kegan Paul.〔『社会科学の理念——ウィトゲンシュタイン哲学と社会研究』森川真規雄訳、新曜社、1977 年〕

Wittgenstein, L. 1953. *Philosophical Investigations.* Oxford: Blackwell.〔『哲学探究』丘沢静也訳、岩波書店、2013 年〕

Wynne, Brian. 1982. *Rationality and Ritual: The Windscale Inquiry and Nuclear Decisions in Britain*. Chalfont St Giles, Bucks.: British Society for the History of Science.

Wynne, Brian 1989. Establishing the Rules of Laws: Constructing Expert Authority, in R. Smith and B. Wynne (eds), *Expert Evidence: Interpreting Science in the Law.* London and New York: Routledge, 23–55.

Wynne, Brian. 1992a. Misunderstood Misunderstanding: Social Identities and Public Uptake of Science. *Public Understanding of Science*, 1(3): 281–304. doi: 10.1088/0963.6625/1/3/004.〔「誤解された誤解——社会的アイデンティティと公衆の科学理解」立石裕二訳、『思想』1046 号、2011 年、64–103 頁〕

Wynne, Brian. 1992b. Risk and Social Learning: Reification to Engagement, in Sheldon Krimsky and Dominic Golding (eds.), *Social Theories of Risk*. Westport, CT: Praeger Publishers, 275–97.

Wynne, Brian. 2003. Seasick on the Third Wave? Subverting the Hegemony of Propositionalism. *Social Studies of Science*, 33(3) (June): 401–18.

Wynne, Brian. 2008. Elephants in the Rooms where Publics Encounter 'Science'? A Response to Darrin Durant, 'Accounting for Expertise: Wynne and the Autonomy of the Lay Public'. *Public Understanding of Science*, 17(1): 21.33. doi: 10.1177/0963662507085162.

Yearley, Steven. 2000. Making Systematic Sense of Public Discontents with Expert Knowledge: Two Analytical Approaches and a Case Study. *Public Understanding of Science,* 9:. 105–22.

Yinger, J. M. 1982. *Countercultures: The Promise and the Peril of a World Turned Upside Down*. New York: Free Press.

Zurita, L. 2006. Consensus Conference Method in Environmental Issues: Relevance and Strengths. *Land Use Policy*, 23(1): 18–25.

《叢書・ウニベルシタス　1140》
民主主義が科学を必要とする理由

2022年1月28日　初版第1刷発行
2024年1月31日　　　第2刷発行

ハリー・コリンズ＋ロバート・エヴァンズ
鈴木俊洋 訳
発行所　一般財団法人　法政大学出版局
〒102-0071 東京都千代田区富士見 2-17-1
電話03(5214)5540 振替00160-6-95814
組版: HUP　印刷: ディグテクノプリント　製本: 積信堂

Printed in Japan

ISBN978-4-588-01140-5

著　者

ハリー・コリンズ（Harry Collins）

1943年生まれ。イギリスの科学社会学者。2012年にイギリス学士院フェローに選出。現在、ウェールズのカーディフ大学特別栄誉教授。かつて、バース大学の教授職を務め、「バース学派」と呼ばれる「科学的知識の社会学」の研究者グループの中心を担った。現在は、専門知論を中心とした科学論の「第三の波」の提唱者として著名で、重力波物理学コミュニティについての研究でも知られる。邦訳された著作に、『我々みんなが科学の専門家なのか？』（鈴木俊洋訳、法政大学出版局、2017年）、『専門知を再考する』（R. エヴァンズとの共著、奥田太郎監訳、和田慈、清水右郷訳、名古屋大学出版局、2020年）、『解放されたゴーレム――科学技術の不確実性について』（T. ピンチとの共著、村上陽一郎、平川秀幸訳、ちくま学芸文庫、2020年）、『七つの科学事件ファイル――科学論争の顚末』（T. ピンチとの共著、福岡伸一訳、化学同人、1997年）などがある。

ロバート・エヴァンズ（Robert Evans）

1968年生まれ。イギリスの科学社会学者。現在、ウェールズのカーディフ大学教授。科学技術論（STS）の分野を専門領域として、様々な科学分野についての事例研究を中心に多くの著作や論文を公刊している。コリンズとともに「専門知論」や科学論の「第三の波」の提唱者として有名で、本書以外にもコリンズとの共著を多く公刊している。邦訳された著作に、コリンズとの共著『専門知を再考する』がある。

訳　者

鈴木俊洋（すずき・としひろ）

1968年生まれ。東京大学大学院総合文化研究科広域科学専攻博士課程修了。博士（学術）。現在、崇城大学総合教育センター教授。主な著作に、『数学の現象学――数学的直観を扱うために生まれたフッサール現象学』（法政大学出版局、2013年）、『理系のための科学技術者倫理――JABEE基準対応』（共著、丸善出版、2015年）、『岩波講座　哲学05　心／脳の哲学』（共著、岩波書店、2008年）など。訳書に、M. クーケルバーク『AIの倫理学』（共訳、丸善出版、2020年）、H. コリンズ『我々みんなが科学の専門家なのか？』（法政大学出版局、2017年）、P.-P. フェルベーク『技術の道徳化――事物の道徳性を理解し設計する』（法政大学出版局、2015年）などがある。